ハイデガーと倫理学

ハイデガーと倫理学

岡田紀子

知泉書館

目　次

序奏　ハイデガーと倫理学という主題 ……………………………… 3

I　『存在と時間』を中心に

第 1 章　倫理的なものへの手引き ………………………………… 11

第 2 章　平均的日常性から非自己本来性へ …………………… 17
　　1　現存在　17
　　2　世界内存在　21
　　3　共同存在と人　30

第 3 章　非自己本来性から自己本来性へ ……………………… 37
　　1　不安　37
　　2　死　39
　　3　良心　43
　　4　決意性と先駆的決意性　45

第 4 章　時間性から歴史性へ …………………………………… 50
　　1　時間性　50
　　2　内時間性　52
　　3　歴史性　55

第 5 章　余滴 ……………………………………………………… 69
　　1　政治　70

2　共同存在　75
　　3　死　76
　　4　哲学と政治——「ドイツ大学の自己主張」　80

Ⅱ　『存在と時間』以後

第1章　転　換　………………………………………………………………　89
　　1　存在的基礎　89
　　2　メタ存在論　91
　　3　『哲学への寄与（エルアイクニスについて）』　98

第2章　根源的倫理学：人間の居場所
　　　　　　　——住むこと（ヘルダーリン論を中心に）……………………　111
　　1　ひとつの別の歴史の始まり　111
　　2　詩作—讃歌「ゲルマーニエン」より　116
　　3　根本気分　122
　　4　讃歌「ライン」への移行　129
　　5　ヘルダーリンの詩作の本質　143
　　6　「建てる　住む　考える」とチリーダ　147
　　7　「物」　154

第3章　詩人的に住むことと日常性　………………………………………　157
　　1　「住むこと」——ヘルダーリンと蕪村　159
　　2　住むことと時間性　163
　　3　住むことと現代の日常　168

第4章　共同存在再び
　　　　　　　——和辻哲郎『倫理学』を手引きに（家族・地域・国家など）……　177

付論1　人間はいずこへ——環境と人間　219
付論2　醜，あるいは「フランケンシュタイン」考　237
付論3　〈私〉と〈他者〉の遠近法——ハイデガーと佐久間鼎　251

あとがき …………………………………………………… 287
索　引 …………………………………………………… 289

ハイデガーと倫理学

序奏
ハイデガーと倫理学という主題

　倫理学というテーマは，私たちのあり方・生き方の問題，しかも共に存在すること・共に生きることにかかわるものだが，本書の考察は実存―倫理的である。つまり，私たちは常に共同存在であるとしても，個々のひとのあり方・生き方，すなわち実存に照準を合わせる。共同存在（社会）は全体的組織を作り上げており，私たちは先在するその組織のなかで生きている。しかしその全体を組織として分析・解明し，統御可能にするという方向で人間のあり方・倫理の問題を考えるのは，実存の思考の行き方ではない。『存在と時間』[*1]のハイデガーがそうしたように，存在論への通路として選ばれた存在者，つまり事実上人間である存在者の存在を実存と規定するその分析論がすでに倫理学であるというのではない。しかしそれは何ほどか倫理的でもある。というのは，倫理的であることは，どれほど自覚的かはべつとして，自分の存在について，自分の置かれた情況について了解をもつことを前提とする。そのうえで行為する者であることを必要とする。実存とは最も広義にはさしあたりこのようなことを意味する。それゆえ倫理的であることは，自らの存在の了解が欠如する者（幼い子供など）にはそもそも要求されない。（このことはどんな倫理学でもそうであろうが。）実存の思考は，そのような分かりを基盤として，探究を進める。つまり実存しつつ実存について省察するのだ。人間というものを外側から眺めるような，対象化的・客観主義的な方向は実存の思考のものではない。

　ハイデガーにおける倫理学ないし倫理的なものを主題にするには，そ

---

1) Heidegger, Sein und Zeit, 16. Aufl., Max Niemeyer, 1986（略号SZ）

う銘打った著作がないので，ハイデガーの幾つかのテクストから手がかりを捜さなければならない。本書の構成を予示するためにも，定石のようなものだが，まず1946年の「ヒューマニズムについての手紙」[*2]から倫理学についてのハイデガーの有名な言及を顧みるのがよかろう。

倫理学についてのハイデガーの解明は，『存在と時間』の出版後，フランス人哲学者に「あなたは倫理学をいつ書きますか」（W353）と質問されたことを機縁に行われたのである。ということは，当然のことながら，フランス人哲学者は，『存在と時間』を倫理学ではなく，存在論，すなわち中断された存在論の試みと理解したことを示す。そして彼は哲学の伝統にそって，理論的部門（存在論）は実践的部門（倫理学のようなもの）によって補完されなければならないと考えたのである。

ハイデガーはそのような枠組みをあっさりと取り払う。ハイデガーは倫理学の元である「エートス」という言葉へ遡り，その言葉の現れるヘラクレイトスの一つの謎めいた格言とヘラクレイトスが登場する物語を持ち出す。その物語とは，ある人々が思索する哲学者というものを見たいと思ってヘラクレイトスを訪問すると，彼がパン焼きかまどで体を温めているのを見いだすというふうに始まる。人々が驚いて入るのを躊躇っていると，彼は「ここにも神々は現存する」という言葉をかけて，勇気をもって入るように命じたというのである（W355）。ハイデガーは若干の解説を付け加える。訪問者たちがパン焼きかまどで体を温めているヘラクレイトスの，あまりに日常的でつまらない光景をみて幻滅したこと，それにたいしてヘラクレイトスがその言葉を投げかけたことを。ヘラクレイトスの格言（断片119）とは，直訳で「エートスは人間にとってダイモーンである」（W354）というものである[*3]。ハイデガーは「エートスとは，居場所，住む場所を意味する」（W354）という。そこにはヘラクレイトスの言葉で「ダイモーン」，神々が属する。ハイデガーによれば，「人間は，人間であるかぎり，神の近くに住む」（W354f.）のである。ハイデガーは格言を「（親しい）居場所は人間にとって神の（親

2）Heidegger, Wegmarken, Gesamtausgabe, Bd.9, Vittorio Klostermann, 2.Aufl., 1996（略号W）

3）ἦθos ανθρώπω δαιμων. は，通常「自らの固有な性格は，人間にとって彼のダイモーンである」と訳されるが，この翻訳は「現代的に考え，ギリシャ的に考えていない」（W354）とハイデガーはいうのである。

しくないもの〔恐ろしいもの〕の）現存のための開けた場である」（W356）と読み解く。これは『存在と時間』より後期のハイデガーではあるが，人間の居場所——住むことを考えることこそが，まさにハイデガーが「倫理学」で求めたものである。

　倫理学とさらにはそれの存在論との関係，『存在と時間』との関係をこの手紙でハイデガーがどう説明しているのか見ておこう（W356f.）。ハイデガーはもはや存在論をあまり気に入っていず，自分の立場を「存在の真理の思考」と呼んでいる。存在論は単に存在者をその存在において考えるばかりだからというのが，その理由である。そして，『存在と時間』の基礎的存在論も存在論へ向けてではなく，存在の真理へ向けて先行的に思考すること（vorzudenken）であると捉え返す。ここではハイデガーは「現存在」ではなく「人間」を用い，その存在をもはや実存（Existenz）ではなく，脱―存（Ek-sistenz）と規定する。「〈脱―存 Ek-sistenz〉は，すべてのエクシステンチアと〈実存 existence〉とは根本的に区別されて，存在の近みに脱・存的に住むことである（W343）。「脱―存」を渡邊二郎氏は「存在へと身を開き，そこへと出で立つあり方」と訳しておられる[*4]。ハイデガーは存在の真理のもとに脱存する人間の居場所を考える思考を「根源的倫理学」と呼ぶ。ヘラクレイトス物語では人間の居場所には神ないし神々（ハイデガーは故意にこの区別には触れない）が不可欠な要素だが，『存在と時間』には神，神々は現れない。ただしその立場を無神論と決め付けられることは拒む（W350f.）。神問題には後に立ち戻ることになる。しかし存在論から存在の真理へのハイデガーの紆余曲折のある歩みや存在の真理自体をそれとして解明することは断念せざるをえない。それは本書の範囲を逸脱するであろう。

　倫理学について質問を受けなければ，ハイデガーは「根源的倫理学」などと言い出す必要はなかったに違いない。それゆえそれは積極的なハイデガーの術語とみなされるべきものではない。しかし私は，「根源的倫理学」をある根源的事態を指し示すものとして受け取り，これに照らして実存を分析する『存在と時間』の「現存在の実存論的分析論」を

---

4)　『ヒューマニズムについて——パリのジャン・ボーフレに宛てた書簡』渡邊二郎訳，ちくま学芸文庫。

「前根源的倫理学」を部分的に含む「非根源的倫理学」と性格づけよう。非根源的倫理学と呼んでも貶めているのではなく、その倫理的意義をハイデガー自身よりは積極的に捉えるはずである。というよりハイデガーはそこで積極的に何かを発言することはなかった。「根源的倫理学」と「非根源的倫理学」という区分は、決してハイデガーに押しつけたものでないことを探究は明らかにするはずである。両者は次元を異にしながら、対抗的でもある独自な仕方で補完的である。

以下では、倫理的主題にかぎっても、私はハイデガー思想の通時的な展開を正確にたどるつもりはないが、考察は（Ⅰ）『存在と時間』を中心にするところから（Ⅱ）『存在と時間』以後のハイデガーへと歩みを進める。この後半では、移行と「人間の居場所―住むこと」が語られる若干のテクストを検討する。中心はハイデガーのヘルダーリン論である。その後でとてもばら色とはいえない現代の私たちの共同存在に再び目を向ける。

今は予告に過ぎないが、私にとって非常に大切なこと、実存にかかわる二つの基本的様相、ないし文脈の区別に少しだけ触れておきたい。それは私が「自己実現文脈」と呼ぶものと「ただ存在する」という様相の区別である。実存は前者に、脱・存は後者に対応する。ただし「ただ存在するだけ」[*5]ということは、脱・存なしにはないとしても、人間存在だけにいうわけではない。「存在する」は、「ヒューマニズムの手紙」でも取り上げられている（W334）。ドイツ語では「存在がある〈Das Sein ist〉」というのは具合がわるいので、〈il y a l'Être〉といったり、〈Es gibt das Sein〉と表現したりする（ハイデガーが指摘するように、この最後の表現は、SZ212にもある）。また、パルメニデスの「なぜなら存在が存在する〈Es ist nämlich Sein〉」[*6]（W334）が引き合いにだされる。ただハイデガーはこの「存在する」を私のように「実存にかかわる二つの基本的様

---

5) 私が何を念頭においているか示唆するため、ハイデガーが有名にした、アンゲルス・ジレジウスの詩の一片を掲げておく。
　　　「バラは根拠なしに存在する。バラは咲くから咲く」
　　　　（Die Ros ist ohn warum; sie blühet, weil sie blühet.）
バラはただ咲いている。バラは存在するから、存在する。なんの根拠もないし、根拠について思い煩うこともない。（Heidegger, Der Satz vom Grund, 3.Aufl., 1957, Neske, 77）

6) ἔστι γὰρ εἶναι.

相」の一つと直截に呼ぶことはないから，私の方がずっと実存を強調することになる。そのため少々偏向が持ち込まれるが，それは倫理的なものを主題にするという視座から生じている。ハイデガーの立場では，「存在する」は実存から脱─存への脱皮を経なければならない。私はむろんそれに同意し，「存在する」はやはり脱─存し，自己実現文脈の「実存」を否定して成立するのではあるが，しかしこの後者の実存をある仕方で保持しようとする。そればかりでなく，その実存が生起する土台である領域をも視野に留めておく。なぜなら，それは通常倫理学が考慮する諸問題が横たわる日常の存在の広大な領域に他ならないからである。それをどうして無視できよう。先ほどの「非根源的倫理学」の重視というのはこのような意味を含む。

I　『存在と時間』を中心に

『存在と時間』は，存在の探求のプログラムにしたがって，

現存在 ⟶ 世界内存在 ⟶ 関心 ⟶ 時間性 ⟶（存在そのもの）
　　　　　　　　　　　　　　　⟵
　　　　　　　　　　　　　　歴史性

というように，探究は最初視野に置いた現存在（この身分はもちろん問題）からその存在，ないし根拠へと一段ずつ降りる。『存在と時間』は現象学的探究であるから，それらの存在，ないし根拠は，そのつどの「現象的土台」の解明から獲得された「現象」である。『存在と時間』の挫折のせいで，「存在そのもの」はそれとしては不在であるが（括弧はそれを意味する），それぞれはその直後の存在（根拠）に，最終的には「存在」に担われている。実存の分析論としては時間性で底を打ち，湧出する時間性の時熟が全体の構造を支える。歴史性のところは，「現象学的方途」(SZ 375) による，「時間性のより具体的仕上げ」(SZ 382) とされる。逆向きの矢印（⟵）は折り返しを意味する。分析は最初の平均的日常性における現存在が自己本来性の獲得を経て，私たちが日常生きている場面（歴史性）に再び帰ってきたのである。

　歴史性のところで登場するのは，「誕生と死の間」(SZ 375)，つまり生涯というものを形づくる，いわば一人の実存者なのである。誕生ということをいうならば，当然特定の両親のもとに，特定の時代に，特定の歴史的共同体のうちに生まれ，その伝統のうちに，その習俗と言葉を身につける存在者だということになる。彼は先在する自然環境と人工の制度，組織などなどに取り巻かれている。彼はそこで成長し，働き，享受し，つまり生活し，事物や他人たちとさまざまな関係を結び，役割を演じる。そして歴史的世界のうちで，歴史的存在者として，大いに，あるいはささやかに歴史を作ることに貢献する。つまり歴史性は，通常倫理が問題にされる現場に他ならない。倫理的なものをテーマとする私たちは，とりあえず『存在と時間』の分析を追って行くのでその段階に固有の局面で現存在の存在に光が当てられるのに立ち会うが，歴史性以前の段階の分析の視野にあるのもやはり事実的にはこのような歴史的実存者に他ならないのである。

第1章

倫理的なものへの手引き

――――――

　『存在と時間』における倫理的なものに接近するために格好の手引きがあるので，それをまず検討しよう（MAL 171-177）[*7]。『存在と時間』が，人間のあり方，多種多様な営みのなかで何を考慮し，何を排除するのか教えてくれる。排除されたもの，ないし非主題性のもとに置かれたものも含めたその全体が，まさに倫理学の主題とされる。ハイデガーによれば，「現存在の実存の分析論としての基礎的存在論」では，「現存在に本質的に属する存在了解の内的可能性の証示」が問題なのである。したがって「人間学や倫理学」ではなく（傍点筆者），「この存在者を彼の存在一般において」問題にしている。それゆえ，「準備的分析論」であって，「現存在そのものの形而上学がいまだ中心に立ってはいない」。（この時期，ハイデガーは自らの思考を哲学ではなく，むしろ形而上学と呼ぶことを好んでいるが，それは無視しておく。）12の主導原則にまとめられている。

　1　「人間」という名称でなく，「現存在」を選んだのは，「彼の自分のものである存在仕方 seine eigene Weise zu sein」を取り上げるという理由からである。「彼の自分の」とは，外側から対象として捉えないことであろうし，さらには「自己」というものが問題になるということでもあろう。「存在仕方」とは，理論的とか，実践的という区別を避けて，つまりそれ以前に定位しているということであり，「行動・行為」も同じ理由から用いられない。

　2　現存在は中立的，「中立性 Neutralität」である。中立性は，「あら

　7）　Heidegger, Metaphysische Anfangsgründe der Logik im Ausgang von Leibniz,（1928）, Gesamtausgabe, Bd. 26, Vittorio Klostermann, 1978

ゆる事実的具体化」に先立つ。(これは1928年の講義であるから、この区別は、明らかに超越論的立場が維持されていることを示す。)

　3　中立性はただ抽象的であるのではなく、「すべての具体的・事実的な人類の内的可能性」を、「根源の力強さ」を表す。それゆえそれは形而上学的である。

　4　中立的現存在は、「実存者ではない」(傍点筆者)。問題なのは、「実存者の現存在」である。それゆえ現存在の分析論は、「生の哲学」ではない。それゆえ生といえば、人間ばかりでなく、植物・動物も生(生命)であるが、ハイデガーにおいては生命の進化の末端に人間を位置づける進化論が問題にされることもない。それゆえまた、生の過程は誕生・成長・老化・死であるが、誕生と死は取り上げられるが、成長・老化は取り上げられない。現存在は成人であり、老人や子供ではない。存在了解への定位には、子供や恍惚のひとでは具合がわるかろう。現代、倫理的には、老いは死よりも問題かもしれないと思われるけれども。現代は精神的成熟といったものを遠くへ置き忘れてしまったうえ、しばしば病いのみが老年の現実である。病いも倫理的には問題。倫理は自ら判断し、行為する者にしか問われないが、そのようなことができない者をどう待遇するかということは倫理に含まれる。もうすでに通常倫理学が扱う多くの主題は排除されたのが分かろう。

　5　中立的現存在は、「利己的な個別者」、「存在的に孤立した個人」ではない。エゴイズムは、まさに古来変わらない倫理学の中心問題ではあるが。ただし「人間の特有な孤立化」はある。哲学する者はそれなしにはない。『存在と時間』では「自己」は重要な問題であるし、「自己本来性」が絶対不可欠であるのはいうまでもなかろう。

　6　現存在は、「身体性への事実的分散 Zerstreuung とそれとともに性的であることへの事実的分散にたいする内的可能性」をもつが、「中立性」は分散に先立つ。身体あってこそ、『存在と時間』では物在者(事物)ともみなしうる存在者でありうるのであろうし、人間においては実際二つの性別に分かれている。しかし身体であることにとってそれは偶然的であるのかもしれない。まず性的であることについてであるが、男あるいは女であることによって世界は全く異なって現れると、フェミニズムの思想家ならば抗議するかもしれない。しかし「世界内存在」、「語

ること」,「死」などの帰属するということが，男女によって異なることはない。(その具体的様相がどんなに異なっているとしても。) 存在了解は，このレベルに照準されている。

『存在と時間』に「身体性」が欠けているであろうか。歩き，ハンマーで打つには，身体が必要である。重い，あるいは晴れやかな気分は身体全体を覆うものとして，身体なしにはありえない。世界内存在の空間の遠近法には，中心に自分の身体が前提される。しかしこの身体は，手術台や解剖台に横たわる身体ではない。また服を脱着したり，美しかったり，醜かったり，愛撫したり（されたり），殴り倒したり（されたり）する身体ではない。

ハイデガーは，分散は事実的多様性ではなく，多様化（Mannigfaltigung）であるという。つまり現存在には本質的に発散（Streuung）が属し，それが分散（多様化）として事実的な多様性を生起させると考えられているのであろう。発散ないし分散は本質的に現存在に属するのであるから，否定的評価をしているのではない。多様化は多様な事物があるから起きるのではない。現存在は「そのつど一つのものだけにかかわるのではなく」，とりあえずそうすることはあっても，「同時に常に共に現れる他の存在者にかかわる」からである。『存在と時間』の「何かのための連関」が念頭にあるのであろう。たとえば手にした鉛筆はメモ用紙を探させる。また多様化は，「現存在が伸長 Erstrekung として生起するかぎり，最広義の歴史性の構造にしたがって，自分自身についての態度にも妥当する」とハイデガーはいう。それが多様性を造るのは，ハイデガーはここでは投企という術語は用いていないけれども，自分自身へのかかわりがそれぞれのひとの多彩な固有の生涯（誕生から死までの伸長）を作り出させるからであろう。

さらに「現存在の空間性」は，現存在の別の事実的な分散の可能性に他ならない。この空間性は物理的三次元の空間のように一様ではない。地球という空間としては地理・気象の多様性がある。しかし現存在の空間性というかぎり，それらのうえに現存在が開いたものである[8]。そこは生活の場である。つまり労働の場であり，憩いの場である。それが分

---

8) ハイデガーが直接このようなことを論じているわけではない。和辻哲郎は「風土論」

散なのは，関心によって遠近の距離があるぼこぼこの空間だからであろう。故郷の遠さであり，通勤距離の長さであり，仲間の待っている居酒屋の近さであろう。

　7　分散は，「現存在の根本的性格」である「被投性に基づく」。

　8　投げられていること（被投性）は，「事実的なものとして自分自身でない存在者に担われうる」ということを意味する。つまり投げ込まれたところ，「全く広い意味での自然によって」担われる。自然によって「担われ，取り巻かれている」。

　9　「現存在が現存在と共同存在である」ということも，被投的な分散である。ハイデガーは，共同存在は「事実的な一緒に現存在すること」に基づいて成立するのではないと主張する。身体性と性的であることが事実的に共同存在を基礎づけると考えられるかもしれない*9。しかしハイデガーはそれを支持しない。では共同存在はどう考えればいいのか。

を打ち出した。しかし現存在の空間性の議論は風土のようなものを先行的なものと考えることはできない。和辻が風土を倫理学に取り入れることはよい。『存在と時間』にはまだ隠された存在者論に狙いをつけているのは鋭い。しかし和辻の有名な批判は適切ではない。「自分が風土性の問題を考えはじめたのは，1927年の初夏，ベルリンにおいてハイデガーの『有と時間』を読んだ時である。人の存在の構造を時間性として把握する試みは，自分にとって非常に興味深いものであった。しかし時間性がかく主体的存在構造として活かされたときに，なぜ同時に空間性が，同じく根源的な存在構造として，活かされてこないのか，それが自分には問題であった。……そこに自分はハイデガーの仕事の限界を見たのである」（和辻哲郎，『風土』―人間学的考察，序言，岩波文庫）。『存在と時間』は人間学的考察であろうとはしていない。しかも風土論は留学体験と切り離せないということもあるが，観察と比較という接近法はハイデガーとは異質であろう。この風土論がハイデガーの限界を乗り越えるものとは思えない。

9)　ハイデガーには関係ないが，性を紐帯とする理想的共同体を建設しようとした試みがある。倉塚平『ユートピアと性―オナイダ・コミュニティの複合婚実験』（中央公論社，1990）はなかなか興味深い。それは，大変興味深く，いささか不気味なコミュニティである。千年王国主義の流れを汲む，キリスト教に属するものである。19世紀の中葉，教祖・ジョン・ハンフリー・ノイズの指導のもとに，ニューヨーク州北部のオナイダ湖の近くに農場を買い，コミュニティ管理のもとに集団婚を実践した。男女二人だけの恋愛や親の子にたいする特別な愛もスペシャル・ラブと非難して，厳格なルールのもとでの無差別的性の交わり（留保性交〔コイトス・レゼルヴァートゥス〕によって可能とされる）と，コミュニティは存続のためには子供が必要なので，選ばれた者による理想的な子作りを柱にする。物質的な意味での平等ばかりでなく，もてない者をなくして性的にも平等を実現しようというのである。しかしこの留保性交よって男性の優位は明らかであるし，ノイズは独裁者であり，性的にも特権を享受した。ノイズないし時には代理の年老いた男による少女たちのイニシエーションときては，少女陵辱以外ではないであろう。アメリカは宗教的，あるいは世俗的コミュニティがつぎつぎ生まれては，消えるところのようである。オナイダのそれは長く続いたほうである。

10　ハイデガーは,「自己本来的実存関係としての共同存在は,それぞれの実存者がめいめい自分であることができ,またあるということによって可能である」という。ここに自由が登場する。「しかし相互存在の自由は現存在という性格の存在者の自己規定の可能性をそもそも前提とする。そして本質的に自由な者としての現存在が事実的に結ばれた相互存在の自由のうちにいかに実存しうるかが問題である」。つまり「形而上学的に孤立させられた現存在」の核心には自由があり,分散である共同存在の自由の基礎になるということである。「自由は,中心問題（非依存性,結合,統制,尺度）の題目となるものである」とされるが,確かに自由は倫理学的考察にとって重要な問題であろう。しかしハイデガーがここで自由を論じているわけではないので,これ以上立ち入ることはできない。

ここまでは「現存在の分析論が何を問題にするか」を述べているが,残りの二つの主導原則は,「この分析論がいかに遂行されるか」を述べる。

11　現存在の分析論は,「その存在体制の自由な投企においてのみ獲得される」が,現存在は「自分自身として実存し」,実存することは「彼の遂行においてのみ」あるのだから,「現存在の存在論的根本体制の投企」には「投企者自身の最極端な実存的投入」が必要不可欠である。つまり自己本来的実存の確保が必要である。もちろん倫理的考察をもこれは拘束すると考えなければならない。

12　しかし「現存在の形而上学的中立性と孤立化」にもかかわらず,その構造の分析は「具体的でなければならない」。しかし「この具体的現存在現象」を「それ自体として受け取ってはならない」とハイデガーは警告する。それは「本質的なもの」でも「唯一なもの」でもない。つまり両者の区別と同時に,それらの間の往復が要る。倫理的なものの探

（1848-1879年）。このコミュニティはかなりうまく運営された。様々な工場をつくり,そこでの労働や炊事や掃除なども割り当て,リクリエーションや勉強の時間もあり,子供たちの世話をする人々もいる。見学者を拒んでもいない。そして宗教的ユートピアでも,社会主義的ユートピアでも同じだが,そのコミュニティの崩壊の主原因は,経済的繁栄にあったと著者は指摘する。創設期には人々は禁欲的に労働にいそしんだ。しかし豊かになると,贅沢になり,禁欲精神は失われ,肉体労働をいとい,外から労働者を雇って働かせる。その結果規律は衰え,エゴイズムがはびこるという次第である。なかなか教訓的な話であろう。

究のためにも，これは肝に銘じておかなければならない。

　以上で，『存在と時間』へ足場を移す準備は整った。以下において私は，「平均的日常性から非自己本来性へ」（第2章）と「非自己本来性から自己本来性へ（自己本来性の獲得）」（第3章）という区別をもうけて進む。この順序は，身近なさしあたりすでにあるあり方から出発するというハイデガーの指針に従うものである。

第2章

平均的日常性から非自己本来性へ

―――――

　「現存在の分析論」全体が実存の分析であるからといって，その梗概をつくっても仕方がない。倫理的主題の解明にとって必要なところのみを縦横に取り上げる。しかし他方，『存在と時間』は倫理学書ではないので，通常の倫理学的観点からは欠落がたくさんあるので，必要があれば，外から補うことも私は辞さないつもりである。

1　現存在

　「現存在の分析論」は，現存在の次のような性格づけから開始する。「その分析が課題とされる存在者とは，めいめい私自身である。この存在者の存在はめいめい私のものである。この存在者の存在においては，存在者自らがその存在にかかわる。このような存在者の存在として，この存在者は自ら固有の自分自身の存在に委ねられている。存在こそ，この存在者がめいめい自らかかわるところのものなのである」（SZ41f.）。「存在こそ，この存在者がめいめいかかわるところのものなのである Das Sein ist es, darum es diesem Seienden je selbst geht.」という，いくらかの変異を含みながら繰り返し現れるこの定式に，以後展開する現存在の存在性格はすべて潜在的に含まれる。この持って回った非人称の言い回しは，ハイデガーが言表（Aussage）と規定するものではない。つまりある存在者について，その特徴を捉えて述べているのではないことを示すために慎重に選ばれている。

　この冒頭でハイデガーは，二重のことを言おうとしている。まず現存

在が、自らの存在にかかわる、態度をとる存在として、その存在に委ねられていることが特筆された。そのような存在にかかわるあり方を捉えてハイデガーは「実存」と呼ぶ。実存は「物在性」と厳しく区別される。物在性は物の存在である。現存在の存在が実存にあるということは、それがかくかくの物在する存在者であるのではなく、「そのつど彼に可能な存在仕方に他ならない」（SZ42）ことを意味する。それゆえ現存在の諸性格については、実存疇、物についてはカテゴリーが用いられなければならない。あらゆる倫理学は物（物件）と人間の区別を大切にするが、ハイデガーの場合は、それは実存であるか、それとも使用対象や観察と理論的考察の対象＝物という区別に基づけられている。現存在は、後者のような捉え方ができないという意味ではない。まさにでき$\overset{\cdot}{\text{は}}$す$\overset{\cdot}{\text{る}}$が、本来的な捉え方ではないと主張されるのである。

　次に、そのかかわっている存在は、私のものであると言われる。私のものという性格は、「各自性 Jemeinigkeit」と名づけられる（ドイツ語は「私のもの」という意味をしのばせる）。「自ら、自分」ということは、私であることと同じであろうか。自らであることは私においてのみまずは確認されるという意味で、自分というものはとりあえずこの私なのだ。しかしながら、そのようなあり方は、各自性は現存在が自分自身を獲得していることを保証しているのではない。後の問題になるが、各自性に基づき、「自己本来性と非自己本来性」の区別がある、つまり本来に自分として存在するのかどうかが問われる。かかわりであるゆえ、自己喪失までをも含む動態である。

　かかわりと各自性から倫理学的に注目されるべきことは何か。二つある。まず「人称」が出てくるのである。「現存在の話当て Ansprechen には、この存在者の各自性の性格にしたがって、常に人称代名詞をともに言わなければならない。〈私はある〉、〈君はある〉と」（SZ42）。各自性から人称へであって、逆ではない。ドイツ人でも哲学者しか言わないであろう、故意に無規定にされた〈私はある〉と〈君はある〉は、こんな訳は日本語ではないと柳父章氏を怒らせるであろう。しかしその点は勘弁していただきたい。「私は本当にここにいる（存在する）」と確認しているのかもしれず、そこには続きがあって、「私は岡田です」と名乗ったり、「私は貧乏である」と訴えるのかもしれず、「君はここにいる」と

驚き，あるいは「君は学生である」と本分を思い出させようとするのかもしれない。いわゆる存在表現か，述語表現かは今は問題ではない。「私」や「君」は人称代名詞である。人称には「パーソン」が含まれる。三人称が現れないのは，むろん有意味であろう。三人称は本来人称などではないのだと思う。三人称で表されるのは，話題として言及する対象なのである。それについて話すこと（Besprechen）が，言及であろう。

　人称が機能するところは，まさしく倫理の領野なのだと私は思う。そこには応答が含まれる。すくなくとも可能的には。「私は……」というとき，誰かに向かって話者・私を押し出している。直接対話の場面ではなく，私が放送で演説をする場合でも，聴衆は応答するはずの二人称である。ここには現れないが，一人称複数（私たち）と二人称複数（君たち）も，倫理的には大いに問題になろう。人称はパーソナルな関係を表示するので，さらには人称代名詞についても「親疎」（君・あなた）の区別が倫理的には重要であろう。存在論であろうとする『存在と時間』がこのレベルを省みることはない。勝義の人格的な待遇に立ち入らないし（人称にかかわる問題については，付論3「〈私〉と〈他者〉の遠近法」を参照），ハイデガーは「人格」という言葉を用いるのを嫌がる。それゆえ倫理学ではないということなのでもある。人格という術語をあえて持ち込む必要はないけれども，それでも行為する，互いにかかわりあう実存者として捉える場合には，普通には人格（パーソン）とみなすべき者であるのは間違いない。

　『存在と時間』の存在論的志向からは人称は全く排除されるのかといえば，そんなことはない。やがて見るように，存在の明るみ・開示性が私に場所をもつゆえに，現存在の分析論はあるエゴセントリックな性格をもつ。しかし現存在は本質的に共同存在であるので，実存の伝達，さらには存在論的論争もあるゆえ，一人称と二人称の区別はもちろんある。一人称複数・二人称複数は，倫理学でない『存在と時間』には共同存在の制度（国家・家族等）の議論がないので，それとして主題ではない。しかし仕事上の協同や運命でない共同運命（Geschick）は「私たち」の成立である。なお先ほどからの解明にしたがって，存在論的な人称の区別と待遇を含む人称の区別において，前者が後者に先立つ。

　さらに，各自性という性格から，自己本来性と非自己本来性という存

在様相が導き出される。両者の区別は，まずは存在論に差し向けられている。自己本来性のみが，本来存在に開かれ，存在の明るみなのだから，覆いや混濁を除去しながら自己本来性の獲得を目指す。しかしながら到達点は出発点をもつので，到達点が非自己本来性を排除した自己本来性ならば，出発するところは両者の不分明に他ならない。ハイデガーは，現存在の存在論的解釈は現存在の「さしあたり・たいてい」のあり方，日常的無差別から解釈されねばならないという。ハイデガーはこの日常的無差別を「平均性」（SZ 43）と名づける。存在することによって漠然とでもすでに所有されている存在了解に定位して，その存在構造を洗い出そうというのである。

　自己本来性，非自己本来性，その無差別に立ち入る前に，形式的な関係に触れておく。三つの存在様相は，「世界内存在」という構造を底におく限り，同等である。非自己本来性は〈より乏しい〉存在とか，〈より低い〉存在の度」（SZ 43）を意味するわけでなく，平均的日常性の「存在的身近さ」をつくっている。平均的日常性は，「構造的に現存在の自己本来的な存在の存在的諸規定と異ならない有意味な構造において捉えられることもありうる」（SZ 44）のである。ただし平均的日常性は自己本来性なしに，そう自らを規定することはない。それは身近であるゆえにこそ，「現存在の解明において常に飛び越えられる」（SZ 43）とハイデガーは指摘する。やがて判明するように，現存在には隠蔽への傾向が存在するのである。これもやがて判明するように，本当は三つの存在様相があるのではない。自己本来性を獲得するのでなければ，無差別様相は非自己本来性に回収される。

　ところでこの平均的日常性こそ，倫理学が定位する領野なのである。日常において現存在は倫理的，ないし非倫理的に生きる。倫理的なものにテーマを絞った今，「あらゆる実存することは，この存在仕方〔日常的無差別〕から出て，そしてそこに戻るという，そういうものである」（SZ 43）を重要な手引きとみなすことができる。結局，「頽落」に他ならない平均的日常性にそのまま留まっていいわけではない。それゆえこのあり方から出て，しかしそこに戻ってくる。そこが生きる場所だからである。しかしただ行って，何も変わらずに戻って来たということではなかろう。それは浄化された日常性でなくてなんであろう。『存在と時

間』にそれとしては現れず，もう少し後の時期を待たなくてはならないとしても．それこそが「根源的倫理学」の領分なのである。ただし平均的日常性自体が，不確かさのただなかで物や他者とかかわりながら生きていく場，つまり根源的であってもなくても，やはり倫理と倫理学の場なのだと私は考える。私が平均的日常性を敢えて非根源的倫理学の場と呼ぶのは，そこには食べる・働くというような営みや病・老い等という問題があるのであって，存在論を目指す『存在と時間』はそれらを無視しえても，倫理学的探究はそれらに全く触れずにすますわけにはいかないからである。倫理的なものをテーマにすることには，日常性の低地から視線をできるだけ逸らさないようにしたいという志向が働いている。

2　世界内存在

　実存する現存在は，「世界内存在」という存在体制に基づいて理解される。それは，関心，ないし関心構造に展開される。「(内世界的に出会われる存在者の)〈もとにあること〉として世界のうちにすでにありつつ，自らに先立つこと (Sich-vorweg-shon-sein-in-(der-Welt-) als Sein-bei (innerweltlich begegnendem Seienden (SZ192)」が，それである。その構造は，自らに先立つこと（投企性），世界のうちにすでにあること（被投性），そうしたあり方をする者として物と他人と交渉するという契機から成るととりあえず言っておこう。そこでそれを「配慮」というあり方を取り上げて構造が具体的に目に見えるようにしよう。

　『存在と時間』の道具との交渉を中心に据えた分析は，倫理（学）的考察ではなく，そのような意図で書かれてもいないが，現存在を行為論の主体として翻案することを許す[10]。ハイデガーのこの分析は前倫理（学）的である。倫理的評価を下さないからである。オムレツを作って食べること，自転車を修理すること，映画を見に行くこと，空き巣に入って金を盗むことは，みな行為である。しかし現存在がこのような行為

---

10) この箇所は，旧稿「ハイデガーの行為論」（吉澤伝三郎編『行為論の展開』南窓社，1993年）を部分的に利用している。

の主であるゆえ，責任が帰属し，倫理的に評価される者となりうる。
　ハイデガーは，「世界のうちに」というのは，配慮という仕方で存在者の「もとに―あること」だというのである。それは多種多様であるが，その範例的現象を「道具（用在者）の使用，操作，製作」に見出す。さて，ハイデガーお気に入りの例といえば，ハンマーで打つことである。どうやら場面は靴つくりの仕事場のようである。ここで見出されるすべてのことは，ハンマーで打つという行為の遂行のただなかで看取される。ところで，たった一つの孤立した道具というものはない。すでに道具全体（靴屋の仕事場）といったものが，先立って発見されている。この全体の要は「する―ため Um-zu」である。「道具との交渉は，〈する―ため〉の指示多様に従う」（SZ69）。この「する―ため」の連関において，ハンマーは，釘その他の道具，打つこと，打つひと，作られる靴，その材料となんらかに連携している。打つことが，ハンマーという道具の道具性，その手ごろさを発見させる。ここに働く知は，観察的・対象化的な知ではない。ハイデガーは，遂行のただなかで働く非主題的な知を優先する。
　ハンマーで打つことから，「する―ため」の連関が見出された。しかしそれらは，全体が同じ平面での存在的関係のように見える。その存在論的構造が明らかにされなければならない。そこでハイデガーはやはりハンマーを使用する別の場面に移る。家を補修しているらしい。そして「適所性 Bewandtnis」という存在論的術語を導入する。「ハンマーという用在者でもっては mit 打つことのもとに bei 適所をもつ」というのが，その構造である。「打つことでもっては固定のもとにその適所をもっており，固定でもっては嵐を防ぐことのもとに適所をもつ。嵐を防ぐことは，現存在が宿るため um-willen である，すなわち彼の存在の可能性のためである」（SZ84）。この適所全体はここで行き止まりとなる。もう他のなにかのためということはない。（たとえ人間が常に労働力などとして用いられるとしても。）用在者とある行為（むしろ動作）は，別のもののためという連関のうちに入る。それにたいして第一次的「彼のため Um-willen」は，「常に彼の存在において，この存在そのものに本質的にかかわる，現存在の存在に関する」（SZ84）とハイデガーはいう。それは Worum-willen（究極目的性）である。「する―ため」の連関は究極目的

性によって締めくくられる。（むろん究極目的性は常に前提されるので，通常の意味での目的ではない。）どんな行為者もこの構造を生きている。しかしそれが存在論的であるのは，適所させることはそれぞれの存在者をふさわしく適所させることだが，現存在のためにということが「する─ため」連関を切り開き，そこにおいて存在者が近づかれる有意義性（有意義性としての世界）を成立させているからである。

　これまで世界内存在を事物（道具）との交渉にそって取り上げた。しかしそこには他人たちも存在するのではないか。一人で靴を作っている靴作りの仕事場でさえ，大勢のひとの影で満ちている。ハンマーは誰かによって作られ，誰かの店で売られ，皮は牛飼いによって育てられた牛から剥ぎ取られ，専門職人の手によってなめされ，靴は顧客の注文であり，靴つくりの仕事によって彼の家族は養われる，等。共同存在は別個に扱おうという意図によって他の現存在は背景に置かれているが，この靴つくりの仕事場にも，実際助手のような者がいて，「そこの鋏を取ってくれ」などという会話があってもおかしくないのである。ただしここでは道具を介しての他人とのかかわりに限る。そして物と他人との多様な交渉を含むこの世界は，予めすでに特定の秩序・組織を与えられた生活の場であることが示唆されている。この世界は um-zu 連関の世界であるゆえ，環境世界（Umwelt）である[*11]。

　このように実存する行為者は連関のなかで，むしろ連関を形成しつつ存在しているのだが，彼の存在にはなお光をあてなければならない側面がある。それは使用連関における物（道具）と実存者の区別をつくるものである。それをはっきりさせるため，最初のあり方，「自らの存在にかかわる」に立ち返る必要がある。そしてすべてを包むこの緩やかな表現を厳密にして，それを成り立たせている現存在の「了解と存在可能」という契機を際立てなければならない。さて，了解とは，「一つの可能な認識」（SZ134）などではなく，世界内存在が全体として開示されるよ

---

11) 平成1年「環境と人間」という題名で東京都立大学公開講座が開催され，私もそこで「人間はいずこへ─哲学的考察」という題で講義を行った。ハイデガーに基づいて環境世界がどのような成り立ちをして，どのようにしていわゆる環境問題を不可避なものにするのか，解明に努めた。問題解決とはいかないが，とるべき態度の方向では今でも私は変わっていない。倫理的なものの探究という現在の試みにふさわしいので，付論1としてそのまま掲載する。

うなもの，現存在が勝手を心得ているようなものである。ハイデガーがドイツ語の表現を引いて指摘するように，日常，了解は，あるいは何かが分かるということは，「〈あることを司ることができる〉，〈それに耐える〉，〈何かができる〉」(SZ143) ことを意味する。それは実存の遂行のなかで働く知に他ならない。

　現存在は物のように存在するのではなく，自らの存在にかかわってあるのだが，それは「存在可能」だということなのである。それゆえ現存在は「第一義に可能存在である」とか，「存在しうるものであり，彼の可能性であるようなもの」(SZ143) といわれる。実存であるということは，まずこのことを意味したのである。ところで「究極目的性の了解には，そこに基づく有意義性が共に了解されている」(SZ143) のであるから，了解の解明とは，世界内存在を，あるいは「する—ため」と「究極目的性」のあの連関を可能性と存在可能ということから捉え返すことに他ならない。現存在は存在可能として諸可能性に開かれている。ハンマーを用いて嵐に備えることは，現存在の存在可能のために行われている。何かをなすことは，彼のために特定の可能性を摑むことである。特定の可能性を摑むことは（あるいはときには摑みそこなったり，諦めたりすることは），私がどのようにあるかを規定し，形づくることになるのは明らかである。そして一つの可能性を摑むことは，存在者を特定の仕方で処置することを含む。それゆえ世界のうちにある物もただの物ではなく，その諸可能性へ切り開かれる，すなわち何かのために可能なものという意味で可能性格をもつものとなる。ただそれは了解のうちで摑まれている限りということであって，行為の結果としては，世界のうちになにか新しい物・出来事が作り出されるのはもちろんである。

　現存在は諸可能性へ向けて自分を投げる。ハイデガーは，了解は投企性格をもつという。投企性はまっさきに挙げられるべき実存の根本規定である。ところでこの（諸）可能性は無制限ではなく，事実的に限られたものである。というのは現存在の世界内存在は投げられたそれであるからである。誰も存在しようと思って存在したわけではなく，気がついたら存在してしまっているのである。ハイデガーはそれを「被投性」と呼ぶ。被投性とは「裸の〈存在し，存在しなければならない〉という現存在の存在」(SZ134)，「〈どこから〉と〈どこへ〉は暗いままで，純粋

な〈それがあるという事実〉daß es ist」(SZ134) を表す。それは気分（情態性）において露わにされるというのである。被投性と気分には立ち入らないでおくが、それは行為論的偏向で世界内存在を扱っているからである。以上、投企、被投、（存在者の）もとに――あることという三肢構造で、最初に掲げたあの「関心」ないし「関心構造」が何を意味するのか明らかになったことと思う。

　これまでの解明から、行為にとって重要な帰責、あるいは責任がどこで可能となるのか、すでに透けて見えるであろう。しかしこの問題のためにもう少し行為の分析を続ける。ハンマーを持ち出して家の補修をする行為を事例とした考察は、行為のいわゆる目的論的考察に他ならないのか。黒田亘の図を借用する*[12]。ハイデガーの分析の理解に役立つ。

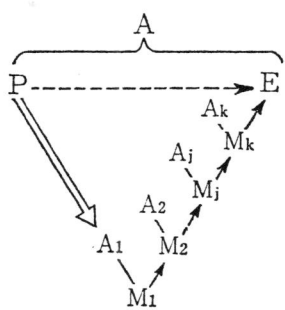

　A は行為、P は人格、E は目的、M は手段を表す。これは意志行為（意図的になされる行為のことであり、しゃっくりのような非意志行為は本来行為ですらないであろう）を解明しようというのであって、基本はアリストテレス的なものであるが、行為の系列と世界における出来事の系列の並行をみさせてくれる。図は慎重に実行された行為にふさわしいが、もっと単純な行為、直進してくる車を避けるようなものは、A_1 と E を直結すればよいであろう。とりあえず現存在の安全な宿りを E とおいて、A_1＝ハンマー打ち、A_2＝固定、A_3＝防ぎと重ねてみよう。ところ

---

　12) 　黒田亘『行為と規範』勁草書房、1992年、57頁。

でこの例において，家の補強をする A₁……のかわりに親類へ避難すること（B₁……）を選ぶこともできたとしよう。A や B，それぞれの契機も，ハイデガー的には諸可能性と呼んでいい。そして A₁……が選び取られている。「投企の目指すところ Woraufhin, 諸可能性」(SZ145) とは，通常の意味では目的である。どの契機も，一つ前の段階からは目的と考えることができる。固定のためハンマーを打つ。後続の行為は，手段である。さて A₁……をちゃんと行うと，少なくとも今夜のところ現存在の安全は確保されるはずであるから，宿りを E のところにおいたのは正しかったのか。「宿り」と呼ばれるものとしてはよさそうに見える。投企の目指すところ，究極目的性からそのつど指定された特定のものである限りは。しかし，究極的目的性は，通常の意味における目的ではない。競争のゴールのように先にあるわけではない。むしろ手前にあるというべきである。したがって決して E の位置にこない。だからといって，究極目的性は，原因と呼ばれるべきではない。原因が世界のうちにある出来事である限りは。

　行為は私の可能性として理解され，「防ぎ」のために「固定」をなし，「固定」のために「ハンマー打ち」が必要であるというふうに分析された。これは行為の目的─手段による系列の記述である。しかし同時にこれは，家の補強という状態が実現する過程である。ひとがハンマーを持ち出して仕事にとりかかるとき，ハンマーで打つことが固定を生じるということを当てにしている。したがってこの行為─出来事の系は，向きを逆さにして原因結果に読み替えうる。A₁A₂……，M₁M₂……はそのまま原因結果のつながりである。そればかりでなく，一般に世界において行為するには，私たちはものの因果的振る舞いの規則を勘定に入れていなければならない。もちろんこうした規則がそれ自体先立って存在するという意味ではない。ハイデガーはこの了解を主題とする場面で，因果を問題にしてはいない。（これが因果の原場面であろうが，事物的なものの連関，ハイデガーのいう物在性の世界の構成を論じる場合には改めて因果性は考慮されねばならないだろう。しかし倫理学としては立ち入る必要はなかろう。）

　もしも行為をこのような因果系列とみる場合には，ひとはこの系列の，A₁のボタンを押す始動者として考えられる。すなわちたいていは自分

の身体を動かす動作（ダントーの基礎行為）*13 によって行為を開始する。腕を挙げたり，下げたり，指を曲げたりするような動作を基礎行為と呼ぶのはかまわないとしても，リハビリでもなければ，それらはそれ自体ではさして意味のあることではない。行為を行為とするものは，図の全体構造である。E も（E は，それを欲求している，意志している，または意図を表す），A1……が E に導く手段であるという知識も不可欠の契機である。黒田がこれら欲求・知識という現象を第一の原因として原因 A1 より手前に位置づけることを退けたことは正当と思う。行為は心的状態によって原因づけられる身体的運動であるという理解を拒んでいるのである。

　行為はたいてい結果として世界のうちに新しい物事を作り出し，そのことは大なり小なり，また直接・間接に他人に影響を及ぼす。それが害悪である場合には，責任が問われる。その帰責はちょうど，雨漏りの原因は瓦を吹き飛ばした大風にあるというのとあまり変わりがなく，またそれが狙いなのだと思う。しかし風は責任をとってくれないが，人格は償いの能力があるという点で異なるのであろう。ただ原因—結果はどこまでも続いて際限がなく，思いがけないところに影響が波及するとなると，どこまでひとはその行為に責任があるのかという問題が生じる。（黒田の「波及効果」の議論。ただし以下の実例は私のもの。）私が道路に水をまき，老女が滑って転んで，入院した。老女の娘は大慌てで病院に駆けつけ，顧客との待ち合わせに遅れ，大切な契約を取り逃がした。確かに老女の転倒には責任があろうが，私は彼女の娘の損失に責任があるのか？ 今私は行為とその結果を一直線に結ぶ物語を描いた。しかし私が水をまくことによってある男性の新品のズボンが泥だらけになり，彼が私のところに怒鳴り込むといった物語等々が並行して成り立ちうるのである。とすれば，主人公の選択や関心のありようで，別の物語はいくつも書きうる。それはさて措き，因果論的な行為の把握は，日常の行為であるかぎりは，そして特に法と連続的に帰責を考えようとする場合にはこういう方向しかないといえるのかもしれない。いうまでもなく，ハイ

　13）Arthur C. Danto, Basic Action, in White（ed.）, The Philosophy of Action, Oxford, 1968. こうした行為を人工的に孤立させて特筆することに私は疑問を感じる。身体全体の構え，ないし姿勢が先行的に，あるいは同時にそこになければならないからである。

デガーの〈行為論〉はこのような平面でのみ動くものではない。

　ハイデガーに戻る。究極目的性から諸可能性を照らし，その一つを引き寄せるということが，投企としての行為の要である。この構造が自然の出来事などではない行為の統一性をつくっている。投企，存在可能ということの確認は行為の理解にとって何を提供するのか。それは行為論の核心をなす責任ということの実存論的な基礎づけを与える。「責めある Schuldigsein ということが，私たちが第一義的に存在可能として規定する現存在の存在そのものに属する」(SZ305) とハイデガーは言う。ハイデガーは，責めあること〔責任のあること〕を形式的・実存論的に「……にたいする根拠存在 das Grundsein für...」(SZ283) と規定する。これは現存在の被投的投企という体制そのものに横たわるものである。現存在は投げられて存在する。ということは自分の存在の根拠を自分で置いたのではない。それゆえ自分のあずかり知らない様々なものを背負わされて存在している。それにもかかわらずその存在が存在可能として規定されているということは，可能性を投企しつつ自分の存在の根拠であることを引き受ける者であるということである。それゆえ自己責任が語られる。そしてこのような存在者であるかぎりで，他人にたいしてもまた責めを負いうるのである。ただしハイデガーにおいて，他人にたいする責めは，故意あるいは不注意で害悪を加えたからということに限定されない。ハイデガーは言う，「すべての行為することは，事実的，必然的に〈無良心的〉である。事実的に道徳的引責を避け得ないからというばかりでなく，その非的な根拠に基づき常にすでに他人との共同存在において彼らに責めを負うようになってしまっているからである」(SZ288)。私がポストを得ることは，私の知っている誰か，あるいは見知らない誰かからポストを奪い，私が恋の勝利者となることは，誰かを失恋者にする。そのひとの存在が，私を扶養者・介護者にし，それはたいてい非常に重荷であり，時には逃亡したいとさえ思わせるが，この世界に繋ぎとめて生きさせるようなものでもある。重石がほしくて，ひとは結婚し，子供を持ったりする。ハイデガーはこんなことを述べてはいないけれども。私の行為すること，あるいは何も行為しないことが，あるいはただ存在することが他人に影響を与えるであろうが，大概のことは思い悩んでもどうにもならない。行為は決然と無良心的に行われる以

外はないのである。それゆえハイデガーは，行為論という視座では，現存在の存在のこのなんともしがたいところに十分届かないと考えるのだと思う。それゆえ行為ではなく，存在だと。（責めあることは，ハイデガーにとって，これまで触れた局面よりもっと実存の深みにある問題であるが，後に再び立ち戻る。）

　行為の構造と帰責の源を明らかにする試みは，むろん倫理学がそれだけで済むといえるようなものではないが，倫理学の基礎となるものであろう。

　これから自己本来性と非自己本来性を本格的に考慮しなければならないが，『存在と時間』全体を覆うこの区別を理解するために，準備的なことが何も述べられなかったわけではない。現存在はめいめい私のものである（各自性）という性格をもち，それゆえに自己本来性と非自己本来性の区別がある。すなわち本当に自分であるかどうかが問われ，たいていは自己喪失という状態にさえある，そういう存在者であると予告のかたちで述べられた。現存在の存在体制は世界内存在であるが，投企，被投性，存在者のもとにあるというその三肢構造も提示された。これもすでに予告されたように，世界内存在には，自己本来的，非自己本来的，両者の無差別（平均的日常性）の区別がある。それぞれにおいて世界のうちにあるあり方，すなわち自己としてのあり方，物や他人とのかかわりは異なった様相を呈する。これまで分析が定位したのは，平均的日常性であるが，ここで取り出された基本的構造はある仕方でどこでも貫かれる。それが平均的日常性の意義でもある。

　ではどこから自己本来性と非自己本来性のこの区別が成立するのか。投企として行為は，究極目的性から諸可能性を捉えその一つを引き寄せるものであった。それゆえ世界内存在は全体的構造ではあるが，世界（の存在者）へ向かう了解と自分の存在へ向かう了解との両面を備えることになる。したがって次のような方向の区別があることになる。「了解は，第一義に世界の開示性へ自らを置きうる，すなわち現存在はさしあたりたいてい彼の世界から自分を了解する。しかしあるいは了解は第一義に究極目的性へと自らを投げる，すなわち現存在は自分自身として実存する。了解は，自己本来的な，すなわち固有の自己そのものから発

したか，あるいは非自己本来的なものである」(SZ146)。後者においては存在者の「もとに—ある」という契機が第一義となり，「最も身近に出会われる世界へ配慮しつつ没頭すること」(SZ129)とか，「彼の〈世界〉に失われている」(SZ221)と表現すべき様相をとる。配慮の世界には，他人の存在も含まれる。「現存在は，配慮される世界に没頭し，すなわち同時に他人への共同存在に没頭し，自分自身ではない」(SZ125)。すなわち自己喪失に他ならない。現存在は人（ダス・マン）である。そのあり方を後にハイデガーは，「頽落」と呼んでいる。これは実存にとって最重要な問題である。そしてこの方向づけは，存在論も実存に根ざす限り，存在論にも及ぶ。頽落によって「……自分自身とまた彼の世界内存在を存在論的には，自分自身ではないが，彼の世界の〈内部に〉出会われる存在者とその存在からさしあたり了解する」(SZ58)からである。存在＝物在性という存在論が成立する。それがまた現存在をも事物的存在者の一種と把握することにつながるので，倫理学にも跳ね返る。

3　共同存在と人（Das Man）

　共同存在の分析は，「日常性の〈主体〉は「誰か」と問い，「人」(SZ114)という答えを与えるものである。「誰か」と問うことは，最初から実存と把握していることを意味する。他の現存在は「道具や物とはそもそも異なる」ばかりでなく，彼らは「彼の存在仕方に応じて，同時に内世界的存在者が出会われるような世界の〈うちに〉世界内存在の仕方で存在する」(SZ118)。彼らは世界のうちに共に現存在する。世界は私が他人と共に分かちあっている世界・共同世界である。そのうちにあることは，他人との共同存在であり，存在者としては彼らは共同現存在である。

　これまで配慮における点景であった他人が，いよいよ主題になる。そして現存在でない存在者の配慮と区別して，他の現存在のそれは特に「顧慮 Fürsorge」と術語される。「衣食の〈配慮〉や病体の看護も顧慮である」(SZ121)。これ以上展開されないが，これらはむろん倫理的に重

要。また「たとえば事実的な社会制度としての〈顧慮〉〔生活保護や福祉事業〕は，共同存在としての現存在の存在体制に基づく」（SZ121）と続く。社会制度としての顧慮というのは，ハイデガーとしては珍しい言及である。直接実存のあり方でない制度に立ち入らないのはむしろ当然であるが，少なくともその所在は指摘されている。なぜそうしたものが「緊急」となるのかというと，「現存在はさしあたりたいてい顧慮の欠如的様相に身をおく」（SZ121）からである。「相互のためにあること，相互に反目してあること，相互に無視してあること，相互に無関心に通り過ぎること，相互にかかわらないことは，顧慮の可能的あり方である」（SZ121）。そして欠如的，無関心のあり方がとりわけ「日常的な，平均的相互存在」なのである。これはとりわけ現代人に当てはまるであろう。

　顧慮の「二つの極端な可能性」（SZ122）は，大変興味深い。両方とも欠如的ではなく，積極的な様相である。一つは「飛び入って，〈関心〉を取り去る顧慮」（SZ122）である。他人は配慮すべきことを代わりに引き受けてもらって，労苦から解放される。しかし「こうした顧慮においては他人は，依存する者や支配される者となりうる」（SZ122）。ハイデガーは，関心〔労苦，憂慮〕は自ら負うべきものであると考える。実存の立場は，生がスムーズで，悩みがなくて，快適であればいいとは思わない。たとえ望んでもそうはいかないだろうけれども。

　もう一方は「前に飛ぶ〔模範を示す〕―解放する顧慮」（SZ122）である。この顧慮は「他人から関心を取り去るのではなく，本来的にそれとして返し与える」，他人に何かを配慮してやるというのではなく，「他の実存にかかわっている」のであり，「他人が彼の関心に透視的になり，それに対して自由になるように助ける」（SZ122）というものである。これは広い意味で師弟の関係であろう。関心はもともと自己関心（これは一つの冗語）であるが，本来のそれは獲得されねばならない。そこに模範といったものが介在しうるのである。

　共同的世界内存在はまずは，「現存在が他人と環境世界において配視的に見出し，配慮するものを了解しつつ知っていること」（SZ124）に基づくとハイデガーは主張する。「他人はしたがってまず配慮的顧慮によって開示される」（SZ124）。直接的な人間関係から始めなければいけな

いなどという非難はあたらない。うろ覚えの昔の歌詞に「二人のために世界はあるの」というのがあったが，そもそも世界に開かれていないではないか！　また内観的な意識分析から出発しないことも正当であろう。ハイデガーは，「感情移入」によって共同存在を基礎づける試みを批判する（SZ124f.）。

　配慮的顧慮を基礎におくことから多くの問題がみえる。まずそれが相手を依存者・被支配者にするという点である。子供の養育，病人の介護，社会保障，災害の救助，貧しい国への経済援助まで，現に手助けを必要とする人々を放っておけない一方で，そのマイナス面への反省はごく私的な人間関係から行政の当事者までを悩ませる。ハイデガーの指摘はそれ自体として鋭いものであるが，現代ではみながそんな問題意識を共有してしまっているように思える。それは両極端の間を揺れ動かざるを得ない本当に難しい問題なのである。さらに，「何かが共通に配慮される」ことから成り立つ共同存在は，「隔たりと打ち解けなさの様相」（SZ122）にあることもある。「同じ仕事 Sache に任用された者たちの相互存在は，しばしば不信によってのみ養われている」（SZ122）とハイデガーはいうのである。利益共同体ならそんなものであろうが，自発的なボランティア・グループ，同好会，一つの目的を追求する政治的団体まで，それを完全に免れていると誰も断言できないであろう。

　では「模範を示し―解放する顧慮」から生じる共同存在はどう考えられるのか。先ほどとは逆に「同じ事柄 Sache にたいして共通に尽力することは，めいめい固有に掴み取られた現存在から規定されている。この自己本来的な連帯性がはじめて，他人をその自由において彼自身にたいして明け開くような，まっとうな事柄に即すことを可能にする」（SZ122）。自己本来的な連帯性にはこれ以上踏み込まないので定かではないが，先ほどの自己本来的な顧慮を振り返れば，連帯は共同現存在めいめいの自由を前提するように見える。そして当然模範を示し―解放する者の自由はこれの機縁であろう。同じ事柄がなんであり，先行的なのかどうかも告げられないが，先読み・深読みをすれば，同じ事柄に開かれることがめいめい固有に掴み取られた現存在と一つのことである境地を指示するのであろう。なおドイツ語では，「自由 frei」は開かれていること〔あいていること〕と同義に用いることができるが（この席は自由か？　今

晩は自由(フライ)か？と尋ねる），そこで何かをすることができること（私は席に座ることができる，映画に誘うことができる）を意味する。それゆえ選択の自由などというものは末端の抽象化されたものにすぎないが，自由という難問はさしあたり措いておくしかない。

　人（ダス・マン）の解明に進もう。「人」とは，日常の共同存在の主人公に他ならない。ところで自己本来性と非自己本来性の区別は，自己の了解において自らの存在のためという究極目的性が第一義になるか，有意義性の世界が第一義になるかという方向の違いに帰着したことを思い起こそう。「配慮される世界に没頭していること，すなわち同時にまた他人への共同存在に没頭していること」が「自分自身でないこと」（SZ125）を成り立たせる。自分自身でないというのは，むろんハイデガー特有の意味においてである。

　「環境世界的に配慮されたものにおいて」他人は，「出会われる」。それゆえ他人は「彼が営むところのものである」（SZ126）。ひとが何者であるか見極めるには行いをみればいいというのは，ハイデガー風の言葉遣いを別とすれば，ほとんど人付き合い上の常識であろう。さて，共同現存在は「隔離性 Abständigkeit」に憑かれているとハイデガーは喝破する。彼らのあらゆる他人とのかかわりには，「……絶えず他人に対する差別をめぐる関心が存在する。ただ彼らにたいする差別を均等にしようとするのであれ，自らの現存在が他人に遅れを取っているから他人より引き上げようというのであれ，他人を抑えて現存在を他人より優位に立たせようというのであれ」（SZ126）。特に説明はいらないと思うが，現代の人間のあり様を的確にえぐっている。それは今もなお色あせないというより，実際いろいろのところで差別・格差が話題にならない日は一日もないのだ。

　他人が日常的な相互存在を支配している。「この他人は特定の他人ではない」（SZ126）。それが誰であるかといえば，「人」である。「人」は中性詞（ダス・マンはいわゆるハイデガー語）である。相互存在は自分の現存在を他人の存在様式に完全に解消している。「公共的交通手段と報道」がそれを支える。「私たちは，ひとが楽しむように楽しみ，享受する。ひとが文学や芸術を読んだり，見たり，批評したりするように，私

たちは文学や芸術を読んだり、見たり、批評したりする。ひとがそうするように、私たちも〈大衆〉から身をひき、ひとが憤慨するものを、私たちも憤慨する」(SZ126f.)。といっても、差別への関心は、差別をなくすようにばかり働くのではなく、違いの分かる男を賞賛し、個性的なファッションを身につけることを排除するのではなく、要求する。しかしそれも隔離性内部でのことに他ならない。

　人に特有のあり方は、隔離性とともに、平均性、平坦化を含む。人は本質的に平均性への関心をもつから、「でしゃばる例外を監視」し、「優位」を抑圧し、「秘密は力を失う」ので、「あらゆる存在可能の平坦化」(SZ127) が生じる。隔離性、平均性、平坦化が人のあり方であり、それが私たちの「公共性」を形づくる。人はどこにも居合わせて、現存在から「決断」を取り除き、「免責」してくれる。そのうえ、人は迎合的な傾向をもつから、これらの諸性格によって人の支配は磐石となる。それゆえ「人」は固い存立性をもつ。といっても事物のそれではないけれども。ここでは各人が他人であり、誰も彼自身ではない。それゆえ日常的現存在の自己は、「人―自己」にすぎず、「固有に掴み取られた自己から区別」(SZ129) されねばならない。「さしあたり事実的な現存在は平均的に発見される共同世界のうちにある。さしあたり〈私〉は固有の自己の意味で〈存在〉せず、人のあり方の他人である」(SZ129)。「さしあたり」の強調に注意しよう。さしあたりあるあり方から自己本来的自己が獲得されねばならない。「現存在が世界を自ら固有に発見し、自分に近づけるなら、また自分自身において自己本来的存在を開示するなら、〈世界〉のこの発見作用と現存在の開示作用は常に、現存在が自分自身にたいして掛けたかんぬきの、すなわち隠蔽や曖昧化の取り外しや偽装の打破として成し遂げられるであろう」(SZ129)。そのときには自己のあり方も世界も様相を一変させるにちがいない。

　繰り返し言われたように、現存在は世界内存在である。ということは、世界内存在として明るくされている、つまり開示性が備わっている。それゆえ自分自身や世界に分かりをもってかかわっていることができる。したがって現存在の解明は、常にこの開示性に依拠し、それを洗練して遂行されねばならない。開示性は了解、情態性、語りからなるが、本書は倫理的な探究なので、主題的には、これまで了解はある程度論じ、情

態性や語りの契機は散発的に話題にするという偏向した取り扱いをした。さて人には特有の開示性がある。これからもこの偏向を全面的に正すというわけにはいかないが，人の開示性も開示性一般の契機を含み，それぞれがその特有の変容であるということなのである。そこで人に特有の開示性を明るみに出すことで，「現存在の頽落と呼ばれる，日常性の存在の根本のあり方が露わにされる」（SZ175）という運びになる。

さて，人の開示性と頽落が主題である。ハイデガーはそのような開示性として，おしゃべり，好奇心，曖昧さ（それぞれ語り，了解の視，解釈の一様態とされる）を取り上げる。人の情態性は論じてはいないけれども，「人の存在仕方としての公共性は一般に気分づけられることを有するばかりでなく，気分を必要とし，自分のために気分を〈造る〉」（SZ138）と指摘する。そして「演説者」の実践を挙げる。倫理的なものが焦点ならば，気分の感化力を重視しなければならないだろう。ただの理屈ではひとは動かない。

共同存在は伝達なしには成立しえない。おしゃべりが真っ先に挙げられるのは，それがレールを敷くからであろう。おしゃべりはあらゆることをしゃべりまくり，「受け売り」し，広め，それ自身が権威にもなるので（「人がそう言うから，事柄はそうなのだ」），事柄は霧散してしまって，「地盤のなさ」（SZ168）に至る。（SZ168）。ハイデガーが指摘するように，おしゃべりといっても，「なぐり書」も含まれるし，現在なら映像を加えなければならない。好奇心は，見るためにだけ新しいものを追い求めるので，事柄のもとに「滞留」せず，常に「新しい可能性への分散」（SZ172）を生じさせる。おしゃべりと好奇心は手を携えている。「何事をも閉ざさない好奇心と何事をも分からないままにしないおしゃべりは，このように存在している現存在に一見真正な〈いきいきした生〉という保証を与える」（SZ173）。その結果，曖昧さが生じる。曖昧さは，「すべてが真正に了解され，把握され，語られているように見えるが，根底においてそうではない，あるいはそうであるように見えるが，根底においてそうではない」（SZ173）という状態である。現存在は，真理と非真理の不分明，すなわち仮象のうちにある。

これが頽落である。現存在の非自己本来性が何であるか，はっきりする。それは「〈世界〉と他人の共同現存在に完全に奪われた，際立った

世界内存在」（SZ176）に他ならないが，その意味が明瞭になる。頽落には特有な「動性 Bewegtheit」がある。まず，現存在は自らおしゃべりなどに身を委ねているのであるから，自ら頽落への「誘惑」を準備している。一切のことがちゃんと分かっているつもりなので，「十全な真正な〈生〉を送っているという人の思い込み」を与え，現存在を「慰める」（SZ177）。この思い込みのため，現存在を「最も自己固有の存在可能」から「疎外」（SZ178）する。こうして現存在に彼の自己本来性や可能性を「閉鎖する」が，そのことによって「彼の非自己本来性のなかへ，彼自身の可能な存在仕方へ追いやる」（SZ178）。それゆえ「それ特有の動性のうちで」，現存在は「自分自身のうちに自らを自縛する」（SZ178）。「誘惑，慰め，疎外，自縛」が頽落の特殊な存在仕方を性格づける。頽落は静的な状態でなく，このような動性である。現存在は自らこのあり方に「墜落」するのである。どこへ？「非自己本来的日常性の地盤のなさと非性へ」（SZ178）である。しかしこの墜落は，「〈上昇〉と〈具体的生〉と解釈される」（SZ178）。そして頽落の動性は「旋回」と特徴づけられるが，旋回であるゆえぐるぐる回ってますます抜け出しがたくする。

　ハイデガーは人の開示性の分析を開始するとき，「解釈は純粋な存在論的な意図をもち，日常的な現存在の道学的批判や〈文化哲学的〉野心からは遠く隔たる」（SZ168）とわざわざ念を押した。しかしながら人と頽落が打破されなければならないと考えられているのは明白である。それは自己を喪失して，水平化した現代の人間のあり方に他ならず，一つの先駆的な批判になっているのも疑えない。21世紀に入り，その傾向は情報革命とグローバリゼイションによってグロテスクなまでに強化・拡大されている。人と頽落は確かにハイデガーが求める自己と共同存在のあり方の対極にあるのだから，ネガの画像として，大いに倫理的な意義が認められるのだと思う。

第3章

非自己本来性から自己本来性へ

―――――――

　「現存在は，了解的―情態的な世界内存在にかかわるゆえにのみ，頽落しうる。逆に自己本来的実存は頽落的な日常性のうえに漂っているのではなく，実存論的には日常性を変容する摑み取りに他ならない」(SZ179)。そこでいよいよ「日常性を変容する摑み取り」を遂行して，自己本来的実存を獲得しなければならない。そのためには，「人と配慮された〈世界〉への没頭」＝頽落から，自己の方への開示性の向きかえりを成し遂げなければならない。不安・死・良心の分析がその過程であり，「先駆的決意性」において現存在はその存在の自己本来性と全体性に到達する。

1　不　安

　世界内存在はまずは情態性（日常的な呼び方では気分）によって明らめられる。気分においてはとりわけ被投性が露にされるが，開示性は常に世界内存在の構成契機全体を露にするので，投げられたものとしての自己や世界の内部で出会われる存在者をも開示する。いわゆる認識作用ではないから，あくまでも非反省的，非主題的である。ハイデガーはまず情態性を恐れ（非自己本来的日常様相）によって例示する。恐れは恐れの対象（それを前にして恐れるもの），恐れること，恐れの理由（そのために恐れるもの）という三つの観点から分析される。恐れの対象は，恐ろしいもの，すなわち世界内部の存在者（用在者，物在者，他の現存在）である。それが近づいてきて脅かす。恐れることそのものは，そのような存在者を自分に近寄らせつつ，発見する。恐れる理由は現存在である，

つまり自分の存在が脅かされるのを恐れる。といっても脅かされるのは，現存在がさしあたりたいていある「配慮的な存在者のもとにある」（SZ141）というあり方なのである。恐れが非自己本来的と呼ばれるのは，確かに自分のために恐れるのだといっても，世界へと向きを取るゆえ，自分から背いているからである。現存在は，「自らの前にもたらせられていない」（SZ184）のである。

　そこで特権的情態性として不安が呼び出される。不安も三つの観点から分析される。不安の対象は？ それはどんな「内世界的存在者でもない」，それは「全く無規定」（SZ186）である。特定のものが脅かすわけではない。それは〈何者でもなく，どこにもない〉（SZ186）。ゆえに「適所性は自己崩壊」し，「世界〔有意義性としての世界〕は，無意味性の性格をもつ」（SZ186）。といっても世界が全く不在だということではなくて，世界内部的存在者が無意味性のうちに沈むことによって，「世界がその世界性において唯一迫ってくる」（SZ187）。それはいわば無としての世界である。現存在はもはや支えを見出せない。世界は何も提供せず，他人の共同現存在も助けにはならない。不安が不安がること自体はそのような世界内存在の発現に他ならない。そして不安が「そのために不安がるもの」も，特定のあり方や可能性ではなく，世界内存在そのものである。現存在がそのために不安がっている「彼の自己本来的な世界内存在─可能へと突き返す」（SZ187）。不安は現存在を単独的なものとして，「可能存在として」（SZ188）開示する。いうまでもなく投げられて投企的に存在する者としてなのである。不安において現存在は一人ぼっちであり，もはや人のなかで「くつろいでいること」（SZ188）はできない。「日常的親しさは崩壊する」（SZ189）。「くつろげなさ」，「居所のなさ」が世界内存在の気分である。不安の解明は，裏を返せば，そのままなにゆえ頽落があるのかということの説明なのである。簡単に言えば，そこへ逃げ込んでいるということになろう。

　不安という開示性は結局，次のようなものとして明らかになった。すなわち，「不安のうちには，それが単独化するゆえに，際立った開示作用の可能性が横たわる。単独化は現存在を彼の頽落から取り戻し，自己本来性と非自己本来性を彼の存在の両可能性として彼に露にする」（SZ191）。あくまで可能性の開示である。不安の分析によって世界内存在の全体を

視野に収めることができた，すなわち「不安の完全な諸現象は現存在を事実的に実存する世界内存在として示す」(SZ191)ことができたので，ハイデガーはその全体構造を「関心」と命名する。そこには本当は長い入念な解明があるのだが，確定済みのこととして立ち止まらない。

現存在の実存論的分析論のなかで，不安は存在論的役割を担って登場させられた。有意義性としての世界への埋没から開示性を洗い出すことが目的である。むろんそれは倫理的にも大切である。さらに倫理的な探究としては見逃せないが，ハイデガーはそれの日常的問題性に触れることを忘れていない。「頽落と公共性の優勢のもとでは」不安は「稀である」(SZ190)し，「しばしば〈生理学的に〉規整されている」(SZ190)と解されていることを指摘する。不安・鬱などは治療の対象になる（このような問題にハイデガーは言及していない）。ハイデガー的には，「現存在が彼の存在の根底において自ら不安がるがゆえに」(SZ190)，生理学的な発出もあるのであるから，不安をそれとして感じることが肝要なのだということになるのだと思う。不安は普通理解されるようないらいらした気分などではない。

くつろいでいるより不安が優位である，そのことに私は異存があるわけではない。しかしいつか，日向ぼっこをして，うっとりと半ば目を閉じ，自分が丸ごと日の光のなかで溶けているような気持ちのよさ，ほんの一時訪れる幸せな無為（今は猫と極老にしか許されていない）を取り戻してもいいと思う。

2　死

死に関する考察はできるだけ切り詰めたいと願っている。しかし倫理的なものの探究としては，死は不安より一層重要であろう。不安の現象によって世界内存在は全体として見えるようにされたとはいえ，それはいわば水平に同時性において切り開かれた。現存在の存在可能という契機に着目することによって，ここで改めて全体性への問いが提起される。「実存が現存在の存在を規定し，その本質が存在可能によって共に構成されているとすれば，現存在は実存する限り，存在可能でありつつその

つどいまだ何ものかではない」(SZ233)。可能性を投企するあり方とはそのようなものである。(時間性の議論は先になるが,現存在が時間的存在であることはまぎれもなく浮上している。これからは時間性といういわば縦軸を取り込んだ全体性が求められる。)しかしこのあり方はこのまま続くのではなく,世界内存在には終わり,死がある。けれども現存在の存在の解釈は自らの存在の了解を手引きにしたので,自分の死を経験しない以上(不安の方は何ほどか経験される),死によって全体性に達すると簡単にいうことはできない。ハイデガーは「死への存在 Sein zum Tode〔死に臨む存在〕」の概念によって全体性の問題を解き,それはまた自己本来性の要求を充たすという道をたどる。

　実存することは,可能性を投げ企て常に「自らに先立つ」,自分が自分の可能性であるという仕方で存在することである。したがって現存在が実存するかぎり,現実的になってない何かが「未済」である。それゆえ未完結,非全体的である。死において全体に達するなら,現存在はもはや「現存在しない」ので,この「移行を経験しない」(SZ237)。では他人の死は経験できるのか。他人が死ぬということは日常的な出来事である。他人が死ぬと,やはり彼は「もはや現存在しない」。しかし彼は消滅してしまうわけではなく,「現存在(ないし生命)の存在仕方から」物在者のごとき存在者へと「急変」(SZ238)したのである。しかし死体はただの物体ではなく,「病理学的解剖」(SZ238)の対象となりうる。さらに死体ではない死者は,「葬儀,埋葬,墓参のような〈配慮〉の対象」(SZ238)である。そのようなものはただの配慮ではなく,「喪に服し——追悼しつつ彼のそばにいて,遺された者は敬意を払う顧慮の様相で彼と共にある」(SZ238)。それはひとつの際立った共同存在である。ハイデガーはここで死者との共同存在にひとこと言及したにすぎないが,死者は私にとって「あなた」(二人称)であり,死者にたいして共に追悼する者の共同存在が「私たち」であることが素直に成り立ちやすい場面なのではなかろうか。ハイデガーのこれらの指摘には,倫理的には考慮しなければならない,とりわけ今日的な広大な問題領域が控えている。一つには死体の部分を移植などに利用するという生命倫理的問題。葬式や墓を造ることの意味も一度きちんと考えられなければならない(自然の丘を削って大規模な墓地を造成することをこのまま続けていいの

か？）*14。そしてここでは暗示もされてはいないけれども、まだ過去になったとはいえない、あるいはそういってはならない戦死者や遠い祖先を祭ることは、共同存在の根幹にかかわる問題であろう。

　ハイデガーはここで「代理不可能性」ということを持ち出す。私たちの日常が代理可能性によって成り立っていることは明らかである。公共世界は様々な仕事の分担で成り立っているが、その機能を果たせるなら誰に代えてもいい。（ただしそれは近代的市民社会のあり方なのだとは思う。）しかし死ばかりは代理不可能である。「誰も他人から彼が死ぬことを取り去ることはできない」(SZ240)からである。たとえ他人のために、他人にかわって死ぬということがあり、一時死を免れるとしても、それで彼が死ななくなるわけではない。ハイデガーは死を実存論的に、つまり実存にかかわることとして分析しようとしているので、生物が命を終わることとはそもそも違うのだという。もちろん生命でなければ死ぬということはないわけであるが、ハイデガーが問題にしているのは、一般に生物のではなく、死について思い煩わずにはいられない者の死なのである。代理が許されないという意味で、死は「私の死」である。そして死は「現存在が存在するやいなや、引き受けなければならない存在仕方である」(SZ245)。生を享ければ、すでに死ぬのに十分なほど老いているのだ。

　さて現存在は「自らに先立つ存在」（可能存在）なので、「存在するかぎり、そのつどすでに彼の未だないこと Noch-nicht である」(SZ244)。ただしそこには確かに終わりがある。それが意味するのは終わること、終わりに達することではなく、「終わりへの存在 Sein zum Ende」(SZ245)である。ハイデガーの死の把握は、「純粋に〈此岸的〉」(SZ248)である。死後の生などについては何も発言してはいず、死を「現存在の際立った可能性」と捉えるからである。「死は端的な現存在不可能性の可能性である」(SZ25)。そのようなものとして死は差し迫っている、すなわち「差し迫り Bevorstand」(SZ250)である。結局、「現存在の終わりとしての

　14）　墓の問題はむろん環境問題だけではない。フィリップ・アリエス『死と歴史―西洋中世から現代へ』伊藤晃・成瀬駒男訳、みすず書房、1990年、第8刷）は、西欧において個人の墓所や墓参がどのように成立したかその歴史を辿った。それが比較的新しい現象であることを教えてくれる。

死は，最固有の，〔他と〕無関係な，確実な，それとしては〔何時にかんして〕無規定な，追い越しえない現存在の可能性である」(SZ258f.)。しかも現存在は「この可能性のうちにすでに投げられている」(SZ251)。被投性とは死の可能性に投げられていることに他ならず，それは「不安の情態性において」(SZ251) 露にされる。

　「終わりへの存在」は本質的に現存在の存在に属する。けれども死がそれとして引き受けられていない，その日常的な様相をもつ。頽落の誘惑，慰め，疎外という性格が帰ってくる。人の公共性は，死を「〈死亡事例〉」(SZ252) として知っている。人のおしゃべりは，「人は死ぬ」(SZ253) と語るが，死への自己本来的な存在可能を覆うように誘惑する。それは人のことであって，自分のことではない。日常性は死を回避するのである。「死にゆく者」にも「死を免れるだろう」と慰めたりするほどである。死ぬことの確実性は認めながら，今すぐのことでもありうることを押しのける。人は死をできるだけ考えないようにする，「人は死を前にしての勇気を起こさせない」(SZ254)。こうして自らの最も自己的な可能性から疎外する。日常性は「死からのたえざる逃亡」(SZ255) である*15。

　死が可能性であるということの意味を突き詰めなければならない。それは比類の無い可能性である。それは配慮の場面での可能性と対照することではっきりする。用在者や物在者の分野で出会われるのは，「到達しうるもの，支配可能なもの，流通可能なもの」(SZ261) である。それらは諸可能性（複数）である。可能なものをめがけて存在することは，それを「実現すること」である。それは「可能なものの可能性を処理できるようにすることによって無にする」(SZ261)。それにたいして死の可能性は実現されようとするものではない。死への存在においては「可能性は可能性として弱められずに了解される」(SZ261)。そのような可能性への存在を「可能性への先駆」(SZ262) とハイデガーは呼ぶ。「死への存在」は先駆することによってしかない。「実存一般の不可能性の可能性」の了解から打ち返されて，先駆は「最自己的な端的な存在可能」

　15）　アリエスの前掲書を参照のこと。中世の中頃西洋の人間が己の死を発見して以来，20世紀になってからいかにして死は恥ずべきもの，タブーの対象となり遠ざけられたかを描いて興味深い。

の了解である。死の可能性は諸可能性とは身分の違うものとして区別されるとともに，本来的にかかわらせる。諸可能性は，死が可能性であるかぎりでのみ，あるからである。死は現存在を単独化するが，あくまで世界内存在としてのことである。「追い越しえない可能性への先駆がその前に伸展するすべての可能性を共に開示するゆえに，先駆のうちには，全体的現存在の実存的先取の可能性が横たわる，すなわち全体的な存在可能として実存する可能性が横たわる」（SZ264）。「自らの死にたいして開かれる〔自由になる〕」ことによって，「偶然的に押し寄せる諸可能性に紛れることから解放し，それらを自己本来的に了解し，選択させる」（SZ264）。何を選択するのか予め言われることはない。しかし他人のするとおりに行為するとか，配慮の必要に無思慮に従ったりすることはないはずである。

3 良 心

「死への存在」によって，現存在の全体性と自己本来性への問いは答えられたが，それは存在論的可能性において投企されたにすぎないと，ハイデガーは改めて宣言する。たった今みたように，その可能性が示されたばかりである。日常性のただなかにいる現存在はそのようなあり方を獲得してはいないのである。しかし非自己本来性は自己本来性なしにはないゆえに，先走りの存在論的分析が現存在に指し示したものだった。ただこのような事情は，倫理的なものを主題とする今，詳論する必要はないであろう。「死への先駆」が私たちに突きつけられたと理解すれば済むだろう。良心の分析は現存在の存在に属する「責め」を洞察させる。

良心は自己本来的存在可能が実存的に可能であると「証言する」（SZ267），そういう証言の役割を担って登場させられる。実存については単に考え出されたものでは困るのである。その証言は「現存在の存在のうちにその根をもつ」（SZ267）のである。それが人への埋没から自己を取り戻すように促す。良心は「良心の声」として周知の現象である。良心など疑わしいと一蹴するひとも多いだろうが，ハイデガーにとって

は事実的実存の「事実」(SZ269) である。さて「良心は〈何か〉を理解させる」,「それは開示する」(SZ269)。それゆえそれは開示性の一契機, 語り (Rede) の一様相である。良心は「声」といわれるが, むしろ「呼び声 Ruf」である。しかも「呼びかけ Anruf」である。

　本書は語りを正面から扱っていないが, 良心は語りの一様相なので, 語りの四つの契機（語りがそれについて語るもの, 語られたこと自体, 伝達, 表明）, 語りの三つの可能性（語ること, 聞くこと, 沈黙すること）がなんらかに現れる。では関心の呼び声において呼びかけられるものは何か。「現存在自身」(SZ272) である。「他人との配慮的な共同存在の人——自己が呼び声によって打ち当てられる」(SZ272), そして「固有の自己へ」と向けて呼びかけられる。いずれにしても, 呼び声が狙うのは現存在の自己だけである。公共的な相互存在において大切であったものは, すべて「通過される」(SZ273), そして「無意味性」に沈む。では呼び声において「語られたもの」は何か。「何もない」(SZ273)。それゆえ「自己自身へ」, すなわち「彼の最固有の存在可能へ呼び出される」(SZ273)。ただしこの呼び声は発声を欠いていて,「沈黙という様相で」(SZ273) 呼ぶ。しかし誰が呼ぶのか。「呼び声は私から, しかし私を越えてやってくる」(SZ275) とハイデガーはいう。「〈それ〉が呼ぶ」(SZ275) というのが正確な記述であって, ハイデガーはひたすらこの事態に留まろうとする。そして良心の神学的, あるいは生物学的解釈を拒む。

　ハイデガーは良心の現象を次のように総括する。「良心は関心の呼び声として自らを露にしたのである。すなわち, 呼ぶものは自らの存在可能のために, 被投性（……のうちにすでにあること）のなかで不安がっている現存在である。呼びかけられた者は, 彼の最も自己的存在可能（自らに先立つこと）へ呼び出されたやはりこの現存在である。そして現存在は呼びかけによって人への頽落（配慮された世界のもとにすでに―あること）から呼び出されている」(SZ277)。いうまでもなくこれはあの関心構造である。良心は「現存在が彼の存在の根底において関心である」から「可能」(SZ278) だったのである。

　ところで良心は何かを開示する。良心の声が「責め Schuld」といったものを告げることでは, 一般にどんな良心解釈も一致している。ハイデガーもその点は同意する。良心が呼び声なら聞くことが対応するはずで

ある。その声を聞き逃さないとすれば,何かに「責めがある」(SZ282)が了解される。(日本語でも,聞くことは分かることである。)しかし誰かに借金があるとか,何かに被害を与えたというような責め(責任)はとりあえず除く。すると自分の存在だけが残る。そこでハイデガーは「責めある」を形式化して「……にたいする根拠存在 das Grundsein für…」(SZ283)を得る。ハイデガーはそれを「非にたいして規定された根拠であること」,すなわち「非性の根拠存在 Grundsein einer Nichtigkeit」(SZ283)と再規定する。つまり被投性には「自分自身から彼の現存在にもたらされたのではない」(SZ284)という非性があり,現存在はそれを支配できない。しかしながら「実存しつつ彼の存在可能の根拠である」(SZ284)。しかし投企も「非的」(SZ285)である。彼の存在可能のこの投企は,現存在が「彼の実存的可能性に開かれている」(SZ285)ことを意味するが,一つの可能性の選択は他を選ばないことを意味する。また頽落においてはこの非性は覆われているので,良心が呼ぶ。「非的な根拠存在」へ,すなわち責めあることへと。良心の呼びかけを正しく聞くことは,「良心をもとうと欲すること」(SZ288)であるとハイデガーはいうのである。これは一つの「選択」である。しかし良心は意に反しても常に呼ぶから,良心は選択できず,聞くか聞かないかの選択である。現存在は被投的投企として,本質的に責めある存在である。良心解釈は,「〈責めある〉は〈私がある〉の述語として浮かび上がる」(SZ281)ことを確認する。一度日常の行為のレベルで責めある(責任)に触れたが(本書27-28頁),実存の立場での「責め」がようやく明るみに出された。良心の咎めだては現存在の存在の根底からやってくるとしか考えられないが,ヨーロッパの伝統はそれを良心と呼び習わしたのだと思う。

4 決意性と先駆的決意性

良心現象が全体として捉えられたことで,自己本来的開示性が全体として露にされる。「沈黙した,最も固有の責めある存在への,不安を逃げない自己投企」(SZ296f.)がそれである。それは「不安の情態性,最固有の責めあることへの自己投企としての了解,沈黙としての話によっ

て構成」(SZ296) されている。ハイデガーは良心によって規定された自
己本来的開示性を「決意性」(SZ297) と命名する。それは「世界内存在
として自己本来的である」(SZ298) ことなので，現存在を世界から切り
離しはしない。不安と死のところで無へと沈ませた世界へ現存在を再び
行為者として差し向ける。しかし「人のうちに紛れている」(SZ298) こ
とはない。「自己本来的開示性は，それに基づいた〈世界〉の被発見性，
他の共同現存在の開示性を等根源的に変容する。用在的〈世界〉は〈内
容的に〉別の世界になったり，他人の仲間が替わったりするわけではな
いが，用在者への配慮的存在と他人との配慮的な共同存在が最固有の存
在可能から規定される」(SZ298f.)。これがハイデガーの落としどころ
であった。

　したがって，ハイデガーは「決意性の自己本来的自己存在から初めて
自己本来的相互存在は発する」(SZ298) という。逆に「人やひとが企て
ようとするものにおける曖昧で，嫉妬深い協定や饒舌な親交から」
(SZ298) 成立しないと断言する。人の共同存在についてのこのネガティ
ブな言及は，日ごろの実感でもあるので，ただちに同意する。しかし自
己本来的な自己存在からの共同存在の方は，それ以上展開されることが
なく空虚である。

　今や現存在は投げられた者として事実的な存在可能性を投企するので
あるが，決意性は「情況」を開く。情況は「現存在がそこに現れる物在
的な枠」(SZ299) などではなく，決意のうちにのみある。それゆえ人は
「情況には本質的に閉ざされている」(SZ300) といわれる。行為が決意
によって開かれた情況において行われるとすれば，予め「〈実践的〉指
示」(SZ298) が与えられることは拒まれる。この箇所でのハイデガーの
ちょっとした付言は注目に値する。それは「決意性においてのみ，共同
世界と環境世界から私たちが偶然と名づけるものが落ちかかってくる」
(SZ300) というのである。自らその存在を置いたのではない存在者は意
のままにならない存在のただなかで，偶然を排除するのではなく，深く
受けとめるものなのだと思う。それに対して人は偶然に出会うとき，偶
然によって持ち込まれるほころびを直ちに実践的に繕って忘れる。

　さて，決意性が提示された。しかしハイデガーは，決意性は「死への
先駆」と結合しなければならない，つまり「自らの死を絶えず確信し，

すなわち先駆しつつ、決意性はその自己本来的、かつ全体的確実性を獲得する」(SZ308) というのである。決意性と先駆的決意性は構造的に同じはずなのに、なぜこんな扱いにするのか。一つには例のハイデガーの現象学的方法からくる。つまり現象的〔の〕土台からその存在構造を洗い出し、再び実存的に充実するという過程の繰り返しとして、ジクザクに進むやり方だが、今は倫理的なものを探究しているので、方法論的議論には立ち入っていない（このような問題については、岡田紀子『ハイデガーの真理論』を参照されたい）。けれども決意性という構造が死への先駆によって事実的―実存的になるということは、すなわち構造の単なる提示とそれの「確信」（確実性）を区別することはまず実存的に意味があることはわかりやすい。事実的な実存において、「死んだ気になって」とか、「死を賭して」ということがもつ力を私たちは知っている。しかしそのような人生論的理解だけでハイデガーを捉えるのでは十分ではない。その区別が実存の理解にダイナミズムを与えているのである。「倫理的なものへの手引き」（本書第Ⅰ部第１章）において取り上げたように、現存在の存在構造と具体的な事実性に根づいたものとの区別と両者の間の往復の重要性が指摘された。

　さて、現存在は被投的投企として行為する。決意性に属する確実性は情況を開き、見極めさせるが、同時に「情況に固執しない」(SZ307) ということを可能にする。すなわち決意の確実性とは、「自らの可能的な撤回と、そのつど事実的に必然的な撤回とに自らを開けておくこと」(SZ307f.) を含意するのである。むろん「非決意性に再び落ち込む」のではなく、撤回の可能性をにらみながら、絶えず選択した可能性をそれとして「反復」するのである。以上のことから、ハイデガーにおいて私、自己がどう考えられていたのか、判明する。結局、先駆的決意性こそがその解答に他ならないのである。ハイデガーは「孤立した主観」、「自我」を退け、世界内存在から思考した。「私と一言うことにおいて現存在は自らを世界内存在として語りだす」(SZ321)。その際、「日常的自己解釈は自らを配慮された〈世界〉から了解しようとする傾向をもつ」(SZ321)。これはすでに確認済みである。しかし先駆的決意性によってそれは克服された。ようやく先駆的決意性において「関心としての自己本来的現存在の自己本来性」(SZ322) が獲得されたことになる。そこには自己の自

立性 (Selbst-ständigkeit) が確保されている。頽落はしたがって，その反対，自己の非自立性である。それが人の性格づけである。といっても人が日常「私，私」と煩いほど発言しないということではない。しかし自己喪失であると，ハイデガーは断定する。ハイデガーにおいては，自己は，自己本来的であれ，非自己本来的であれ（一方から他方へ変容し，再び一方から他方へ変容する），構造分肢をもつ動的な統合であって，それをほどなく時間性の議論が明るみに出すであろう。

　実存的な「先駆的決意性」ないし「死への存在」を見事に描いた映画を観た。マルク・ローテムント監督「白バラの祈り」(2005年) である。1943年，スターリングラードでのドイツ軍大敗以降，ヒットラーの独裁政治は終局を迎えつつあった。その頃，ミュンヒェン大学を拠点に「打倒ヒットラー」と戦争終結を叫ぶ「白バラ」と呼ばれた非暴力的な地下組織が結成されていた。映画は，そのメンバー，ゾフィー・ショルと兄・ハンスが大学構内にビラを撒き，逮捕され（後にビラの草稿を書いた疑いでクリストフも逮捕される），裁判を受け，処刑される過程に照明を当てる。（メンバーは他にもいたし，この事件で処刑された者は6人にのぼる。）なんといっても圧巻は，ベテランの尋問官・モーアによるゾフィーの取調べの場面である。ゾフィーは最初無実であると言い逃れしようとするが，逃れられないと覚悟すると，自分の信念をぶつける。ゾフィーを演じるユリア・イエンチの澄み切ったまっすぐな瞳が印象的であった。監督はさすが，尋問官をただの憎々しげな悪人に描いてはいない。尋問官は職務に忠実ではあるが，若い将来のある学生を死に追いやることへの言葉にしない悲哀をにじませる。ゾフィーとハンスは裁判でも堂々とその信念を披瀝する。彼らは英雄である。父親であるクリストフが三人の幼い子供のため，自分の命乞いをするのはむしろ人間的である。しかしそれは聞き入れられない。この白バラ事件は決して同時代に大きな影響を与えたわけではない。「ゾフィーの処刑の五日後にはミュンヒェン大学で特別の集会が開かれて，多数の教授と学生が国家と総統への忠誠を誓い，〈反逆者〉への怒りを表明した」（瀬川祐司氏による解説）ということである。大衆政治の恐ろしさを改めて思う。それは決して外国の話ではないのである。立派な出来栄えの映画である。無駄のない，か

っちりと構成された，緊迫した映画ゆえ，泣ける類の映画ではなかった。

　私が注目したのは，こういうことである。尋問官も公式的なイデオロギーを代表する人民裁判の裁判長も，押し出すのは言葉・理屈であり，対するゾフィーも言葉・理屈で応酬する。かつての日本の特高の取調べは，罵声と脅迫と拷問で屈服させるのを常としていたらしい。人間は身体的存在であるから，拷問などは想像するだけでぞっとする。ドイツにそんなことがなかったのかは問わない。しかし狂った法に従ってでもあくまで合法的に，理性的に，理路整然と語るのと，本能的な，剥き出しの暴力を露にするのとどちらが恐ろしいか，ほんとうは難しいところであろう。言語の違いも重要である。尋問官その他も，ゾフィーに「あなた」，「フロイライン」と呼びかける。それがドイツ語の言葉遣いなのである。誰に対しても「私」といい，相手を「あなた」と呼ぶ言葉でなく，相手との関係でそのつど自分や相手の呼称を決めていく日本語のような場合（付論3を参照），このような対峙的なあり方は難しいであろう。「言葉は存在の家」（W313）であるとすれば。どちらがそれ自体でよいかは言えないと思う。しかしこのヨーロッパ人の屹立した精神性をやはり賛嘆する気持ちが私にはある。その非寛容の害悪も，特に今日目立ってきているとしても。ゾフィーは良心に従ってと宣言し，来るべき共同体のために抵抗を貫く。日本にも主人や家や国のために命を犠牲にしたひとはいたが，良心に従ってといい，現在自分が所属するものでないもののために身を捨てるという観念性は元来異質であろう。

　例外的な，苛烈な情況においてはじめて真実が煌きでるということはある。しかし平凡で穏やかな日常も薄氷のうえを歩いていることには変わらないのだという自覚を，実存思想は強調するであろう。

第 4 章

時間性から歴史性へ

────────

1　時　間　性

　先駆的決意性によって現存在の存在（関心構造）が明らかにされた。そしていよいよ「関心構造の全体を，その展開された分肢の統一において可能にしているものは何か」（SZ324）とハイデガーは問い，「時間性」であると答える。時間性は可能にするもの，根拠である。時間性の特殊的な変容が，自己本来的，あるいは非自己本来的実存を振り分け，成立させる。先駆的決意性は『存在と時間』の要である。というのは，現存在の存在が根源的に時間的であることが透視的になるところであるからである。自己本来性の優位は元来もっぱらここにあるのである。逆に言えば，非自己本来性とはそのような真相の隠蔽に他ならない。さて，これまで現存在について析出されたことはすべて，時間性から捉え返されなければならないので，『存在と時間』の時間性の解明は膨大な仕事を抱えている。しかし私はその議論を追っていくことはせず，できるだけ短い総括で済ます。そして最初にそこが倫理の場所と指定した歴史性へ踏み込む。現存在は時間的な存在であるから，歴史的なのである。

　先駆的決意性から時間性が浮かびあがる。時間性とは，「既在的─現前化的将来という統一的現象である」（SZ326）。すなわち，投企の「自らに─先立つ」とは，存在可能であること，あるいは「現存在がその最固有の可能性〔死〕において自らへ到来する auf-sich-zukommen こと」，すなわち将来（Zukunft）に基づき，「すでに─うちに─ある」（被投性）とは，「私が─あったところのもの─である ich-bin-gewesen」，すなわ

ち既在性（Gewesenheit）に基づき，「もとに―ある」とは，存在者を現前化する（gegenwärtigen）こと（現在）だというのである。ここでは「根源的かつ自己本来的時間性は，自己本来的将来から時熟し，しかもそれは将来的に既在してはじめて現在をよび覚す」（SZ 329）。しかも現在（現前化）が「将来と既在性に含まれ」，つまり間延びしていないで，「開示された情況への瞬視（Augen*blick*）（SZ 328）となっている。この根源相の時間性の時熟の特徴は，脱自性，将来の優位，有限性にある。死への先駆からの時熟であるからである。先駆はそもそも将来を意味するのである。ゾフィーが法廷で堂々と自分の信念を述べる行為は，このような時間性を生きる範例であろう。

　たった今いわれたように，時間性の時熟仕方が，「現存在の存在様相の多様性と，とりわけ自己本来的実存と非自己本来的実存という根本可能性を可能にする」（SZ 328）。そこで今度は日常の配慮的存在の，すなわち非自己本来的時間性に触れなければならない。第2章（2）で取り上げた行為の構造は，実はこのような時間性の基礎において成り立つことを理解させる。現存在の行為は可能性の投企である。ここでは現存在の配慮的了解は「日常に従事する仕事において配慮可能なもの，実行できるもの，緊急なもの，不可避なものに自らを投企する」（SZ 336）。とすると自らへの到来はどうなるのか。「現存在は第一義に彼の最固有の，〔他と〕無関係な存在可能において自らに到来するのではなく，配慮しつつ，配慮されたものが成果を与えるか，拒むものから自らを予期している。非自己本来的将来は，予期 Gewärtigen の性格をもつ」（SZ 337）。また自己の既在を忘れ，存在者の現前化（現在）がのさばる。したがって，その時間性の時熟は，「忘却的―現前化的予期」（SZ 339）である。これも独自の脱自的統一である。可能性の投企であるゆえ，現存在は将来的であるとはいえ，主導的であるのは現前化である。この時間性が存在者（世界）への向きを取らせている。これはすでに頽落なのであるが，「現前化がそのつどますます自分〈自身〉になる」（SZ 347）と，たとえば好奇心のように現前化が絶えず新しいものの現前化を追い求めていくとすると，自己を省みることもなく，もう本当に頽落的頽落，自己喪失である。ここで以下のことを留意しておかなければならない。配慮は一般にこのような時間性に基づく。しかし実存の考え方は，どんな種類の

行為がそれであるか言うものではない。ハンマーを取って家を補修する行為であろうと，掃除・洗濯や職業上の行為であろうと，前述の自己本来的な時間性のもとにあることはありうるのである。

そこで歴史性へ歩みを進めなければならない。「現存在はその存在の根拠において時間的である故にのみ」，「歴史的に実存し，実存しうる」（SZ376）ということは揺るがない。しかし「生命ある自然と生命のない自然の過程も〈時間のうちに〉ある」（SZ377）ということは疑えなく，同様に現存在も時間のうちにあると思われる。ところでハイデガーは現存在が時間のうちにあるから歴史的なのではないと主張する。ハイデガーは，時間的であることとは区別される，この「時間のうちにあること」を「内時間性 Innerzeitigkeit」と命名する。そして歴史性も内時間性も現存在の時間性から発し，両者は「等根源的」（SZ377）とハイデガーはいう（この概念については，岡田紀子『ハイデガーの真理論』65-66頁をみよ）。しかし通俗的な理解は内時間性を自明のように前提にしてかかるので，「まず現存在の歴史性が純粋に現存在の根源的時間性から〈演繹〉されねばならない」（SZ377）と述べて，ハイデガーは歴史性の解明を先行させる。むろん『存在と時間』の超越論的体制がそうさせる。しかし私は倫理的なものの場所，歴史性を目指して急ぐので，ハイデガーの順序には従わず，先に内時間性に少し触れる。

2 内時間性

着手点は配視的配慮である。「現存在は彼自身のために自らを消費しながら，自分を用いる，すなわち彼の時間を用いる。時間を用いつつ，彼は時間を計算する。配視的―計算する配慮は，まず時間を発見し，一つの時間計算の形成に導く。時間を計算することは，世界内存在にとって構成的である。配視の配慮的発見は，彼の時間を計算しながら，発見された用在者と物在者を時間のうちに出会わせる。内世界的存在者はこのようにして〈時間のうちに存在する〉ものとして近づかれる」（SZ333）。「内世界的存在者の時間規定性」が内時間性である。ハイデガーの狙いは，配慮的な時間計算の構造を明らかにし，そこから「今時間」（通俗

第4章　時間性から歴史性へ

的な時間概念）の発生を見届けることにある。

　今時間はその成立を根源的時間性の「水平化」（SZ405）に負う。起点は配慮の時間性，「予期的—保持的現前化」である。「計算・計画・処理・予防の作用はいつもすでにこういう」，「〈その時には〉それが起きるはずだ，〈その前に〉あれが片づくはずだ，〈あの時には〉不成功で取り逃がしたものが〈今〉取り返されねばならない」（SZ406）と。「その時には」では配慮は，予期的に，「あの時には」では保持的に，「今」では現前化的に語りだしている。「その時には」には「今はまだない」が，「あの時には」には「今はもはやない」が隠されている。したがって常に「今」が共に了解されている。ハイデガーはこの配慮の時間に「日時づけ可能性 Datierbarkeit，張り渡し性 Gespanntheit，公共性，世界性」の四性格を認める。「その時には」，「あの時には」，「今」は独立して現れるのではない。それぞれ，「……するであろう，その時には」，「……した，あの時には」，「……している，今」である（日時づけ可能性）。……の空所は，実際は何事かが埋めている。「……している，今」とは，「ドアが鳴っている，今」なのである。「その時には」には「今はまだない」が含まれていたが，「その時までまだ間がある」と了解している。すなわちその時までの間が張り渡される（張り渡し性）。すべての「今」，「その時には」，「あの時には」は，そのつどの張り渡しの幅をもつ。「今」とは休憩中，食事中，晩の間，夏の間を意味する。「その時には」，「あの時には」も同様である。この時間は公共的である。現存在は他人と共同存在していて，配慮される物事から自らを了解するかぎり，共に了解しあっている時間である。これは人の時間である。これは結局世界時間である。なぜならそのうちで内世界的な物が出会われる時間であるからである。

　この公共的世界時間はどのように成立するのか。現存在は投げられて，世界に引き渡されて，そのうちで存在可能として実存する。したがって，世界（有意義性の統一）が共に開示されているが，それとともに現存在には自然が発見されている。すなわち「昼と夜の交代」（SZ412）に引き渡されている。時間計算は太陽を考慮に入れる。見るためには明るさが必要だからである。太陽の運行とその位置が，仕事や就寝，仕事上の協力を定めるため，みなに近づかれる最初の時計である。（やがてますます

精密な時計を発明し，それとともに時間測定を精密にするであろう。そして暦法をも制定するであろう。）それぞれの時は，何かのために「適切，あるいは不適切な」時間である。これは配慮の必要から見出された公共的世界時間である。いうまでもなくこれは，日常性の時間である。「日常性 Alltäglichikeit」という言葉自身，現存在の「毎日 alle Tage」(SZ370) という時間的意味を潜ませていたのである。

　今時間は「内時間性」から発生する。すなわち「日常的な自らに時間を与える配慮は，〈時間のうちに〉出会われる内世界的な存在者に〈時間〉を見出す」(SZ420) とハイデガーはいう。そして具体的には，時計の針の運動を「〈今はここ，今はここ〉等々」(SZ421) と数えていくことから今時間を導出する。ハイデガーが内的時間意識などではなく，誰でもが近づける時計の使用を手引きにしたのは，全く巧妙であったと思う。そこで，「今の連続」が見出される。（この導出は大変興味深いのだが，省略する。）さて，今時間は，「無限の，過ぎ去る，不可逆的今連続」(SZ426) と特徴づけられる。それは配慮の時間から「日時づけ可能性，世界性，張り渡し性，現存在的公共性を覆って」(SZ424)，水平化したところに成立するのは明白である。現存在は行為において世界の事物に手を伸ばす，伸縮自在の時間性を生きてはいるであろう。しかし今時間は人の時間解釈なのである。それは元を質せば「頽落的現存在の時間性から発現する」(SZ426) とハイデガーは結論する。なぜなら現存在は世界へ埋没し，あの根源的時間性の時熟，「脱自的，有限な，将来の優位」を喪失するからである。そしてそのような時間性を生きることから見出されるものに向かうことによって今時間が構成される。ハイデガーにとって通俗的時間概念が問題なのは，おおよそ存在は時間から了解されなければならないとすれば，それが物在性の存在論を支え，翻って現存在の存在もこのような時間のうちで経過していくと考えることへ導くからである。

　環境世界にいまや太陽が昇り，沈み，日が巡り，そこで現存在が物と他人とかかわって実存しているのだが，ということは時間を用い，時間計算しているということである。触れなかったが，世界内存在は当然現存在的な空間性を含む。道具は環境世界のうちでそれぞれの場所をもっている。環境世界は有意義性のもとに理解されるから，いわゆる道具ば

かりでなく，建物，道路，街，橋，港などの他，自然の山川，森林，海，空など一切を包摂する。世界内存在の空間性は，現存在の「距離を──取ること Ent-fernung」すなわち近づけと方向調整 Ausrichtung」(SZ105) から開かれている。日常生活で距離が「ひとっぱしり」(SZ106) などと形容されるとすると，空間が時間に還元されるという意味でないとしても，それはむしろ所要時間を表しているのである。現代まで交通手段は距離を取り去ることに努力してきた。通信手段も同様である。さて以上で「歴史性」へ移る準備はできた。私たちが事実上最初からそこにいる歴史的世界を大まかに復元したのである。むろんハイデガーの解明は，現存在の歴史性から歴史的世界へという順序をとることを忘れてはならない。

3　歴史性

　歴史性は自己本来的時間性から解明されるが，それは「現象学的構成の道において」(SZ375) 実行される。しかし構成といっても，「時間性の時熟にすでに覆われたかたちで横たわるものを露にするのみ」(SZ376) であり，したがってまた，「時間性のより具体的な仕上げ」(SZ382) とも呼ばれる。すでに本書10頁で逆向きの矢印（←）で示したように，歴史性は時間性をもう一度なぞって肉付けするものである。それゆえ分析は確かにより具体的であるが，現存在の「中立性」（本書Ⅰ第1章をみよ）を全部解除するところまで具体的ではない。たとえば年齢や性別などが話題になることはやはりない。

　時間性から歴史性はどのように導かれるのか。ハイデガーは「誕生」を取り戻すことから着手する。これまでの分析では死（終わり）への存在で現存在の全体性は確保されたとされる。しかし死は一つの端であっても，もう一方の端，つまり誕生は省みられなかったとハイデガーは改めていう。現存在は「誕生と死の〈間〉」(SZ373) なのではなかろうか。これまで「現存在はいわば〈前方へと〉実存し，すべての既在したものを〈自分の後ろに〉残すというかたちでのみ主題になっていた」(SZ373)。それゆえ「現存在の誕生と死の間と伸長」，あるいは「生の連関」

(SZ373) が主題にされなければならない。それが歴史性の問題である。

　誕生という契機を投入することで，被投性，すなわち投げられて現存在が「あること Daß es ist」がより具体化されて表に出る。投げられて存在するのは誕生によるのだとすると，特定の時代と場所に，特定の両親のもとに生まれることになる。私の誕生などということは，内的意識をいくら覗いても，捉えられはしない。芥川の「河童」ではないから，生まれる前に，生まれることを望むか意思を尋ねられることはないし，私にとって先在的な自然環境と共同体の文化，人間関係のなかに置かれ，私自身が選んだのではない性別，身体的特徴，才能，ひょっとして障害をもって生まれることも回避できない。被投性の引き受け，被投的投企はこのようなことを意味する*16。ここには倫理的に考慮すべき様々な

16）　被投性は，『存在と時間』の場合，個的な実存がなんらかに引き受けることになるが（この局面がなくなることは決してないと私は思うが），社会化することによって引き受けることが考えられうる。たとえばロールズによる試みがある。ロールズは次のような「公正としての正義」の二原則を掲げる（ジョン・ロールズ『公正としての正義』田中成明訳，木鐸社，1986年，33頁）。

「第一に，実践に参加するかそれによって影響を受ける各人は，すべての人々に対する同様な自由と相容れるかぎり，最も広範な自由への平等な権利をもつ。第二に，諸々の不平等は，それらがすべての人の利益となるであろうと期待するのが合理的でないかぎり，また，それらの不平等を伴っていたり，あるいはそれらの原因となりうる諸々の地位や職務が，すべての人に開かれていないかぎり，恣意的である」。

ロールズを有名にしたのは第二原則，特にその格差原理であり，つまり不平等は最も不運な人々の利益となるように取り決められるべきであるという主張である。というのは生まれつき才能や能力の配分は不平等であり，どの時代に，どこに，どんな両親のもとに生まれるかもひとの生涯に大きく影響する。ロールズはこのような積極的・消極的条件を社会的な資産とみて再配分しようというのである。この格差原理は，同時代ばかりではなく，現代の人々と未来の人々との間にも適用される。たとえば現代人が地球の資源を浪費するとか，環境汚染を未来の人々のツケにすることは許されない。

背後にあるロールズの人間観は次のようなものである。まず人間は相互に利己的である。さらに人間は合理的である。何が自分の利益であるか，どうすればそれが実現できるか知っており，それに従って行為し，目先の利益に誘惑されてしまったりしない。他人との協力やフェアにふるまうことを必要とみなす。二つの原則は，相互的に利己的で合理的な人々が原初状態で共同の実践の権利と義務を割り当てるような原理である。社会的ミニマムを失うまいとすれば，そう選択するはずである。原初状態はむろん歴史上のではなく，思考上のものである。

これはむろんハイデガーにとって人（ダス・マン）の倫理学以外のなにものでもなかろう。私はこれを非根源的倫理学と呼ぶ。しかしその主張を全面的に拒否はできないと感じる。生まれによって生活の必要や名誉や地位が最初から拒まれ，終生そのような生存に固定されるような不平等はやはり容認できない。ということは近代的理念にコミットすることは承知している。ただしどこまで，どんな風にそれを行うのかというプランを持ち合わせていないが。

問題があることになろう。

　さて,「生の連関」が改めて問題になるとはどのようなことか,ハイデガーは問う。結局通俗的時間解釈,今時間の流入が元凶なのである。「生の連関」が「諸体験の継起」であるとすると,〈そのつどの今〉に物在する体験のみが〈現実的〉である。過ぎ去ったこと,あるいはこれから来る体験はもはや〈現実的〉でない,またはまだ〈現実的〉でない」(SZ373) と考えられる。今だけが現実的なので,現存在は「彼の〈時間〉の今連続をいわば飛び跳ねていく」(SZ374) という次第である。これでは誕生と死の間の伸長を捉えられない。現存在は予めある誕生と死の間という枠,道のりを埋めていくのではない。「事実的な現存在は誕生して実存し,死への存在の意味で生まれてすでにまた死ぬ。死と誕生という両〈端〉とその〈間〉は,現存在が事実的に実存するかぎり存在する」(SZ374)。現存在のこの「伸長されて自らを伸長する特殊な動性」をハイデガーは「現存在の生起 Geschehen」(SZ375) と名づける。これが歴史性であって,これによって現存在の動性と持続性,「自己の自立性」が理解される。現存在は「そのつど自己本来的,あるいは非自己本来的に歴史的なものとして実存する」(SZ376) が,日常性とは「現存在の非自己本来的歴史性」(SZ376) に他ならない。いうまでもなく自己本来的歴史性では自己の自立性が確保され,非自己本来性ではそれが失われる。現存在の生起は,自分の,あるいは過去の人物の伝記を書くとき基礎におかれるようなものであろう。

　ではなぜ時間性は歴史性に展開されねばならないのか。すでに触れたが,死の可能性と諸可能性の身分的な差別に戻らなければならない。「実存の追い越しえない可能性,死への先駆的自己投企は,決意性の全

　アメリカでは「affirmative action plan」が一時は話題になることも多かったけれども,もう廃止したのであろうか。これはよいと思えば直ちに実行し,たちまちゆり戻すのがアメリカという国の若さなのであろう。
　ロールズは不平等を正そうとするが,第一原理の自由の方が優位なのだと思う。個人の自由のために,不平等を是正する。しかし不平等を排除して一様にするのではなく,社会のうちに様々な役割,地位等の違いがあることは当然としたうえで,個人の自主性,自立性,自己実現を発揮させようとする。私はロールズのような人間観を自明と考えてはいない。しかし社会的ルールでカバーできるものは,それぞれの自己利益とそれらの調停以外にはないのかもしれないとは思う。しかし倫理学がそのようなものに過ぎないのなら,ハイデガーに期待できることはないであろう。

体性と自己本来性を保障するだけである。事実的に開示された，実存の諸可能性はしかし死から取り出されない」(SZ383) とハイデガーはいう。つまり諸可能性は被投性から汲みだされるしかない。死への先駆は諸可能性の場を空けておくだけである。先駆的決意性はいまや事実性に根づく。時間性のより具体的仕上げとして，現存在は事実的な実存の行為者である。さて先駆的決意性の時間性から自己本来的歴史性が一気に引き出される。「本質的にその存在において将来的であり，したがって自らの死にたいして自由に開かれて死に打ち砕かれつつ彼の事実的現に投げ返されうる存在者のみが，すなわち将来的なものとして等根源的に既在的である存在者のみが，相続された可能性を自らに伝承しつつ，自ら固有の被投性を引き受け，〈自分の時代〉〔時間〕にたいして瞬視的でありうる。同時に有限である自己本来的時間性のみが運命といったものを，すなわち自己本来的歴史性を可能にする」(SZ385)。この段は本当はすべてが強調されているが，ここには歴史性について最も基本的なことが語られている。これまで事実的な諸可能性と呼ばれていたものは相続されたのだと捉え返されるが，ということは共同存在のうちで，共同存在から受け取ったものだと改めて確認されることを意味する。共同存在がぐっとせり出し，共同存在自体が歴史的であることが示唆される。そのなかで個的実存は追求される。また自己本来的歴史性は運命と同視されている。

　決意した現存在は運命をもつ，人はそれをもたないという点をもう少し詳らかにしよう。現存在は世界内存在である。決意した現存在は自己本来的実存のそのつどの事実的な可能性を「引き継いだ」，「遺産から」(SZ383) 開示する。引き継いだ可能性を「自らに伝承する」(SZ383) ことができる。死の可能性に向き合えば，すなわち「把握された実存の有限性は，安楽，軽率，逃避のような，差し出された身近な可能性の無限の多様性から現存在を引き戻し，彼の運命の単純さへ連れ込む」(SZ384)。この文は人がなぜ運命をもたないかの説明でもあろう。ところでまた，ハイデガーは，死への先駆は「死にたいして自由」にし，「彼の有限的自由の固有な力の優勢において」自らを了解させ，「被投性において自分自身に引き渡されていることの無力を引き受け，開示された情況の偶然にたいして慧眼になる」(SZ384) ようにさせるというので

ある。力の優勢ばかりでなく，同時に無力が自覚される。そしてこれはあくまで共同存在においてのことである。そこで「彼の生起は共同生起」（SZ384）なので，「共同運命 Geschick」が成立する。しかも共同運命は「共同体の，民族の生起である」（SZ384）と共同体が民族と唐突に言い換えられる。民族の問題には今立ち入ることはできないが，いざ戦争といった場合には，私が戦争に反対であったとしても，共同運命は実感されずにはおかないだろう。一地方が水不足に襲われたりした場合住民の助け合いの精神が発揮されるのは，報道の伝えるところである。もっと水不足が深刻になったら水をめぐって修羅場が生じるのかは知らないが。また「世代」（SZ384）に共同運命が成立するとされる。

　自己本来的歴史性に戻る。現存在は引き継いだ可能性を自らに伝承するといわれた。ハイデガーは改めてそれを「受け継がれた実存可能性の反復 Wiederholung」と呼ぶ。「反復とは明確な伝承である，すなわちかつてあった現存在の可能性への還帰である」（SZ385）という。しかし反復は「過ぎ去ったものを再びもたらすこと」（SZ385）などではなく（そんなことは不可能），「応答」なのである。それゆえまた回顧的に生きることではない。「決意において可能性へ応答することは，同時に瞬視的なものとして今日〈過去〉として影響を及ぼしているものの無効宣言である」（SZ386）ことでもある。歴史性においては確かに既在が重みをもつが，それもやはり現存在の将来から発現する。死への先駆が実存を「その事実的被投性へ投げ返す」（SZ386）からである。それゆえ「死への自己本来的存在が，すなわち時間性の有限性が，現存在の歴史性の隠れた根拠である」（SZ386）と結論される。

　ハイデガーはかつてあった実存可能性の反復を「主人公を選ぶこと」（SZ385）と言い換える。実存的にはこれが面白い。誕生と死の間，私の生涯を具体的にどう形づくっていくか示すものだからである。さて私の今後は確かに白紙である。しかし私は投げられた存在であるから，可能性は描かれている。まず最も一般的には，全く不可能と考えられているものは誰も企てようとはしない。もちろんあるとき頓狂な誰かがこの常識に挑むことは起こりうる。通常可能性はもう少し限定されて，すでに実現されたことのあるもの，知られたものであるか，あるいはそれらの間隙に，またはその先にあるであろう。多くのひとはすでに均された道

をいくであろう。研究や新しい製品の開発，スポーツ選手の記録は既述のように予描された新たな可能性を追求する。主人公を選ぶとき，身近に，あるいは書物のなかに手本，目標になる人物があることもあろう。主人公は政治，芸術，医術，あるいは富，信仰等々であろうし，全然野心的でなく，穏やかで食べるに困らない暮らしを望むかもしれない。むろんどんな主人公を選ぶべきか外から指令が下ることはない。ハイデガーが念頭におくのは，そんなことを明言していないけれども，生き方，仕事がほとんど選択の余地がないほど生まれによって決定されているような社会ではなく，近代的市民社会であろう。その理念は自己決定，自立であろう[17]。したがってここが私のいう自己実現の場なのである。障害者や認知症の老人のグループ・ホームまで，できることは自分でして，できる範囲で自立を図るのが幸せでもあるというのが近代の理念である。それがプライドを保たせる。半ばぼけた老人さえプライドはたかく，身体的欲求が満たされているからよしなどというのは外側からの勝手な思い込みに過ぎない。このことを私は最近つくづく思い知った。

　主人公を選ぶことが，誕生と死の間の連関，私の生涯に一貫性を与え

---

17)　カントの倫理学は自主・自己実現の立場なのだと考える。定言命法，「自ら自身を同時に普遍的法則となしうる格律に従って行為せよ」(Kant, Grundlegung zur Metaphysik der Sitten, Felix Meiner, S.61) が，外的なものである実質によって規定されることを排除することで，自律を表現しているのはいうまでもない。これが道徳的な意味での自己実現を目指すことも明らかである。むろん人間は常にこの要求にしたがって行為できるわけではない。私がこれまで考察したのは，カント的な厳密に道徳的な自己実現ではなく（カントにとって，これこそが本来の自己実現であろう），日常の自己実現である。この自己実現，つまり可能性を投企して自分の生涯を形づくっていく自己実現はカントの文脈ではどう理解されるのか。カントの内的不完全義務，「自分の才能を鍛錬すること」(ibd.44f.) は自己実現か，その前提になるものに他ならない。また「理性的存在者が彼の行為の結果として思いのままに立てる目的（実質的目的）」(ibd.50) というものがある。行為をするとき，それは行為によって目指され，支障がなければ行為の結果となる。行為には「すべてのひとがもつ自然目的」，「彼らの自分の幸福」(ibd.53) が属する。自分の幸福が格律の中身である。その格律が普遍的法則となりうるか問われる。もって生まれた自分の才能を鍛錬しないで楽をすることが普遍的法則となりうるか問われる。個々の行為と法則の間にそれが問われないのは学問論的な理由だから度外視すれば，個々の行為は間接的にやはりそう問われる。自己実現といっても，カントが結果主義を採っていないのはいうまでもない。ハイデガーにおいては本質的に共同存在であることは主張されても，格律の普遍化という縛りは設けられない。またハイデガーの自己実現を導くのは幸福だと理解するのは適切ではない。カントと同様ハイデガーも幸福を第一義とするという意味での幸福主義者ではない。何らかの心の満足のようなものが排除されないから幸福主義というのでは広すぎる。カントの言うとおり，幸福ははっきりしない概念なのである。

る。これまでの生き方を捨て，新たな生き方を始めることも，決断を重んじる実存の思想は大切にする。しかし昨日は医者を，一昨日は家具職人を，今日は学者を目指して投企するということでは，何者にもなることはできない。ハイデガーのいうように，私たちは偶然に曝され，絶えず挫折し，実現しようとして実現できることは少ないかもしれない。それでも自己実現（ささやかでも大掛かりでも）とその戦い，その満足が表の世界の倫理なのだということを私は認める。ただし自己実現の倫理性といっても，生涯になにほどかの脈絡を与えるが，通常の倫理に照らして善い，正しいと保証するわけではない。しかも共同存在であるから，自己実現を図ることは他人と協力することも含むが，闘争も余儀なくする。しかし存在するということはこの自立・自己実現に尽きるのかと私は言いたいのである。この点については今は触れない。

　さて，現存在の歴史性ではない，歴史へ目を向けなければならない。ハイデガーは「世界内存在として実存する現存在が歴史的」であるゆえ，「歴史の生起は世界内存在の生起である」（SZ388）と話を進め，それゆえ内世界的存在者，「道具，製品，たとえば書物」（SZ388）を世界の歴史に組み入れる。「建築物や諸制度も歴史をもつ」し，さらに「自然も歴史的である」（SZ388）という。ただし自然史を除外したうえで，自然は「風景，植民地，開拓地として，戦場や祭場として」（SZ388）歴史的であると述べられているのは見逃せない。（自然史への言及があるのは記憶しておくべきであろう。）ハイデガーはこれらの内世界的存在者を「世界―歴史的なもの das Welt-Geschichtliche」（SZ389）と名づける。そして「世界歴史 Welt-Geschichte」（SZ389）の二義を指摘する。一方は「世界との本質的な，実存的統一としての世界の生起」，他方は「用在者と物在者の内世界的〈生起〉」（SZ389）である。前者の世界とは有意義性の連関であり（ということは現存在の様々な営みがあるということである），それ自体生成し，過ぎ去って時代を創設する。時代はその地平をもつ。後者は世界歴史的なものの生成・消滅や移り行きであろう。日常現存在が配慮的にかかわっているものに他ならない。そして人は「既在」を反復することができずに，「既在した世界―歴史的なものの残留する〈現実的なもの〉を保持」（SZ391）しているばかりなので，もっぱら現在（現前化）に生きている。「自己本来的歴史性の時間性はそれにたい

して先駆的―反復的瞬視として今日の脱現前化 Entgegenwärtigung と人の慣例からの離反である」（SZ391）ということになる。ハイデガーのいう反復は決して機械的に繰り返すことでなく，現在にたいしていわば切れ目を入れうるのである。決意を欠く人はそんな切れ目に無縁である。それゆえハイデガーの歴史の把握はそれ自身で保守主義を含意するものではない。

　これまでのところではまだ歴史記述や歴史学は問題になっていない。現存在はそれらなしにも歴史的である。しかし私たちは歴史記述や歴史学の成立した世界に生きている。ハイデガーは科学としての歴史学は「現存在の歴史性から発生する」（SZ392）と解く。すなわち「現存在の歴史性からの歴史学の実存論的起源」（SZ392f.）である。ハイデガーは『存在と時間』の第二部として「哲学の歴史の歴史学的破壊」（SZ392）を予定していたので，自分自身の思考の前提を明らかにする意味でも，この発生の解明を怠るわけにはいかないのである。しかし実はハイデガーのこの問題についての扱いは短い簡単なものなのだが，実存にとって歴史にいかにかかわるか問うことを私たちは避けて通れない。それゆえ歴史学の基礎づけといった問題に立ち入ることはできないけれども，歴史学についてわずかばかり言及したい。

　さて，歴史学が「過去の開示」（SZ393）を課題とするとすれば，過去への道がそもそも開かれているのでなければならない。そのことはもちろん現存在の存在が歴史的であるがゆえに，可能にちがいない。歴史的研究が対象とするものは，「かつて現存在した現存在 dagewesenes Dasein の存在仕方」（SZ393）をもっていなければならない。「今物在する遺物，記念碑，記録はかつて現存在した現存在の具体的開示のための可能的な〈資料〉である」（SZ394）。それが資料とみなされうるのは，その「内世界性」が了解されているからである。ということは「資料がはじめて〈過去〉への遡行を切り開くのではなく，かつて現存在した現存在への歴史的存在を，すなわち歴史家の実存の歴史性をすでに前提する」（SZ394）。つまり反復を遂行できる歴史家が必要である。彼は「かつて現存在した現存在を彼の既在した自己本来的可能性において了解する」（SZ394）。それはまた「そこにおいて運命と共同運命と世界歴史が事実的に規定された実存的な可能性」（SZ394）なのである。決意した実存の

第4章　時間性から歴史性へ

みがそうした可能性を到来させうるゆえに，やはり「歴史学的開示は，将来から時熟する」(SZ395)。しかしこのかつて現存在した可能性の反復とは，全く主観的なのではないのか。「歴史学にとって何が可能的な対象になるべきなのかの〈拾い上げ〉は，現存在の歴史性の事実的な，実存的な選択によってすでにおこなわれている」(SZ395) ので，それが主観性を奪い取るとハイデガーは主張する。そして歴史を書き上げる場合，脱自的時間性を生きる現存在によってそれはなされるのであり，「今時間」を基礎に歴史を書いたりは決してできない。

ハイデガーはここでニーチェが「生にとっての歴史学の利害について」において区別した「記念碑的，好古的，批判的歴史学」を引き合いに出す。「歴史学の三重性は，現存在の歴史性によって予描されている」(SZ396) といって，ニーチェの分析の鋭利さを讃える。自己本来的時間性ないし歴史性（先駆的―反復的瞬視）のうちにその三重性は横たわる。死への先駆から実存の可能性へ帰来し，「人間的実存の〈記念碑的〉諸可能性に開かれる」(SZ396) ところに記念碑的歴史学が成立するが，可能なものの反復には「かつて現存在した実存を敬いつつ保存する可能性」(SZ396) があるので，同時に好古的でもある。瞬視は今日（現在）の「脱現前化」として「批判的」(SZ397) である。こうしてニーチェの区別を現存在の歴史性にうまく載せてしまう。歴史学的研究は誰もが行うものではないとしても，私たちは歴史的存在者として，ニーチェが洞察した歴史学にたいする三つの態度は不可欠であろう。ただしハイデガーはニーチェにしたがって歴史学が生にとって有益か，有害かを考察しようとしてはいない[*18]。

---

18) ニーチェの見解は興味深い。「Vom Nutzen und Nachteil der Historie für das Leben」の Historie は『存在と時間』の流れで「歴史学」と訳した。「学」は少々過剰規定であるが，起きたこと，過去の知・記述を含むが，歴史的に生きることでもあるので，以下では「歴史〔学〕」とする。ニーチェは，「私たちは歴史〔学〕を生と行為のために用い」(Sämtliche Werke, Kritische Studienausgabe in 15 Einzelbänden, Bd.1, S.245)，「歴史〔学〕が生に仕えるかぎりでのみ，歴史〔学〕に仕えようと欲する」(ibd.245) と宣言する。したがって「生が萎縮し，退化するほどの高い評価 (ibd.245)」をしてはならないという。ニーチェは現代を歴史主義的と弾劾する。ニーチェは古典文献学者と名乗ったあとで，その使命を「時代のうちで反時代的に――すなわち時代に逆らって，そうすることによって時代に向かって，そして願わくば将来の時代のために―活動するというのでなければ」(Vorwort, 247) 他の何かと述べる。この意味でニーチェの考察は反時代的である。ニーチェは近代人をギリシャ人・ローマ人よりずっ

ハイデガーの歴史性と世界歴史の議論は何を提供したのか。自己本来的歴史性，その生起性格を指摘したことは，私自身の誕生から死までを動的な，しかもまとまりのあるものとして理解することを許す。出発点は今ここにいる私である。私の将来は，可能性を到来させるゆえに成立するので，予め決まっていないが，その可能性は歴史的な共同存在から受け取っている。歴史性の基礎のうえに，私は生涯のそのつどの切断と

と劣ると考える。しかし自分はあくまで近代人である。古代に耽溺してはいない。
　まず「非歴史的」と「歴史的」という区別をニーチェは持ち出す。「動物は非歴史的に生きる」（ibd.249）。彼らはすぐに「忘れる」ので，現在だけしかないから。しかし人間はそうはいかない。「……過去を生のために用い，起きたことから再び歴史〔学〕をつくる力によってはじめて人間は人間となる。しかし歴史〔学〕が過剰になると再び人間であることを止める」（ibd.253）。適当に忘却すること（非歴史的であること）が，生の健康のため必要である。
　歴史〔学〕は生に奉仕しなければならない。「三重の観点で歴史〔学〕は生あるものに属する。活動し，努力する者としての彼に，保存し，尊敬する者としての彼に，悩み，解放を必要とする者としての彼に，である」（ibd.258）。それぞれ記念碑的，好古的，批判的歴史〔学〕である。第一のものは過去の偉大な人物・事跡に目をむけ，それを模倣に値するものとして記述し，生を鼓舞する。好古的なものは自分の由来である過去（伝来の家具から建物，城壁，街，祭り，習慣等々）を「忠実と愛をもって」（ibd.265）回顧し，それらを後の者のために保存する。しかしそれらは生を抑圧するものでもある。それゆえまた人間は生きるために「過去を破壊し，解体する」（ibd.269）力を行使しなければならない。生成するものを拒否してはならないからである。
　ニーチェによれば「歴史〔学〕の過剰は生の造形的力を衰弱させた」（ibd.329）。そこでその治療薬として「二つの毒薬」を処方する。「非歴史的なものと超歴史的なもの」（ibd.330）である。非歴史的なものは，あの忘れることのできる力である。超歴史的とはどのような意味か。これはこれまでのような通常の行為のレベルを超えてしまうのである。「〈超歴史的〉と私が呼ぶのは，眼差しを生成からそらして，現存に永遠と同じ意味をもったものの性格を与えるものへ，すなわち芸術と宗教へ向ける力のことである」（ibd.330）。「科学」はこの力に敵対するものであるとされる。科学は「生成したもの，歴史的なもの」のみを考察し，「存在するもの，永遠なもの」（ibd.330）をみない。ここでは芸術と宗教だけが挙げられるが，別のところ（『反時代的考察』の第三篇，「教育者としてのショウペンハウエル」）では，哲学も加えられている。こちらの方が「超歴史的」の意味をよく理解させる。ニーチェはまず自然と文化を対立させる。文化の課題は，「哲学者，芸術家，聖者の産出を私たちの内と外において促進し，そのことによって自然の完成に従事すること」（ibd.382）と規定するのである。自然は生成過程のうちにあるが，哲学者・芸術家はそこに「純粋な完成した形象を対置」する，つまり「自然の自己認識のため」（ibd.382）働く。ところが「自然は最後に聖者を必要とする。彼においては自我は完全に溶けてなくなり……自我の苦悩する生はほとんど，あるいは全く感じられず，最も深い，同等・共同・一体感としてすべての生きる者のうちで感じられるようになる」（ibd.382）。これはいわば純粋認識であろう。きわめてショウペンハウエル的に響くが，ニーチェはやはり生の哲学者として物理的自然・動物・人間という連続的過程を考えるので，こういう思想になる。この「非歴史的」と「超歴史的」は，ハイデガーの『存在と時間』にも，「存在の歴史」にも遠い。ただし全集29・30巻で，動物と人間の差が意識・認識の上昇から捉えられていることはある（付論1，「人間はいずこへ」をみよ）。

連続を理解することができる。私の存在はそのつどの地平をもつ。時間性は脱自的であるとともに地平的であるからである。「現存在の事実的実存とともに内世界的存在者もすでに出会われている。そのような存在者が実存の現とともに発見されているということは，現存在の恣意のままにはならない。そのつど何を，どんな方向で，どこまで，そしていかに存在者を発見し，開示するかのみが，彼の自由になる事柄である。常に彼の被投性の限界においてであっても」(SZ366)とハイデガーはいう。発見，つまり真理についての言及であるが，これが当然実存の行為者の行為の前提である。これはすでに歴史的地平である。そのなかで私のできることは限られている。とりわけその時代の知識や技術の水準に大きく依存する。現代なら私は地球の裏側に住むひとと電話でおしゃべりすることもできるし，週末パリのカフェでお茶を飲むこともできる。また私には先在する制度・規範などが与えられてしまっている。

　そこで私は何かを投企する。私は私の視野が限られていることを知っている。死がいつでも到来しうることを知っている。さて今これまでの人生を振り返ってみる。もしも今時間の連続を前提すれば，それとともに無数の出来事が起きていた。もっと限定して，たとえば私が朝起きて朝食を食べ終わるまでには多くの出来事がある。細分すれば，無数の出来事があろう。しかし起き上がるという動作を，さらに名前をもたないほど小さく分けることは通常無意味であろう。名前がある行為だけたどって，起き上がる，着替える，顔を洗う……と，こんな毎日の瑣末事ばかりを書き連ねても私の半生記はできない。もし半生記を書こうとするなら，省みるのは，どんな伝記も書くような人生の重大事（学業，仕事，出会いと別れ，恋愛と結婚，病気や事故など）である。そして人生の過程でその後の進路の岐路・結び目となるような出来事を拾い上げる。そうすればそこまでの過程やそれからの展開という形で筋書きができる。その岐路で決断をし，あるいはし損ない，他人の意図と競合し，偶然が降りかかる。そうした全体が私の生涯であろう。歴史に「たら」は厳禁といわれるが，このような把握は，「たら」の必然性を理解させる。あの時受験を断念していたら，この仕事に就いていなかったろう，あの時遅刻しなかったら，列車事故に巻き込まれなかったろう，等。その岐路で別の方向へ進んだことはありうるという想念を，私は払いのけるこ

とができない。なされた行為は，むろん変更はできないのを知りながらも。なお歴史記述には，それに沿って出来事が書かれるような西暦・年号といったものがすでに成立して現在へ連結できるのでなければならないだろう。それがないのは昔話や神話である。「昔々」，「Once upon a time」と始まるのが，物語の定型である。

　大きな生起である歴史，日本史や世界歴史でも基本的には同じであろう。歴史を振り返って記述する歴史家の実存が基点である。それが「かつて現存在した現存在」への通路である。そうするとそこで被投的投企として実存する人々とその世界地平をみいだす。世界が大変狭く，一つの部族とご先祖さまに限定される場合から，地球が発見されている場合まであろう。大きな歴史では主人公はなんらかの共同体，民族・国家等となる。共同体は一つの行路を歩むが（後代の歴史家にはそれが見える），それはニーチェのいう「多くの〈魂〉の社会」（『善悪の彼岸』，KSA, 5, S. 33）であって，権力のせめぎあいの場なのである。そのうちになんらかの突出した意志決定者が一人，または複数いたり，まるではっきりしていなかったりするが，それでも共同体の存続・繁栄のために必要なことに対処して，あるいは対処をしくじり，偶然に左右されて，歴史が作られる。歴史家は際立った個人や民族を主人公として選び，個人対個人，あるいは共同体対共同体の協力や闘争，岐路やわき道を，紆余曲折のある展開として物語を書く[*19]。歴史家は起きてしまったことしか書けな

---

19) たとえば太平洋戦争といったものを歴史家のみが書きうる。というのも，その構成契機となりうるような多くの出来事は起こっているとしても，そもそも少々の時が経って「太平洋戦争」と命名されなければ，開戦にいたる経緯，戦争の経過，敗戦を一つの出来事として捉えることができないからである。半藤一利は『昭和史（1926-1945）―日本人はなぜ戦争をするのか』（平凡社，2004年）を著した。結局，戦争の原因は，明治以降一応近代国家をつくりあげた日本が，北進の行き詰まりから南方の資源に手を伸ばそうとして，英米と敵対せざるをえなくなったことにある。戦争をしたら石油が一年半しかもたないことは上の方は分かっていたが，南進が解決するだろうというのはいささかいい加減である。四つの御前会議で戦争は決断されたそうである。しかし法制上の根拠が無い会議で，天皇は沈黙しているばかりだし，本当のところ誰が責任をもって決定したのか判然としないのである（この書は天皇の戦争責任を論じていない）。首相，内相，外務大臣，陸軍大臣，海軍大臣，軍部から参謀総長，軍令部総長などが出席しているが，そのつどメンバーは同じではない（リストは同書345頁を参照されたい）。それぞれが長としてその部署を背負い，その主導権を争い，親米英派・ドイツ傾倒派などの違い，ソ連やアメリカの実力や意思の誤認，個人の視野の狭さ，楽観，野心，保身，無責任などがない交ぜになって開戦を決め，多くの国民はそれを熱狂的に歓迎した。国民的熱狂をつくってはいけないと著者は警告する。個人の小さな決断が大き

第4章　時間性から歴史性へ

い。後に振り返ってしか，こうしたものは捉えられないから。そしてフィクションでなく，歴史記述を意図しているかぎり，目撃者の証言，資

な反応を呼び起こしたり，小さなきっかけが大きな方向転換をもたらしたりするが，それがハイデガーのいう歴史が生起であるということであろう。ある人々は本当に自己本来的決意性から決断したのかもしれないが，情況に慧眼になったかはわからないし，本当に良心的な人々がいたとしても，声が大衆に届きはしなかった。全称で述べてはならないが，一般国民も大人については完全に無辜の民とはいえそうもない。いかにも日本的な意思決定機関や責任者の不透明は是正しなければならないだろう。陰にプロンプターがいなかったとは確かには知りようがないとしても。歴史家は様々な資料・証言からそれを露にしようと試みる。半藤一利は，「何とアホな戦争をしたものか」，「昭和史とは，なんと無残にして徒労な時代であったか」と嘆息する。しかし「アホ」とは単に利口ではなかったということなのか，さらに道徳的な断罪なのかは知らない。

小林秀雄は「歴史は鏡」だという。「鏡というのは，ただお手本という意味ではないのですね。こうやって生きていることがどういうことであるか，ということをつらつら考えてみることは難しい，現在に生きているだけでは，その意味合いをつかむことは難しい。だから歴史という鏡がいる。そういう意味があるのでしょう。鏡には歴史の限界なぞが映るのではない。人の一生が写るのです。生まれて苦しんで死んだ人の一生という，ある完結した実体が写るのです。それを見て，こうやっていま，生きていて，やがて死ぬという妙なまわり合わせが得心出来る。それが，鏡という意味でしょう。そこに歴史学というものの目的あるんだろうと思うんだよ。だから僕が歴史学を科学として認めないという理由はそこにあるんだよ。……歴史は清算を要するものではない，生き返らす必要のあるものだ。過去を否定したり，侮辱したりして，歴史をやろうということが無理な話だ。普通に過去を思い出すという経験は，過去が統一された，全体として思い浮かぶという経験でしょう。過去から取捨選択するから，過去は有効に生き返るのではない。あったがままに思い出されれば，それは生き返るのです」（小林秀雄，歴史について，小林秀雄対談集〔田中美知太郎との対談〕，昭和35年9月，文春文庫，90-91頁）。小林は唯物史観にたいしてもの申しているのだが，「徳川時代の古学者とか国学者の考え方のほうがずっと正しい処があると言えます。彼等にとって歴史的対象とは，ある時代の事実ではなくて，事実がその時代に経験された，その経験の意味だったのです。これは正当なことです。客観的事実自体には歴史的意味はない。その事実が，どういうふうに感じられ，どういうふうに考えられていたかということが，歴史的事実である。そして，それは事実を表した文章に表れているということです。文章に記している事実には，さしたる意味はない。そう考えた。そういう事実がどう生きられたかということは，歌か物語になっているわけでしょう。だから歌を味わわなければ歴史は絶対に分からんという考えに達した。いまの歴史家は歌なんて趣味の問題だと言っている。客観的事実があればいいんでしょう。だから貝殻も万葉も同じことなんだ。それが科学なんだ」（同88頁）という。しかし「鏡」とか，あったままに思い出すということはどのような意味なのか。ハイデガーにおいては，実存の関心から生の連関（個人の，あるいは共同体の）の物語を書くことになるが，それは「事実的な，実存的選択によってすでに行われている」（本書63頁）のに沿ってそうする。歴史を理解する場合も同じであるが，それが小林の「鏡」や「あったまま」に抵触するとは思わない。客観的事実というものがあってそれをどう生きるかという小林の言い方は素朴にすぎるが，ハイデガーは経験された，生きられた事実の反復を説いたのである。かつて現存在した現存在に立ち返ることは，むろん現在の私の生き方を照らす。小林も私の現にある存在を想うことを出発点にしていることでは変わらないと思う。

料を突合せ整合性に支えられていなければならない。本書は倫理的なものを追っているので，資料の問題などに立ち入ることはできない。以上は，ハイデガーの歴史性と歴史の考えを，直接言われなかったことも敷衍して，より具体的に述べたものである。

第5章
余　滴

　　倫理的なものを求めて『存在と時間』を探索して，日常的な歴史的世界に戻ってきた。もちろんそれは私たちが最初から生きているその場所には違いない。私は日常的な歴史的世界を「倫理学」ないし「非根源的倫理学」の場所として指定した。すでに説明したように，極めてハイデガー的な「根源的倫理学」（本書5・6頁）にたいして「非根源的倫理学」と呼んだのである。「根源的倫理学」はもうしばらく後に回すとして，これまでのところで私はどんな倫理学にも基礎であるはずの実存の構造を析出し，ところどころに「前根源的倫理学」と認められる諸相を観取もした。「余滴」で私は何をしようというのか。ハイデガーが論じたゆえに，あるいは論じなかったゆえに示唆された，この現実の世界で向き合わずにはすまない若干の倫理的な問題をこれから考察したいのである。それらの若干はそのつどすでに注に組み入れた。
　　ハイデガーはパルメニデスについてこう述べる。「パルメニデスを導く真理の女神が彼を二つの道，すなわち発見と隠蔽の道の前に立たせるということは，現存在は真理と非真理のうちにそのつど常に存在するということを意味する。発見の道は，ロゴスによる判別，すなわち両者を了解しつつ一方へと決意することにおいてのみ獲得される」（SZ 222f.）と。隠蔽の道とは「思惑(ドクサ)の道」である。私はここでパルメニデスが論じた内容を問題にしようとしているのではない。ただ着目するのは，真理の道，思惑の道，分かれ道という構図だけである。ハイデガーのいうように，平均的日常性は真理と非真理の不分明の世界である。そこが，私たちが生きており，生きなければならない場所である。「先駆的決意性」への道は真理への道であったということになる。私は今思惑の道に少々

足を踏み入れようというのである*20。

　今日私たちは私たちを引きずり回し、どう考えていいか分からない問題に包囲されている。私がここを「非根源的倫理学」の場所と呼んだからといって、それは通常倫理学が仕事をする場所には違いない。そこで「倫理学」を「学」に値するものにしようと努力した哲学者・倫理学者に敬意を払わないわけではない。ただ私はそのような倫理学志向をあまりもってはいない。それでも共に生きることにかかわる問題への関心に不足はないつもりだ。（したがって読者はすでにお気づきのことと思うが、本書では「倫理学的」と「倫理的」の差は多くの場合ほとんどない。むろん倫理は私たちがそれを生きるものであり、倫理学はその理論的考察であるが。）ハイデガーは『存在と時間』で思惑の世界を分析したが、現代の大衆社会と文化にたいするネガテイブな態度は歴然としているとしても、倫理的な諸問題に特定の思惑を披瀝してはいない。それはハイデガーの立場からは当然である。そもそも『存在と時間』を倫理学とはみなしていないのである。しかし定見をもつことからはほど遠いとしても、やはり私はそれらに拘泥せずにはいられない。それゆえ「余滴」は、ハイデガーから逸脱することも辞さない、非学問的な、往生際の悪い、私の思いからする若干の省察である。

　『存在と時間』が直接実存のあり方ではない制度の問題に立ち入らないのは当然であり、したがってハイデガー研究として本書は正面切ってそうした問題を主題にすることはできないけれども、おのずから話題は共同存在にかかわるところに集中する。

1　政　　治

　『存在と時間』の主題ではなかった「政治」について少し補足したい。

---

　20)　パルメニデスは真理について語ってから、さらに思惑として何事かを言明しようとしたのである。「これよりのちは汝すべからく死すべき者どもの思わくを学べ、── わが言の葉の虚構を聞きながら」（断片8,『ソクラテス以前の哲学者断片集』別冊、編集、内山勝利、75頁、岩波書店、1998年）。真理の道だけで終わろうとはしなかった。この指摘はハイデガーによるものではない。「モイラ（パルメニデス断片、VAⅢ, 34-41), 1954年」も当然その部分は扱っていない。

すでに見たように，先駆的決意性が個別的実存の生き方に指令しないように，まして特定の政治体制に結びつくわけではない。倫理学は共同存在としての私たちのあり方を問うが，個々のひとの生き方，行為に定位する。経済のシステムや医療等を含む，人間の携わるあらゆることがその倫理性を問われるのは，それらは私たちの行為の前提であり，ときには個々のひとがまっとうに生きることを阻むというようなかたちで関与せざるをえないからである。政治は通常倫理学より外面的な視座をとり，共同存在を全体として組織したり，運営したりすることに役割があろう。それゆえ政治は統治と同視された。ところで現実の政治は，とりわけ現代では個々のひとや集団の間の利害の調停であるということになる。しかしこれは皮相な見方であって，アレントは政治に全く違った位置を与える。アレントはその領分を「政治的領域」，「公的領域」と呼んでいる。ここでこそはじめて，人間は自由である。政治のこの評価は，アレントが人間の「活動的生 vita activa」に「三つの基本的活動力 activities, すなわち労働・仕事・活動 labor, work, action」の契機を認めたことと切り離せない[*21]。それぞれの活動力は人間の条件に対応する。三番目が政治の領分である。「労働は，人間の身体の生物学的過程に対応する活動力である」(ibd.7)。労働は生の必要を充たすためのものである。それゆえ「労働の人間的条件は生そのものである」(ibd.7)。仕事は「人間の生存の非自然性に対応する」(ibd.7)。仕事は「すべての自然環境からはっきり異なる事物の〈人工の〉世界を創る……仕事の人間的条件は世界性である」(ibd.7)。とりあえず建築物や街のようなものを思い浮かべればよいだろう。労働の作るものはそのつど消費されるだけであるが，仕事の作り出すものには「一定の永続性と耐久性」(ibd.8)がある。そこには偉大な仕事人といった人々がいる。

それにたいして「活動は事物ないし物の媒介なしに直接人間たちのあいだで行われる唯一の活動力であり，多数性という人間的条件に対応する。すなわち地球上に生き，世界に住むのが，一人の人間ではなく，人間たちであるという条件に対応する」(ibd.7)。活動は「政治体を創設し，

---

21) Hanna Arendt, The Human Condition, 2. ed. Chicago 1998. アレント『人間の条件』志水速雄訳，ちくま学芸文庫，1994年を参照した。

維持する限り，記憶の条件，すなわち歴史の条件を創る」(ibd, 8f.)。どの活動力の領分でも新参者が絶えず流入するが，とりわけ活動においては多数性が強調されるので，「出生 natality」(ibd.9) が，その「新しいことを始める能力」(ibd.9) が重要である。アレントはアリストテレスを引き合いに出して，「労働も仕事も，生を自立的で真に人間的生のあり方を形成するのに十分な威厳をもつとは考えられなかった。というのもそれらは必要で有用なものに奉仕し，それを生産するものであるから，人間の必要と欲求から独立な，自由なものでなかった」(ibd.13) という。政治的生のあり方はアリストテレスでは，「観想的生 vita contemplativa に他ならない。しかしアレントは「活動的生」はアリストテレスの区別に連なるが，自分の関心が「観想的生」と同じだとは考えていない(ibd.17)。アレントの「政治的生」と「活動」が私に十分把握できたとは思わないが，それは必要と有用から強制された活動でなく，中心は「言論」にあるとされる。アレントが強調するのは，人間の多数性とそれぞれの唯一性である。アレントは「……すべての人間は唯一であり，一人の誕生とともに，何か新しいものが世界に到来する」(ibd.178) という。「活動と言論において人々は自分が誰であるか示し，活動において彼らのユニークな人格的同一性を露にし，こうして人間世界に姿を現す」(ibd.179)。人間の間の差異を大切にするが，役に立つとか，才能や天分などのメリットに眼目があるのではない。政治ということでアレントが求めるのは，一言でいえば，交わりであろう。むろんこのアレント的交わりは，『存在と時間』には求めることができない。

　アレントの活動力の区分は，その批判的な部分がより重要であろう。アレントは，生計を支え，生命過程を維持するようなものは，ギリシャ的には「非政治的，家庭の問題」(ibd.29)，すなわち私的領域であると断言する。ところが「現代は伝統をすっかり転倒させ」，「活動と観想の伝統的順位を覆し」，「労働をあらゆる価値の源泉として賛美」(ibd.85)する。仕事は永続的なものを作り，世界を打ち立てるものであるが，「産業革命はすべての仕事を労働で置き換えた」(ibd.124)。労働は消費されるものを生産する。労働と消費，これが私たちの社会である。マルクスのようなひとが希望したように，人間が必然から解放されると，「より〈高度な〉活動」に向かうだろうという予測は外れたとアレント

第5章 余　　滴

は認める。「〈労働する動物〉の余暇は消費以外には費やされず，時間が余れば余るほど，食欲はますます貪欲となり，渇望的となる。この食欲はますます洗練されると，消費は単に必要物に限られず……世界のあらゆる物が消費と消費による絶滅の危険に晒される」（ibd.133）。「労働の解放によって，近代世界は必要にたいして勝利」（ibd.133f.）したが，「〈労働する動物〉が公的領域」を「占領した」ので，「真の公的領域」はありえなくなったのである（ibd.134）と主張する。アレントの批判，すなわち欲望とその充足，それに対応する労働ということのうちに人間の生き方を還元することへの抗議には共感する。しかしながら待てよ，ハイデガーがそう論じているわけではないが，欲望と充実を簡素にすることと同時に，つつましい消費に向けられた労働をもっと肯定的に考える道がないのかと考える。労働はなくすことはできないが，できるだけ少なくするのが望ましいというのはちょっと違うのかなという気がする。

　アレントは「労働にたいする軽蔑は，もともと必然性からの自由を熱烈に求めることから生まれ，痕跡も記念碑も記憶に値する偉大な仕事も残さない努力はとてもたえられない……」（ibd.81），「必要によって必然的とされる肉体労働は奴隷的であるという確信」（ibd.83）――古代ギリシャ的な確信に基づくという。繰り返しやらねばならない単調で消費的な労働にそれは当てはまる。私自身も，若かった頃家事を言いつけられることも多かったから，毎日の決まりきった，瑣末な労働にいらだった。今も家事などは手抜きもいいところである。生活に細部がなくなるのはあまりいいことではないと思いながらも。

　ところで私は禅については何も知らない。それゆえ理想化したイメージに過ぎないかもしれないが，こんなことを考える。僧侶は無所有が原則であるから，生活は極端に簡素化する。それでも食事・入浴・洗濯・掃除等はどうしても必要である。禅では作務を非常に大切にするという。たとえば調理・食事も大切な実践である。佐藤達全『道元・日々の生きかた』（大法輪閣，2001年）を読んだ。ずっと以前私は，道元が中国に留学中，老いた典座が太陽のもとで汗を流して一所懸命きのこを干しているのに出会って感じるところがあった，というエピソードを読んで感銘を受けた。しかしそれはそのまま記憶の底に沈んだ。アレントを読んで

それを思い出したのである。それで本屋を捜して，手にしたのがこの本である。むろんそのエピソードは紹介されている。食がとりわけ重要なのは，食べることが植物や動物の命を犠牲にして成り立っているからである。食べることは命に向き合うことであると佐藤氏は述べる。教えは，調理の心得から，その実際，食事の作法まで，細かく具体的であるが，ここでは紹介はできない。座禅ばかりでなく，すべての作務も禅の実践である。最も原始的な労働と消費をこういうかたちで昇華するのは正しいのだと思う。必要（必然）に強制されている労働は自由でなく，人間的でないなどというのは，ギリシャ・ローマの自由人から西欧の哲学者たちが受け継いだ偏見以外ではなかろう[22]。それは全然奴隷的ではない。欲望と消費肥大症に冒された現代人には，私もふくめて，禅の作務のような実践は難しいであろう。しかし飢餓すれすれの生活を余儀なくされている貧しい国の人々ではなく，豊かな国の人々が自らそう努めるなら，まして奴隷的ではない。つらい，生命を蝕むような労働を軽減しようとして，技術・文明が発達してきたことを忘れてはいけないけれども，問題は現代なのである。食欲を否定するのではなく，簡素な美しい形を与えることは，よい治療薬ではないのか。美食が大食と同義などというのは，品位に欠けよう。もちろんキリスト教でも大食は戒められるけれども。ただし工場の流れ作業のようなものは作務として考えるのは無理だろう。

---

22) これはハイデガーには全くあてはまらない。労働者階級の出自（教会の番人兼桶職人の息子）でもあり，ハイデガーは農民や職人を自分の同族であると思っている。ハイデガーは労働を重視し，自分の思考という仕事を屋根を葺くコケラを削る農民の手仕事と「同じ種類」という（「創造的風景。私たちはなぜ田舎にとどまるのか」（Heidegger, Aus der Erfahrung des Denkens, Gesamtausgabe, Bd.13, 10, 1983, 略号ED）。ハイデガーは学問知をエリートのものであるとか，労働者の知より優位とみなしてはならないと強調する。この演説は，総長としてフライブルク市によって創られた緊急労働者の研修過程の開始を告げるという時局的なものであるが，それゆえの迎合であったというわけではなかっただろう（Zur Eröffnung der Schulungskurse für die Notstandsarbeiter der Stadt an der Universität, Heidegger, Reden und andere Zeugnisse eines Lebensweges, Gesamtausgabe, Bd. 16, 232-239, 2000. 略号RZL）。倫理的な探究である以上，ハイデガーと労働という問題は重要であるけれども，私向きのテーマではないので，手を出さないことにする。

2 共同存在

『存在と時間』において共同存在について何が語られたのか。ハイデガーは顧慮の「二つの極端な可能性」を挙げた。「飛びいって、〈関心〉を取り除いてやる顧慮」と「前に飛ぶ―解放する顧慮」である（本書31頁）。それらは積極的様相であって、欠如的なあり方ではない。ハイデガーはこれ以上のものを挙げてはいないが、顧慮の可能性はこれらだけで尽きるはずはない。アレントは『人間の条件』で「約束 promise」と「許し forgiveness」について論じたが、顧慮の積極的な可能性とみなすであろう。アレントがこの点についてハイデガーから影響を受けたという意味ではない。

さて、人間は行為する。ところがそこには「不可逆性 irreversibility と予言不可能性 unpredictability」（ibd.233）がどうしても入ってくる。人間は様々なことを自由に行うが、行為の結果を完全にはコントロールできないし、予見できないことが起きる。不可逆性と予言不可能性への救済が、許しと約束なのである。アレントがそう述べているのは、活動の領域においてである。つまり公的領域、人間関係の領域である。空虚な印象であった公的領域をかなり充実させて了解可能にしてくれる。

いったん行った行為は取り消せないので、知りつつ、あるいは知らずに他人に罪を犯しても、もはや元には戻せない。そこで「許し」の出番である。「絶えず自分たちが行うことから絶えず相互に解放しあうことによってのみ、人間は自由な行為者に留まりうる」（ibd.240）。アレントは「人間的事象の領域で許しの役割を発見したのは、ナザレのイエスである」（ibd.238）と指摘する。これ自身は目新しい見解ではない。さて、「許しは復讐の対極にあるものである」（ibd.240）、というのも復讐はその連鎖反応を引き起こすだけだからである。ニーチェのようなひとはこれに反対しよう。許しについてアレントはニーチェに言及していないが、ニーチェ的には「すまない」と謝り、あるいは「許す」というのは、自分のせいで傷ついたが、それを克服できない者とみなすのだから、相手を十分尊敬しないことになるし、自分に対して矜持が足りないと考えら

れるに違いない。しかし確かにニーチェ的感性は共同存在構築には推奨できない。少なくとも共生的なそれは。なお復讐には私は全く共感をもたない。

　約束について，「約束の活動は，予言不可能性をすくなくとも，部分的に解消する」(ibd.244) という。なぜなら「人間の頼りなさ」ゆえ，明日どうなるかもわからない。この不確かさは自由であることに属する。しかし「自分を約束で縛ること」(ibd.237) によって，「安全な小島を作る」(ibd.237) ことができる。約束を強調したニーチェをアレントは評価する。許しと約束は，人間関係・他人との共存を打ち立てる。契約も約束である。ただし個々の人間の契約活動でなく，長い歴史のある政治的，あるいは神学的契約説全体は今は措く。アレントの許しと約束は，国家のようなものが上から支配するのでなく，個々の人間の側から共同性を構築するゆえに魅力的に思われる。

3　死

　死と共同存在との関係，また死の政治性について少し考えてみたい。ハイデガーは「死への自己本来的存在が，すなわち時間性の有限性が，現存在の歴史性の隠れた根拠である」(SZ386) と述べた。死への自己本来的存在が歴史性の根拠になっていることについては，すでに十分解明されたと思う。自覚を欠いたあり方でも，時間の有限性が歴史の根拠であるのは常識でもあろう。個体が生まれ死んで，次の世代と交代するなら，歴史は成立する。それゆえ人間ばかりでなく，生物の種や星についてさえ歴史が成り立つ。しかしそれは外的視点から展望してそう述べることができるだけである。ところでハイデガーは「真理は，現存在が存在するかぎりでのみ，また現存在が存在する間のみ，存在する」(SZ230) と主張する。この真理論をここに持ち込めば，歴史的であるというかたちで語ることができるためには，死への存在としての現存在が存在しなくてはならない。それが歴史への通路になる。ただし現存在＝人間ではないが，事実的には人間であるということなのである。

　「白バラの祈り」で見たように，自己本来的死への存在によって共同

存在はそれとして基礎を与えられる。『存在と時間』より後の時期でよければ，ハイデガーは同じようなことを前線の戦友の例で述べている。等しく死に，虚無に投げ入れられていることとともに，各人が自ら死ななければならない個々の人間の死への覚悟が，「共同体の空間」を始めて創ると（HHGR, 73）。そこでは共同体（Gemeinschaft）は，利益社会（Gesellschaft）とはっきり区別されている。「死への存在・先駆」が共同体を創るので政治的であるというなら，それは政治的である。利益社会は死への恐れを基にするであろう。生存のため，つまり死なないようにするため，共同存在は結束して事に当たる。原始時代からおそらく村落のようなものを単位として，人類はそんなふうに生きてきたのであろう。死によって共同存在が脅かされると感じるとき，その結束は強まる。生きていけないほどの年貢を取り立てられれば，農民は一揆を企てよう。その意味で死は共同存在に構成的である。それゆえここでも死は政治的である。しかし原始時代は措くとして，問題は現代なのである。それは政治的に利用されやすく，警戒を必要とする。日常的な共同存在にかんするかぎり，生きている者をちゃんと生かしておくことが政治の課題と肝に銘じておくのがよかろう。

　さらに，連動して，死が共同存在と政治にかかわる局面がある。それは死者を祭るということである。もともとまつりごと（政）は祭事であり，卑弥呼以来統治は死者を祭ることと切り離せない。統治の力と権威を共同存在の根源，すなわち先祖たちから引き出すからである。自然発生的な部族，民族国家の場合はそれが自然であろう。現代の民族的な，また非民族的な世俗的国家においてどこでも，魂の不死性をどう考えるかは問わないとして，国家の創設者や戦死者が祭られる。「今日私たちがあるのは，あなた方のお陰です」というわけである。為政者は愛国心を喚起しようとするものでもある。しかし戦争にかんしては，国家が国民に「死ね」と命じ，「よく死んでくれました」と追悼することに，私は疑義を感じる[23]。つまりこれは議論の騒がしい「靖国問題」なので

　23）　佐伯啓思『倫理としてのナショナリズム』（NTT出版，2005年）は考えさせられるところの多い論考である。私たちが生きている，市場，国家，社会共同体という三つのレベルを区別しながら共存させようというのがその主旨である。市場は国家の枠を超えていくが，国家の存在を前提としているという経済学者としての分析も参考になる。国家が金融政策を

もある。兵士たちは国家のために命を捧げたのであって犬死したのではないことを証かすために，国家を代表する者がきちんと参拝してほしいという遺族の要求は誤った道に迷い込ませないかと恐れる。老いた遺族には酷な言い方になるが，息子たちは犬死であった，犬死させられたと認めることがまず肝要なのではないのか。私にはこのような問題をこれ以上論じる用意はないが，戦死者の追悼や靖国問題についての高橋哲哉氏の取り組みに敬意を表する*24。

　死者は善人であろうと，極悪人であろうと，悲惨を招来した張本人であろうと，別の次元に属する者であるから，等しく祭ろうということは，それ自体はよいと思う。別の次元を確保するということは人間にとって

握っているからである。著者はグローバリズム，あるいは世界を覆いつくそうとしている市場中心主義に歯止めをかけるものとしてナショナリズム，あるいは国家に体現されるエートスを打ち出す。ナショナリズムといっただけで拒否反応があるので，もちろん用心しながら。さて，現代社会においては個人的自由や民主主義，市場経済，個人の権利のような観念を否定できないので，「ひとたび西欧近代の啓蒙的価値を受け入れた社会においては，もはやわれわれはすべてリベラリストであるほかはないのである」(同，144頁)と認めたうえで，著者はリベラリズムにたいする批判を展開する。「リベラリズムの想定する個人には，自己の選択，行動の結果に関する〈個人的責任〉はあるが，社会や共同社会（一般的な他者）に対する〈社会的責任〉は導出できない。また，合意されたルールに対する〈法的責任〉はあるが，社会の暗黙の価値に対する〈同義的責任〉は存在しない」(同，144頁)。「もしも，個人がすべての道義的責務から解放されているとすれば，〈自由な主体〉である個人が，他者の同様の〈自由な主体性〉を尊重し，さらには，こうした〈自由の平等な尊重〉という価値を至上のものと見なす道義的責務は一体どこから出てくるのであろうか」(同，145頁)と問う。批判の核心は「諸個人の生存や自由への平等な権利を絶対的に擁護するというリベラリズムの原則によって社会は構成できない」(同，150頁)というところにある。なぜなら二つの条件があるからである。「1，リベラリズムの原理に対する抵抗者・攻撃者（例えば宗教的原理主義者やテロリスト）が排除されていること，2，リベラリズムの社会への抵抗者を排除するための兵士＝戦士の犠牲が前提とされていること」(同，151頁)がそれである。全体主義国家ならまして国家防衛のため，むろんこの条件を必要とするであろうし，自国民や近隣諸国にも攻撃的であろう。残念ながら，佐伯氏はこの兵士＝戦士の犠牲という問題を，その擁護する「ナショナリズム」においてどう考えるのか論じていないのである。ここが私の知りたいところなのであるが。また著書ではナショナリズムないしエートスの内実がほとんど論じられていないので，それについては判断を保留する。

　24）　高橋哲哉『戦後責任論』講談社学術文庫，2005年。『国家と犠牲』(NHKブックス，2005年)は，戦没者を「尊い犠牲」として顕彰することは「靖国問題」であるばかりでなく，一般的に国家と犠牲のぬきさしならぬ関係がヨーロッパから被侵略国の抵抗まで貫くことを論じて説得力がある。犠牲なき国家は，軍をもたない国家，社会であるという示唆に共感する。むろんその実現の可能性がみえるわけではない。（すでにみたように，ハイデガーはこのような犠牲を否定しないし，ここに問題をみる感受性を欠く。これは言い過ぎか。ヘルダーリンの平和主義についての言及を見よ。本書139-141頁。）

大切なのだと思う。そうしなければ，将棋の駒が二次元の平面を動きながら，これのみが世界だと信じるのと同じようなものだ。それでは面白くないではないか！ しかしこれは歴史学者の行う，悲惨な出来事の原因・元凶の究明とは独立である。ただしこういう言い方が成り立つには，国家の名において「殺せ」とか，「死ね」と命じることをなんとかしないと困るであろう。国家が廃絶できればよいのかもしれないが，人間たちの共存のルールを決めたり，遵守させたりしなければならないので（もちろんそれは非根源的倫理学，したがって非根源的政治（学）の領分においてのことである。）──ということはすでに最小限の国家があるということであろうから，国家のようなものが存在しないわけにはいかないであろう[*25]。そこでとりあえず私は，生きている者をちゃんと生かしておくのが政治の課題なのだというのである。これはある制限を設けていることになる。しかしこんな言い方がどんな政治的含みをもつのか，国家の機能をどう定めるのか熟考しなければならないだろう。

　政治的な問題ではないが，死にかんすることで，もう一つ触れておかなければならないことがある。以前に私は，『存在と時間』にはモラルの原則とみなせることが一つだけはある，存在の明るみである現存在を意図的に抹殺することは許されない，つまり殺人・自殺は許されないと指摘した（自著『ハイデガーの真理論』222頁）。その補足としていうのだが，これは生命至上主義とは違うのである。ゾフィーの場合のような死を賭しての決意，前線の兵士の犠牲をハイデガーは否定しない。（どちらも自殺ではなく，殺されるのであるが。）さて，ハイデガーのいう存在の明るみは自分の所有物ではない，たまたま私が存在の明るみであるというだけなのである。ニーチェでもハイデガーでも，敢えて普通の言葉を遣えば，意識性を最重要とすることでは変わらないのだと思う。意識性は生のただなかに出現したのである。こんなことをいうと，では植物状態になったひとを抹殺してよいのかという倫理的な問題がただちに浮かびあがってこよう。ハイデガーの答えは知らない。ただ有用性の見地からそれを肯定することはないであろう。ただしこれにも資源は無限では

　25）　この洞察は，井上達夫「自由への戦略──アナーキーと国家」（『現代哲学の冒険13，制度と自由』（岩波書店，1991年）に負っている。

ないのだという反論が有用性の立場からただちに返ってこようが。これは深刻な問題である[*26]。もちろん生きることは常に他の存在者を使用し、他の生命を奪うことによってしか可能ではない。たとえ戦争を廃絶しえて他の人間の命を奪わないとしても。ハイデガーには存在（人間のばかりではない）をただ受けとめようとする思考がある。しかしただ受けとめるというところですでに、意識・認識の優位は現れている。（バラは咲くから咲くと、バラ自身がいっているのではない！ そんなバラのあり方への賛美と同時にバラのあり方を持たない自分への嘆きが歌われているというのが率直な理解だろう。注5参照。）哲学者の先入見といえばそうであるには違いないが、不可避な先入見なのであろう。私にとっては存在をただ受けとめることは、最初から自己実現文脈と区別した当のものである。アレントのいう「仕事」は明らかにこの自己実現に属する。世界性を要件とし、事績を創ろうとするからである。障害者の就労のようなものも、市民的自立の一環という意味でなら、これに属するであろう。他方、禅の作務は存在をただ受けとめることに近い。

4　哲学と政治────「ドイツ大学の自己主張」

政治的なものに一歩足を踏み入れてしまったために、地理や民族性や文化（ハイデガーはこの言葉をあまり好まない）によって区切られる共同存在の一つの単位・国家と哲学者とのかかわりに触れずに通り過ぎるこ

---

26) 筒井康隆は『銀齢の果て』（新潮社、2006年）で、国策として70歳以上の老人に殺し合いをさせる「老人相互処刑制度」（シルバー・バトル）を描いた。ブラック・ユーモアとしても過激である。筒井康隆はかなりハイデガー好きのようであり、『存在と時間』風の用語を振り回す老哲学者の台詞などがあったりして、思わず噴きだした。それにしても笑いの解毒作用はすごい。猥褻も血みどろの残虐も平気で楽しめる。小説家の作品であるから、笑いながら読んでいるが、もしも公人が多すぎる老人をなんとかしたらに類した発言をしたら、ただちに職を失うであろう。ところで助かる見込みのないひと（とりわけ自分）をどう処遇するかという問題も確かにある。私は尊厳死・安楽死とも賛成である。本当はこんなところで「自己決定」などを行使しないで、生死のことは神・神々に任せておく方が精神のあり方としてふっくらしてよいのだとは思う。ハイデガーに即しても「放念」ということであろう。しかし延命装置などというものを発明して神・神々の領分を侵したのは人間なのだから仕方がない。

第5章 余　滴

とはできない。『存在と時間』に留まるかぎり，それを無視することもできるが，それでは今となっては不誠実の誹りを免れないであろう。私が念頭に置くのは，いうまでもなく，「ドイツ大学の自己主張」におけるハイデガーの政治的コミットメントの問題である。筒井康隆は「作家というのは本質的に反国家の立場に立たなければならない」*27 と宣言する。しかし哲学者は本質的にヌエ的なものに思われる。哲学者はたいてい国家のあり方，人々のあり方を批判的に見ざるをえないとしても，本当に正しいことを実現しなければならないなどと心の隅に建設的な気持ちを抱いているからである（本当はと，問わないではいられないのが哲学者の性癖であろう）。これがしばしば罠になる。

　ハイデガーにとって，民族とは文化の，とりわけ言葉の共同性に他ならない。またハイデガーにとっては，国家は民族的な国家以外考えられなかったろう。ところで『存在と時間』の現存在は「中立性」（本書Ⅰ，第1章参照）を施されているが，被投性による「分散」によって民族や言葉の相違を背負う。現存在とその分散のレベルの二重性を堅持しなければならないと思う。「言葉は存在の家」であるとすれば，異なった言葉のなかに育てば，異なった様式の家に住む。それは現存在の別の住み方を認めることである。そしてそのうえで対話の可能性は残す。それゆえハイデガーには「日本人との対話」*28 という試みもある。もう少し具体的に考えてみよう。私たちは特定の言語共同体のうちに生まれ育ち，その言葉を身につける。だからといって私たちをその言葉のうちに閉ざすわけではない。第一私の母語自体一枚岩ではなく，多くの亀裂（やまと言葉と漢語，方言，差別語，階層など）が走る。その分断にもかかわらず，何とか相互了解を図る。新しい物事と名前が導入されれば，言葉とともに私の世界も変わる。「デジタル」，「格差」などの語彙を私がもつかもたないかは，大変な違いである。そもそも言葉には世界解放性が属する。私が異郷で見慣れない人々にはじめて出会うとき，彼らが私に分からない言葉を話していることを認めるなら，少々の学習の過程があれ

27）筒井康隆『笑犬樓の逆襲』82頁，新潮社，2004年。といっても印税を稼がなくてはならないし，反国家であるためにも国家を廃止したいわけではなかろう。

28）Heidegger, Aus einem Gespräch von der Sprache（1953・54年）Zwischen einem Japerner und einem Fragenden, Gesamtausgabe, Bd.12, 1985.（略号US）

ば，何ほどかの程度で互いに了解しあえると信じるはずだ。そもそも言葉はなかなか通じないものだとしても，私たちは言葉で了解しようとするしかない。現存在という場を堅持することは（たとえそのような述語は用いられなくなっても），盲目的にナショナリズムに溺れることから幾分かは護ってくれるに違いないと私は思う。

　「ドイツ大学の自己主張」（1933年5月27日，フライブルク大学で行われた総長就任演説）*29 を読んでみよう。「総長職の引き受けとは，この大学の精神的指導の義務を負うことである」（SdU 9）。しかしそれが可能になるのは，「……何より，そして常に指導者自身が導かれた者であるとき，すなわちドイツ民族の運命を歴史的刻印へと強いるあの精神的委託の仮借なさによって導かれているときである」（SdU 9）。そして総長に導かれて，大学は「自己主張」を行うはずだ。自己主張ができるのは，委託に応えるときである。しかし何が委託されるのか。「ドイツ大学とは，学問から，学問を通じて，ドイツ民族の運命を導く者・守護する者を教育・訓育する大学のことである。ドイツ大学の本質への意志は，自らの国家のうちに自己自身を知る民族としてのドイツ民族の歴史的・精神的委託への意志として学問への意志である」（SdU 10）。民族主義も，国家主義も否定されていないどころか，鼓舞されている。そして学問と民族の運命は一体とされているので，学問がしっかり確立されねばならない。大学は学問の府である。それゆえ国家に委託された「労働奉仕・防衛奉仕・知の奉仕」の三つは「等しく必然的で同等な位置にある」（SdU 16）が，大学に所属する者にとっては当然三番目が主眼である。それゆえ「演説」は大学論・学問論である。ハイデガーは後にそれを改めて確認する（R 27）。

　本書は学問論には立ち入っていられないのだが，乗りかかった船なので，少し触れる。ではどんなとき学問はその本質を実現するのか。「私たちの精神的－歴史的現存在の始まりの力のもとに私たちを再び位置づけるときにのみである。この始まりとはギリシャ哲学の出発である。

---

29) Heidegger, Die Selbstbehauptung der deutschen Universität（略号SdU）, Das Rektorat 1933／34.Tatsachen und Gedanken,（略号R）Vittorio Klostermann, 1983. 党員でなかったし，政治的に全く活動しなかったという言明（R 201）は嘘のようである。ヴィクトル・ファリアス『ハイデガーとナチズム』（山本尤訳，名古屋大学出版会，33-37頁）参照。

そこにおいて西欧の人間は一つの民族から出てその言葉の力によってはじめて存在者全体に立ち向かい，存在者をそれとして問い，把握した。すべての学問は哲学である，それを自覚し，欲していようと，そうでなかろうと」(SdU11)。その最初の出発とは，アイスキュロスが最初の哲学者であるとされるプロメテウスに語らせた言葉に表れる。「〈知は必然性よりずっと無力である〉。これが意味するのは，事物をめぐるあらゆる知はまずは運命の威力に委ねられ，その前でなすすべもないということである」(SdU11) とハイデガーは解説する。それでも知は無力を知りつつ，存在者を露にすることに立ち上がる。ここの二つの箇所には多くのことが語られている，ないし推測させる。学問は結局哲学であるといわれたのは，ギリシャ哲学の始まりから由来すると想定するゆえ，そう正当に主張されうる。これは決して後向きの思想ではない。「始まりはとっくに過ぎ去ったものとして私たちの後ろに横たわるのではなく，私たちの前にある」(SdUf.12.) からである。将来が既在の反復としてあるのが歴史性の構造である。これはハイデガーの思考の基本的な枠組みである。また，学問は精神的—歴史的現存在を規定するものである。それがギリシャ的始まりをもつというのがハイデガーの物語である。ドイツ民族はそのような学問に委託を受けているかぎり，その始まりの正当な継承者なのである。おそらく覇者でもなければならないのであろう。ヨーロッパ民族の学問・文化は等しくギリシャ哲学を継承するのでないかと反論されるかもしれないが，それはハイデガーにとって意志の問題なのだと思われる。つまりそれを自分たちの始まりとして認めて自己規定する意志をもつかどうかなのである（演説には意志という言葉が目立つ）。ドイツ大学はそれを自己主張するのである。また学問は元はといえば哲学なのだから，哲学者が大学の総長であることは全くふさわしいのであろう。最初からそれが個人的野心であったとはいわないけれども，ハイデガーがそう考えても不思議はない。

　それだったら，大学における知の奉仕も認め，一つの民族の精神的世界を創るというのであるから，ナチズムとはどこが違うのか。ハイデガーは何に抵抗しているのか。ハイデガーは，学問の「分散化」・専門化 (SdU13) と「使用可能な知識と価値の兵站庫」(SdU14) にすることにはっきり反対している。ハイデガーにとってその始まりからいっても，

民族を一つにするものとしても，学問はそんなつまらないものではない。それはその通りだとしても，そんな卑俗な学問観がナチズムを特徴づけるとはいえない。現代日本の大学も，専門学校化と実利主義にすっかり押さえ込まれた。「総長職─1933／34」は弁明の文書である。ハイデガーはそこで総長就任をためらわせた二つのものを挙げる。「新派」と「旧派」（R 22）である。後者は専門馬鹿のような人たちである。前者は「政治的学問」（R 22）を唱える人たちで，こちらが親ナチである。ハイデガーは「〈政治的学問〉の〈理念〉に従って行為すること」（R 26）を拒否したのだというのである。しかし「政治的学問」とは何か。それは「真理と認識の本質についてのニーチェの見解を粗雑にした理論としてのナチズムによって告知された」（R 28）のである。それがもし失業対策としての侵略や人種主義のようなものに貢献するということなら，ハイデガーにとって高邁さが不足しているのは明らかである。ナチが権力を掌握した後，新しい総長はナチを代弁して，「民族に役立つものは真である」（R 30）と述べたが，それはこのレベルにあったろう。このテクストに従う限り，粗野にされたニヒリズムとみなされた運動（コミュニズム・ファシズム・世界民主主義がそれであり，ナチズムが挙げられていないのがかえって信憑性を増そう）」（R 25）にハイデガーは疑念を抱いたのである。ニヒリズムとはニーチェから引き出した「惑星的にみられた歴史の内部での権力意志の普遍的支配」（R 25）のことである。ただし「総長職─1933／34」は後になってから（1945年）の弁明であるから，渦中にあったハイデガーの洞察とはみなせないであろう。

　大学に勤務していた頃，ある委員会で教養のカリキュラムをどうするかという議論が延々と続いたことがあったが，学生のニーズに従って組織すべきであると強硬に主張する教師がいた。しかしどんなニーズでもそれに従うべきなのか。彼らに現にニーズと感じられないから与えないというのなら，教師としての義務を放棄することではないのか。自治体は住民のニーズに応え，政府は国民のニーズに応えるべきだとされる。住民・国民を学生のように未熟な者とみなすことは許されない。政府や自治体が国民・住民を教育すべきだというのはグロテスクであろう。権力によって特定の生き方を強制すれば，碌なことにはならない。しかしそのニーズはまっとうかと問う者がいなければならないのだと思う。そ

第5章 余　滴

れが哲学者なのである。今日知が特定の人々に占有されているということはないから，哲学を職業とする者ばかりを意味するわけではない。古今東西の哲学の研究に沈潜したからといって，現実の情況に目を開かれることはまずなかろう（ハイデガーの例のように）。生きることの，存在することの最も根源的な層を見据えること，それが哲学者の仕事である。しかしそれはたいてい現実政治とは折り合いがわるい。もちろん現実政治にコミットして提言するひとがいてもよい。（いうまでもなく，実存の立場は何にコミットすべきか指示しない。）しかし妥協を重ねて提言の半分，あるいは一分でも実現できれば大成功というのは大方の哲学者の気質にはあまり馴染まないであろう。まして専門化の進んだ現代に哲学者が特殊な実践的課題に手段を提案する能力などを持ち合わせなくて普通である。それゆえ原理・原則で通すことは恥ではない[30]。そしてたとえば欲望[31]の抑制を，むしろ寡欲をなどと発言するだけで，景気はどうする

30）　この居直りのくだりを書いてからかなり時を経て，谷口功一「立法過程における党派性と公共性」（井上達夫編『公共性の法哲学』の第八章，ナカニシヤ出版，2006年）を読んで，少々反省した。谷口氏は哲学者対立法者という主題を取り上げ，哲学者の優位に疑いを挟んだ。菅季治という哲学者が（無教養を曝け出すが，この人についても事件についても記憶がない），終戦時ソ連に抑留され，収容所で通訳を務めたが，後に帰国し，1950年3月から4月にかけ衆参両院の委員会に証人として呼ばれ，立法者たちとの対話に臨んだということである。それはいわゆる「徳田要請事件」である。つまり徳田球一がソ連にたいして「日本人抑留者の中でも反動は帰すな」と「要請」したという噂が飛び出し，徳田本人の否定にもかかわらず騒ぎがおさまらなかったので，彼が証人として喚問されたということなのである。「要請」と訳されたロシア語の意義が争点であった。菅は「事実」のみを話すといって，それを貫いたにもかかわらず，というよりそれゆえにこそ，意に反した証言，都合のよい結論を引き出されてしまった。彼は翌日電車に飛び込んで死んだ。谷口氏によれば，結局問題は，党派を越えた真理という信念，「問題が正しく説明されさえすれば」「他の党派の者も従う」という信念が問題だったのである。「全きコミュニケーション」などないのだから。哲学者がこのような態度をとりがちなことを私は認める。私自身にもそんな傾向がある。哲学の側からは，十分かは分からないが，利口（Klugheit）の強調しかなかろう。相手の理解力や性格，先入観，様々な情況を計算してかからなければならない。またアリストテレスには立派な『弁証術』（レトリカ）がある。人間を相手にする場合，「論理学」だけで済むとは思っていなかった。ハイデガーはアリストテレスの「弁証術」（修辞学）の共同存在にとっての重要性を指摘する（SZ138f.）。議会，法廷，委員会等々では口のきき方に注意が要る。他方，ハイデガーのいうように，哲学することには「孤立させられた現存在」，「孤独」が不可欠なのを改めて思う。事柄を，たとえば正義といったものをそれとして一人で思考する課題がなくなるわけではない。自分自身が背負っている先入見を露にするために，また思考を鍛えるために，討論が必要であるけれども。

31）　ここで欲望の問題に一言だけ触れる。ハイデガーは欲望を主題にしない。感覚や知覚などを主題にしないと同様に。ハイデガーは魂の部分や能力の区分を避ける。何かを企投

のだと怒られてしまうだろう。それゆえ哲学者はたいてい無能で，余計なのである。危険とみなされるのは思想の名誉であろうが，哲学者はもはや危険でさえない。

するのは，自分の存在のためであり，そこには欲望ないし意欲，知性も働いているが，それを分解するという手法を採らない。(私もそれに従っている。)欲望の抑制は古来哲学(倫理学)の重要な問題の一つである。たとえばプラトンの『国家』(藤沢令夫訳，プラトン全集11，岩波書店，1976年)。国家は共同して必要を満たすために創られる。必要不可欠なものは衣食住であり，それらを供給することに携わる人々がいる。本当に必要なものから，やがてやや贅沢を容れる国家に展開する。仕事も多様になる。これら農民，漁民，羊飼い，職人，商人，船員，さらには芸術家や医者などの庶民の徳は「節制」である。節制とは，「一種の秩序のことであり，さまざまの快楽や欲望を制御すること」(『国家』第四巻，430F)である。欲望は生きることそのものであるからむろん否定されず，また本当に必要なものばかりでなく，少々の楽しみは許される。庶民には家庭もある。ただし節制は庶民だけに求められるのではない。「単純にして適正な欲望，知性と思わくに助けられ，思惟によって導かれる欲望はといえば，君はそれを少数の，最もすぐれた素質と最もすぐれた教育を与えられた人々のなかにしか，見出さないであろう」(第四巻431C)。少数者が手本になるので，この国家では物質的な享受に関してはエリートの方がむしろ厳しい生活をすることになる。

　ルソーの欲望にたいする態度については，付論1を参照されたい。

Ⅱ 『存在と時間』以後

第1章

転　　換

1　存在的基礎

　『存在と時間』に「根源的倫理学」を示唆する箇所があるのか。まさにその示唆で終わるのである。それは中絶した『存在と時間』の最後の短い節にある。哲学にかんする非常に有名な一文とそれに続く疑問文が，問題の箇所である。「哲学は現存在の解釈学から出発する普遍的，現象学的存在論であるが，その解釈学とは現存在の解釈学から出発しつつ，実存の分析論としてあらゆる哲学的に問うことの導きの糸の端を，その問うことがそこから発し，そこへ打ち返すところ〔実存〕へ堅く結んだのである。もちろんこのテーゼはドグマとみなされてはならず，なおも〈覆われた〉根本的問題の定式化とみなされるべきものである。〔その問題とは〕存在論は存在論的に基礎づけられるのか，あるいはそれはさらに存在的基礎を必要とするのか。そしてどの存在者が基礎づけの機能を引き受けなければならないのか」（SZ436）。問題はなお覆われているとされる「存在的基礎」なのである。私は最初これを読んだとき，正直いって戸惑った。存在論的に解明したら，解明は終わるはずではないのかというのが，私の反応なのであった。それは分からないままでしこりのように残った。今は存在論の「存在的基礎」はまさしく「根源的倫理学」がそこに成立するところに見出されるだろうと考えているのである。「どの存在者」と問われる者は，その倫理学に所属するような者に他ならない。私はかなり微妙な言い方をしている。倫理学の領域であるから様々な存在者がともに存在するが，人間もそこには確かにいる。あらゆ

る哲学的に問うことがそこから発し、そこへ打ち返すとされる「実存」であるが、実存は現存在の存在性格である。ただし実存は事実性に根を下ろしたものとしては、存在的なのだから、むしろ「実存者」の方がふさわしい。しかもほどなく見るように、実存者自身性格を変えてしまわなければならない。ハイデガーはやがて端的に人間と言い表すようになる。これが、私がこれから辿ろうとする根源的倫理学への道である。予告としていえば、それは「人間の居場所—住むこと」の究明であり、中心はハイデガーのヘルダーリン論である。

　しかしもう一つの道がある。こちらは最初から明示されている。ところで「現存在の存在論的根源は、それから発現するものよりも〈劣る〉のではなく、根源はあらかじめ力強さにおいて発現したものを凌駕している。存在論的な領野においてはすべての〈発現〉は衰退である」（SZ334）とハイデガーは語る。この文は一般論ではなく、直接には根源的時間とそれから出てくるものとの関係を述べている。しかし一般的に理解して、ハイデガーの存在論を根源への道と捉えることができる。現存在の根源は、「存在」以外ではありえない。ハイデガーは根源への遡行を『存在と時間』の第二部で行うつもりだった。つまりカント、デカルト、アリストテレスへと遡ることを予告したが[32]、果たさずに中断した。『存在と時間』の続きという形ではなかったが、ハイデガーの思考の歩みはさらにソクラテス以前の哲学者へと遡る。そして現代の方向へはニーチェを超えて現代技術へ伸びる。その全体が「存在の歴史」ないし「形而上学の歴史」である[33]。この探究はそれとして遂行される。そこには常に人間のあり方が介在する。たしかにとりわけギリシャ初期の哲学者の場合、存在の探究と人間のあり方は一つである。だから原初

---

32) 第Ⅱ部の主題。「時性 Temporalität の問題性を手引きとする存在論の歴史の現象学的破壊」（SZ39）を遂行する。「(1) 時性の問題性の前段階としての、カントの図式論と時間の理論 (2) デカルトの〈コギト・スム〉の存在論的基礎と〈考えるもの〉という問題性への中世存在論の継承 (3) 古代存在論の現象的基盤と限界の判別点としての、アリストテレスの時間論」（SZ40）。

33) ハイデガーは存在の歴史を存在のエッポク（イデア、エネルゲイア、定立、絶対的概念、権力意志、ZSD9）として叙述した。これは「存在論の歴史の破壊」という課題を引き継ぐものであり、独特の退歩史観を含み、むしろ批判的であることに意義がある。それに対して、ヘルダーリンの詩作を通して呈示される存在の歴史は、予感的であるとはいえ、積極的なものである。

的なのでもある。近代の哲学者の場合，存在論的問題と倫理学は一応別個である。時代とともに知識は堆積し，考慮しなければならない問題は多岐にわたるので，この分化は当然でもある。『存在と時間』第二部の課題として掲げられたのはいわゆる理論的な問題である。ハイデガーでも，研究はそのつど主題を限定するから，そこでは倫理的問題は背景に退く。私が「存在的基礎」を「根源的倫理学」が成立するところに求めるというとき，人間のあり方に焦点が置かれるが，存在の開示と一つとなっているところに定位するということなのである。存在的基礎といっても，人間が『存在と時間』風に基礎づけの機能を引き受けるという意味ではなく，ましてハイデガーであるから，人間のあり方を生物学的基礎，さらには物質的基礎から構築するなどという話にはならないのである（次節「メタ存在論」を参照）。「形而上学の歴史」を詳細に辿ることは本書の課題には属さない。しかしそのようなものをとおして求められているもの――というのは形而上学の歴史の探究は批判的なものとして働くべきものなのだから（あるいはハイデガーの用語では「破壊」の遂行だから）――そのようにして「存在」（もはや対象化的・理論的に捉えられない）に帰ろうという意向はしっかり押さえておかなければならない。とすれば，もう一つの道といったが，結局一つに帰するのである。次の「メタ存在論」がその歩みを示す。

2　メタ存在論（Metontologie）

　ハイデガーは，本当にちらりとではあったが，「メタ存在論」というものを提案したことがある（全集26巻の付論，「基礎的存在論の理念と機能の性格づけ」）。メタ存在論は，存在論の存在的基礎を考えるものである。それゆえ根源的倫理学への移行にとって見逃せない。
　メタ存在論はどんな風に登場するのか。基礎的存在論は存在論一般の根拠づけを行う。「それは (1) 現存在の分析論 (2) 存在の時性の分析論である。しかしこの時性的分析論は同時に転回であり，ここにおいて存在論自身が非表明的にはすでにそのうちに立っていた形而上学的存在者論（Ontik）へ表明的に帰るのである。根本化と普遍化の動性を通じて存在

論を存在論のうちに潜在する転化へもたらすことが重要である。そこで転回が実行され，メタ存在論への転化へもたらす」（MAL201）。メタ存在論はまた「形而上学的存在者論」とも呼ばれている。メタ存在論が存在論の「存在的基礎」の追究であるのは明らかである。

　なぜ基礎的存在論は，発端において現存在の実存論的分析論なのか。実存を問うのは，哲学の問いがそこから発しているからである。ヨーロッパの哲学の始まりでも人間が問われた。「基礎的存在論は常にこの古来のもの，早期のものの反復に他ならない」（MAL197）。しかし人間の，それとともに「存在了解の歴史性」ゆえ，反復には「自らを変容する可能性」（MAL197）を与えなければならない。現存在は有限なので，常にそれが必要である。それはハイデガーが自身の思考の歩みを振り返って改めて述懐しているのでもあろう。

　ところでハイデガーはここで基礎的存在論は「中心的」であるが，「唯一ではない」，「基礎的存在論は形而上学の概念を汲みつくさない」（MAL199）と宣言するのである。基礎的存在論が実存に帰るのは，「現存在が存在を了解するかぎりでのみ，存在があるからである」（MAL199）。存在を了解することは，「存在と存在者の差別の遂行」（MAL199）に他ならない。そして「基礎的存在論には潜在的に根源的な形而上学的変容への傾向が横たわるが，存在が十全な問題性において理解されるときにのみはじめて，この変容は可能になる」（MAL199）。ところがハイデガーは次にこういう。「存在が了解される可能性は，現存在の事実的実存を前提する。そして後者は再び自然の事実的物在（Vorhandensein）を前提する」（MAL199）。まさに存在的基礎である。自然は「存在者の可能的全体性」（MAL199），あるいは「存在者全体」（MAL199）と呼ばれる。存在論そのもののうちにこのようなものへの問いが浮上するが，「存在論の転化（μεταβολή）から生じる」（MAL199）とされるのが，メタ存在論なのである。「そしてこのメタ存在論的—実存的問いの領野に実存の形而上学の領野もまたある（ここに初めて倫理学の問いが立てられる）」（MAL199, 傍点著者）。私が求めた倫理的なものの場所が見出されたわけである。しかし多くのことが解明されなければならない。自然とは，存在論とは，その転化とはと一つずつ問い質さなければならない。しかしそれらはある全体的な枠組みからのみ捉えることができる。その前にメ

タ存在論が何でないかを見ておこう。実証的学は存在者の個別的な学である。それにたいしてメタ存在論は「普遍学の意味での概括的な存在者論」として個別的な学の成果を纏め上げて、「そこから世界観と人生観を引き出す」（MAL 199f.）ものではないといわれる。

結局「基礎的存在論とメタ存在論はその統一において形而上学の概念を形成する」（MAL 202）。それゆえハイデガーはメタ存在論にこのような位置を指定した。

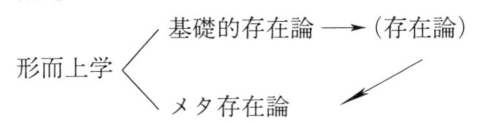

$$\text{形而上学} \begin{cases} \text{基礎的存在論} \longrightarrow \text{（存在論）} \\ \text{メタ存在論} \end{cases}$$

そしてこれはアリストテレスの「第一哲学と神学としての哲学の二重概念」（MAL 202）を継承する。哲学（形而上学）は存在論、あるいは「存在者であるかぎりでの存在者についての学」（MAL 12）である。また同時に哲学は神学である。「神とは存在者そのもの——天、すなわち私たちがそのもとに、そこに投げられている、包括するもの、打ち負かすものであり、それによって私たちが呆然とさせられ、襲われるところのもの、圧倒的なもの das Übermächtige である」（MAL 13）。すなわち「哲学は存在の学であり、圧倒的なものの学である。（この二重性格は実存と被投性の二重性に対応する）」（MAL 13）というのである。この神学がメタ存在論に当たる。ただしハイデガーによれば「テオロゲインとはコスモスの考察」（MAL 13）を意味する。つまりあの存在者全体のそれである。存在論では実存（投企）が、神学では被投性が優位になる。神学が圧倒的なものの学であるから、人間はそれに委ねられ、恭順でなければならないだろう。ここで哲学の神学いう性格づけと神という問題がもう一つ加わった。

倫理的なものの場所を確保するためにも、浮上した問題を捌かなければならないが、『存在と時間』を存在論と神学としての哲学の二重概念にしたがって読むべきかという問いをたてて、その地平から考えていくことにしよう。

ここで自然（コスモス）と呼ばれたものは、「自然の事実的物在」といわれても（ハイデガーにはあまりふさわしくない表現であろう）、いうまでもなく『存在と時間』の物在ではない。『存在と時間』では自然は有意義性のう

ちで捉えられ，環境世界のうちで収まっている。あるいはその基礎のうえで科学的に捉えられた，物在的な自然かのどちらかである。しかし『存在と時間』には，有意義性連関のなかでの自然（環境世界）でも，自然科学の自然でもない「自然」がこぼれたように見出せるところがある。「この自然発見〔科学的なそれ〕には，〈生きて働き〉，私たちを襲い，風景として捉えるものとしての自然は隠されたままなのである。植物学者の植物は畔の草花ではないし，地理学的に確定された川の〈水源〉は，〈谷間の泉〉ではない」（SZ70）。この自然は先ほどのコスモスに近いだろう。ヘルダーリンの自然にも近いであろう。

　環境世界は超越論的体制と一体となって成立しているので，超越論的志向を脱落させれば，環境世界は消滅しないが，別の様相で現れるのは確かである。ハイデガーは後に，環境世界分析を「従属的意義」（W155）のものであると認めている。「……自然は環境世界の範囲に出会われるものでもないし，そもそも第一義には私たちがそれにたいして態度をとるものでもない。自然は現存在が情態的な──気分づけられたものとして存在者のただなかに実存することによって根源的に現存在に露である」（W155f.）。つまり被投性において自然は露にされる。投企性は後退してしまわなければいけない。それゆえ現存在の事実的実存が自然の事実的物在を前提するという言い方もこのような方向で理解されるべきであり，階層ないし下部とその上に乗っているものという構造のように考えてはならない。

　存在論はどう考えられたのか。『現象学の根本問題』[*34]は『存在と時間』の続きとみなせるが，より物言いが端的なので，こちらを参考にする。まず「存在が哲学の真正な，唯一の主題である」（GP15）という宣言。したがって「哲学は存在の学である」（GP17）。これによって存在者の学（実証学）を払いのけ，同時にこれに照らして，学的でないということで，「世界観哲学」を「非概念」，「木製の鉄」（GP16）と斥ける。存在の「対象化」という術語を用い，つまりなんらかに露にされた存在，あるいは存在了解からの構成を説く。「存在の対象化，すなわち存在をその了解可能性へと投企すること」（GP459）という方法意識に貫かれ

34）　Heidegger, Die Grundprobleme der Phänomenologie, Gesamtausgabe, Bd.24, 1975

ている。そしてそのための条件となるものはと問い，「時間」にたどり着く（『存在と時間』でも同じである）。そこで時間が焦点になる。現存在の根本体制である世界内存在＝超越であるが，それを支えるのは時間である。「世界内存在の超越は，その特殊な全体性において時間性の根源的に脱自的―地平的統一に基づく。超越が存在了解を可能にし，しかし超越は時間性の脱自的―地平的体制に基づくとすれば，時間性は存在了解の可能性の条件である」（GP429）。存在了解を可能にするものとしては，時間性は時間，ないし時性とも呼ばれる。つまりこれは掛け値なしの超越論的哲学である。では存在論は何をしようというのか。「〈存在〉という一般名称は，次の四つの根本問題を包摂する。(1)存在論的差別 (2)存在の根本分節 (3)存在の真理性格 (4)存在の領域性と存在の理念の統一」（MAL193f.）。ちなみに (1) は存在と存在者の差別，(2) はDaßsein と Wassein の区別である。(4) は実証的な個別学を基礎づける，領域的存在論を扱う（これらの四つの根本問題とそれのアリストテレスの存在の四義との関連については，自著『ハイデガーの真理論』262-264頁を参照）。これがあの哲学の定義のいう「普遍的・現象学的存在論」の中身であったろう。ハイデガーはこれらと格闘する。しかし体系的に仕上げられることはなかった。というよりその志向を放棄してしまう。一言でいってしまえば，結局ある種の主観主義に帰着するが，こういう主観主義は自分の求めるものではなかったということになるのだと思う。

　では転化はどう考えられるのか。「存在論自身が非表明的にはすでにそのうちに立っていた」とされるメタ存在論への転化は？ ハイデガーは，それが予め予定されているように書いている。しかし既述の存在論にはとてもつながりそうもない。『存在と時間』にその兆候でもみえるのか。ハイデガーは，「存在者がというのではないが，存在は真理が存在するかぎりでのみ，〈存在する〉gibt es」（SZ230）という。前後の文章をみれば，超越論的な存在論の探究の志向をはっきりと示しているが，その文のみを抽出すれば，後の「存在の真理」のようなものがぼんやりと浮かんでいるように思う。そして「真理前提」の必然性を連結させるならば，もう少しそれが強化できるかもしれない。ハイデガーはこういう。「私たちは真理を前提せざるをえない，真理は現存在の開示性として存在せざるをえない。ちょうど現存在自身がめいめい私のものとして，

現存在として存在せざるをえないように。それは世界への現存在の本質的な被投性に属する。現存在は〈現存在〉へとやって来ようとするか，しないかをかつて自分自身として自由に決定したのか，そして決定することができるのだろうか？」(SZ228)。この畳み掛けるような「せざるをえない müsssen」は，存在の真理の首位と存在者全体のようなものへの現存在の付託を示唆するかもしれない。「非表明的にすでにそのうちに立っていた」はかなり微妙であろうが，存在論と神学という哲学の二重概念にしたがって『存在と時間』を理解するといっても，存在論が，すなわち学問性を強調する超越論的な存在論がそのまま示唆された意味での「存在的基礎」をもつというのは無理であろう[*35]。『存在と時間』の現存在は被投的投企であるが，投企性格の優位のもとで存在論が企てられた。被投性へ重心を移さなければ，神学のようなものへ向かうことはできない。学的存在論が目指されているかぎり，仄示されたような神学へ向かう動機がないし，被投性に徹して神学に傾けば，存在論がそのままの形で存立することはないであろう。それゆえハイデガーは「転化」を語らなければならなかったのである。

　なお倫理学の場所を見極めるため，神学と神をもう少し規定できないであろうか。後にハイデガーは「形而上学は存在―神学 Onto-Theologie である」(ID51)[*36]ということを言い出す（1957年の講演「形而上学の存

---

35) バーナスコーニの論文を参照せよ。(Robert Bernasconi, The Double Concept of Philosophy and the Place of Ethics in Being and Time, in Heidegger in Question, Humanities Press, 1993.（Reseach in Phaenomenology vol.XVIII, 1988）彼の解釈によれば，「マールブルクの一連の講義と特に『存在と時間』は存在論と神学としての哲学の二重概念あるいは不和という二重の読みに従わされるべき」(ibd.38)であり，したがって「存在的なものと存在論的なものをはっきりと分離しておこうとすると同時に，両者の分離はもはや維持されないということを承認する」(ibd.38)ことになる。メタ存在論はいうまでもなく，神学・世界観の側につながるものであるが（すでに見たように，世界観哲学はそのままでは許容されないのだった），結論として彼は次のようにいう。「ハイデガーが哲学と世界観の関係の問題に答えを与えたというのは明らかに言いすぎであるが，学的哲学と世界観哲学の対立は，倫理学のための場所が見出されるという仕方で置き換えられて，倫理学はもはや単に存在論に従属したり，ある種の補足と付録に還元される，ということではないのである」(ibd.38f.)。私のメタ存在論の考察は，バーナスコーニの「存在論と神学としての哲学の二重概念あるいは不和という二重の読み」の射程に入るであろう。マールブルクの一連の講義と『存在と時間』という限定のもとではこのような二重性と不和ということでいいのかもしれない。ただし未完に終わった『存在と時間』にはこの二重概念が二重概念としてはっきり打ち出されてはいなかった。なおバーナスコーニは倫理学の内容に立ち入ってはいない。

在─神学的体制」。自分の立場を形而上学と呼ぶことはもはやない）。ハイデガーによれば，ヨーロッパの形而上学はギリシャ人のもとでの開始以来「同時に存在論と神学」（ID 51）であった。形而上学（哲学）は，「存在者としての存在者と存在者全体への問い」（ID 51）に規定されているからである。前者が存在論であり，後者が神学に当たる。ハイデガーは「どのように神は哲学にやってくるのか」（ID 52）と問う。「根拠 Grund」という思考が要である。形而上学は，存在者の存在を「最も普遍的なものによる根拠づけの統一」，「根拠づける根拠 der gründende Grund」と捉え，また「全体を基礎づける統一 begründende Einheit der Allheit，すなわちあらゆるものを越えた最高のものによりすべてを基礎づける統一」（ID 55）と捉える。存在論と神学は「存在者を存在者として根拠づけ，全体において基礎づけるかぎり，学（Logien）である」（ID 56）。ハイデガーは根源的事態をこう把握する。「存在が存在者の存在として，差別 Differenz として，配定 Austrag として働いている west かぎり，根拠づけることと基礎づけることの分離・相互性が存続し，存在が存在者を根拠づけ，最も存在者的なものとしての存在者が存在を基礎づける」（ID 67f.）。つまりこのような両者のぐるぐる回りが成立している。ところが形而上学が差別を差別として，つまり差別する働きとして考えず，差別によって「差別されたもの」（ID 68f.）のみを考えて，つまり分離してしまうようになる。そこで「どのように神は哲学にやってくるのか」に答えが与えられる。形而上学は基礎づけることを，最も存在者的な者，最高の存在者による原因づけと捉え，この原因を「自己原因」causa sui と捉える。これが「哲学の神」なのである。しかしハイデガーはこういう。「人間はこの神に祈ることもできず，犠牲を捧げることもできない。自己原因の前で恐れながら跪くこともできず，この神の前で歌ったり，踊ったりもできない。したがって，神なき思考は，つまり哲学の神，自己原因としての神を放棄しなければならない神なき思考は，神的神にひょっとしたらより近いのである」（ID 70f.）。『存在と時間』が無神論と決めつけられることに抗議したのも，同じ理由であろう。この講演では存在─神学は，根源的事態から逸脱するものとはっきりと批判されている。それ

---

36) Heidegger, Identität und Differenz, 3.Aufl., Günter Neske

ゆえ求められる神学が何でないかは少なくても明らかになった。
　さて，どの存在者が基礎づけの機能を引き受けなければならないのかという問いの答えを求めて，存在的基礎としての神学にたどり着いた。あのメタ存在論を論じた「付論」での存在者全体（自然とも呼ばれた），ないし神がどのような意味かはっきりした。しかし自己原因としての神は拒絶されたが，神が顕現したということではないし，まして神についての思弁などとは無縁である。それでも存在者全体というようなものは存在しており（「存在者全体」はむろん哲学的に把握された表現である），そこには投げられて人間も存在する。思考するのは人間である。しかしもちろん『存在と時間』のような超越論的基礎づけの機能を引き受ける者として人間が名指されたのではない。そんなことをしたら，まさに主観主義の道を再びまっしぐらであろう。結局，この存在者論の場所——さしあたり神は不在である——が倫理学に指定されたのである。

3　『哲学への寄与——エルアイクニスについて』

　この手稿は，長く封印されて，ようやく1989年に公刊された。いわば裏『存在と時間』というべき書物なので，倫理的なもの，ないし根源的倫理学への手がかりとして見逃すことはできない。というのは，ハイデガーは変容した仕方で相変わらず存在を主題としているが，明らかに投企ではなく被投性の側に重心を移し，倫理的なものへ踏み出しているからである。ただしハイデガーはここではもはや存在論と倫理学（ないし神学）の二重性を維持しているというより，一体的に考える。私はここで倫理的なものへの手がかりを見つけるために少しばかり『哲学への寄与——エルアイクニスについて』（以下『寄与』とする。）[*37]を省みる。この膨大な著作を全面的に検討することは課題ではない。なお『寄与』の成立時期は1939・38年ということなので（ヘルマンによる「あとがき」BP515），それをヘルダーリン論（その最初の講義は1934・35年）よりまえにもってくるのは，私の倫理学的考察の必要からであり，クロノロジカ

---

37) Heidegger, Beiträge zur Philosophie（Vom Ereignis）, Gesamtausgabe, Bd.65（略号BP）

第1章　転　換　　　　　　　　　　　99

ルな順序では全くない。
　それではどこから『寄与』の考察に着手すればいいのか。考察には常に現象的土台が要る。それはハイデガーによる「製作機関 Machenschaft」の解明をおいてはない*38。現代私たち人間と人間のかかわる一切を取

---

38)　後にハイデガーは「ゲシュテル Gestell」というものを提起するが（Heidegger, Die Frage nach der Technik, VAI）、本書では問題性において同じものとして扱う。ハイデガーは技術の本質はゲシュテルにあると説く。ハイデガーによれば、「近代技術は一つの隠れをとることである」（VAI 14）。したがって真理のあり方である。しかし隠れをとるといっても、「強要 Herausforderung」（VAI 24）だというのである。ハイデガーは早くから原子力とサイバネティックスに注目したが、原子力とハイデガーのまだ知らない遺伝子工学は自然の奥の院をこじ開けそのポテンシャルを吐き出させる強要以外ではないであろう。それらによって科学技術はこれまでとは別の次元に突入したのである。いうまでもなく、ハイデガーにとって技術は技術という特殊問題ではない。それは現代において研究・産業活動ばかりでなく、社会・国家全体を覆う。国家そのものがゲシュテルである。それは近代的人間の「計画し―行為する意識」の場所である。「特殊的に近代的な、自らを自分自身のうえに立てる人間の自己意識がすべての存在者を秩序づける近代的根本形式が国家である」（Heidegger, Hölderlins Hymne〈Der Ister〉, Bd.53, 117 略号HHI）。しかし大き過ぎる問題でもあり、本書ではハイデガーのテクストを辿って技術の問題を論じることはできない。
　その課題に取り組む労作に、加藤尚武編『ハイデガーの技術論』（理想社、2003年）がある。ハイデガーにおける技術の問題を解説して分かり易い。ハイデガー論であるから、存在の真理から丹念に説き起こしている。加藤氏はその最後に非常に根源的な疑問を投げかける。「物に内在する目的が存在するのか」というのが、それである。また「本来性」という概念を目的内在性として理解できるのかというのである。そして「それは〈物自体に内在する目的〉ではなくて、物と人間がふれあって天地人神の四方向〔四者連〕が交差する形になるところに成り立つ本来性であるかもしれない」（同書167頁）と少し譲歩するかのようであるが、答えは断固否定、批判である。（私の方はそれを本気で受け容れる。）ゲシュテルがチャップリンの「モダン・タイムス」と同じ形態の産業形態（大量の在庫を生み出す総動員体制）には当てはまっても、現代の技術（たとえば代理母のようなもの）には成り立たないというのは正しいだろうか。むろんハイデガーには代理母問題に倫理的な発言はない。このような先端医療技術や遺伝子組み換え、原子力の利用は、自然の封印を解いて、自然にたいする強要を飛躍させたものとして技術の展開（こじあけられた＝こんどこそ本当にこじあけた）なのではなかろうか。そしてまた内在する目的はないということは、危機によって内発的に歴史的展開が起こるという思想の批判なのである。ハイデガーが技術のもたらす弊害を技術的に除くことや、利用目的を限定することに否定的な態度を取ることは私も承知している。そこで加藤氏はハイデガーのように手をこまねいてはいられないと考える。環境倫理や生命倫理に精力的に取り組んでおられる。
　私はハイデガーの「詩人的に住む」から人間の存在をつつましやかにすることを、現実問題としては環境保全的な方針（ハイデガーは人間を動物・生物として考えない）を引き出す。私は目的論を好まないので、存在はただあるとおりにあるということでいい。本来性を目的内在性とは理解しない。死は人間の存在に埋め込まれているゆえに人間は死ぬのであろうが、そしてまた神や自然は死を大きな目的のために設定したのかもしれないが、私はそんなことに関知しない。しかし死の自覚、有限性の自覚を大切にする。詩人的に住むことはその契機とともにある。それは内在的な目的の自ずからの発現などでない。遭遇の、出会いの出来事

りこんで地球を席捲した「製作機関」の分析こそが，私が足場とすべきものであるばかりでなく，ハイデガー自身にもやはり考察の端緒であったと思う。私たち自身のあり方や物とのかかわり方がおかしくなっていると日ごろ実感するので，製作機関の性格づけを与えられ，存在に見捨てられているのだとハイデガーに指摘されれば頷かざるをえない。私たちが窮境にあるという自覚がハイデガーにおいて先鋭になり（それがいたるところで先鋭になるわけではない），これはどうしたことかと必死に考え抜いて，由来を究明する系譜学として提示された物語こそが「存在の歴史」なのだと理解している。ニーチェの系譜学は道徳のそれであったが，それは現代の人間の頽廃の由来をたずねて，治癒を目指すものであった。ハイデガーの場合も，やはり治癒（克服）を目指しているという意味でも，系譜学的であると思われる。必死に考え抜いたと述べることで，私は恣意的であるといいたいのではない。ニーチェが言うように，「思想は〈それ〉が欲するときやってくるのであって，〈われ〉が欲するときではない」[39]を受け容れたうえのことである。それは有象無象の思い付きではない。私（たち）に追思を迫るゆえに，本質的な思考である。

　製作機関とは，一言でいえば，一切の存在者を計算的思考と技術的操作の対象とするシステムである[40]。それは単に人間の作り出した事態，

に他ならない。ハイデガーお気に入りのヘルダーリンの詩句，「しかし危険のある所には救うものもまた育つ」も，救うものの目的内在的展開というより，あくまで危険を危険として経験すること＝「送り」の出来事なのである。

「ゲシュテル」には「徴発性」という訳語が提案されている。技術の本質は形になったものではなく，させるものなので，悪くはないが，作用的意味だけが出て強固さがでないように感じるので（「性」より「制」の方がよいかもしれない），私はとりあえず「ゲシュテル」のままにしておく。

39) Nietzsche, Jenseits von Gut und Böse, KSA5, 31

40) 内山英明の写真集『トーキョウ・アンダー』（文，杉江松恋，グラフィック社，2006年）は，首都圏外郭放水路，日比谷共同溝の「シールド・トンネル」，地下の高速道路，地下鉄大江戸線など，東京の地下を撮った写真集である。これはまさに，ハイデガーの「製作機関」ないし「ゲシュテル」を目に見える形にしてみせてくれる。「モノローグな地下世界は悠々とした時間が連続性を持って流れる永遠の神秘性をたたえた世界であったが，一方でその世界は時代と社会を強烈に映し出す鏡でもあった。現代文明の縮図が生の形で象徴的に露呈していた。闇の中には最先端の宇宙科学施設や医療施設，さまざまな核研究施設や人工の野菜工場が秘かに作られていた。誰が予想しただろう，日本の地下深くにこんな地下都市さえ彷彿とさせる凄まじいほどに未来的で終末的な光景が現実的に存在している事実を」と内山氏は

人間的事象ではなく，存在自身の動静と縒り合わせ考えられる。製作機関というかぎり，むろん人間の製作行為と無関係ではないが，ハイデガーは，それは「人間のふるまいではなく，存在のある種の本質的働きWesung が名指されるべきである」（BP126）というのである。ただし存在の「非本質的働き Unwesen」（BP126）となっている。ハイデガーの存在はこのような動性そのものである。ハイデガーは製作機関の成立過程を「第一の始まり」へと辿る。そこから現代へと頽廃を深めるという筋書きは，進歩史観とは反対の退歩史観なのである。それが形而上学の歴史（存在論の歴史の破壊の後継者として）であるが，単に人間の思想でないかぎりで，存在の歴史に裏打ちされている。つまり存在自身が歴史的なのである。

さて，第一の始まりは，あるということ（存在）が明らめられる出来事である。ハイデガーは「始まりはエルアイクニスとしての**存在自身**」（BP58）であるという。エルアイクニスとは存在が真理となるという出来事に他ならない。そこでは存在の側にイニシアティブがあるとはいえ，最初から人間の，というより人間の思考と絡んで成立する[41]。それが現─存在という境地に他ならない。しかもそれはハイデガーにおいて

「あとがき」で述べている。「地上では秩序ある都市計画は皆無だった」のにたいして──大震災後，第二次世界大戦後にも都市計画のチャンスを活かせず，高度経済成長期にはほとんど狂乱したように建設が行われた──地下では全く違うという。「地上の無秩序な開発のつけを，地下が精算しているような形にさえなっている」のだそうだ。それが可能なのはむろん地下は地代がいらないからである。地下の放水路は洪水を防ぎ，道路・地下鉄は交通渋滞を解決し，共同溝はライフラインを収める。撮られているのは，神殿のような巨大な柱列のある空間，巨大なトンネル，巨大なさまざまなチューブ，巨大なシールド・マシンなどである。地上の人間の営み，カオス的な欲望の全開を地下が支えている。地上では季節が変わり，昼夜が交替し，かなり無秩序だとはいえ，人間が住むところなので，建造物の色やデザインを考え，樹木を植え，できるだけ快適にしようという配慮が働く。地下にはそのような配慮は一切ない。コンクリートは打ち放し，チューブや線は剥き出しで這っている。親しみやすい自然の姿はなく，人工の必要不可欠な機能だけがある。デザインが快楽主義に仕え，一種のユーフェミズムであることがわかる。ところでこれらの写真は，殺伐として慰めのない光景ながら，異様に美しい。そのため地下空間はときどきイベントの会場として使用されるようである。真理を露にするという意味では，これこそ現代の芸術である。造形芸術になみなみならぬ興味を示すハイデガーであるが，この光景にどんな言葉を発したであろうか。確かにまた，これは「別の始まり」の芸術ではない。（この地下施設，マグニチュード8クラスの地震に耐えるのでしょうね？）

41）エルアイクニスという言葉の意味については，自著『ハイデガーの真理論』第Ⅳ章の注8（267頁）を参照。

はギリシャにおける哲学の始まりという特権的な，事実的な時と場所をもった出来事とされる。このことはやがて立ち戻らなければならない問題を孕むであろう。

　ハイデガーは第一の始まり，そしてその展開が別の始まりを必然的にすると説く。まずもう少し製作機関の成立を追う。第一の始まりにおいて，すなわちギリシャにおけるその始まりにおいて，むろん存在者が存在において開き与えられるのであるが，そこには存在者のある解釈が横たわる。すなわち，存在者の製作可能性が現れるが，「存在者がまさに存立性 Beständigkeit と現前性 Anwesenheit において規定されている」（BP126）とハイデガーは喝破する。本来「何かが自ら自身を作る」ゆえに，それにそって作ることもできるのではあるが，ピュシス（自然）がすでに技術から捉えられ，「すでに重心が作られるものと自らを作るものへと移ることが認められる」（BP126）。つまりここですでに「ピュシスの無力化が生じる」（BP126）が，すでに製作機関が成立したとはいえない。続くギリシャの思考において「存立的現前性」はエネルゲイアに先鋭化する。さらに「ユダヤ―キリスト教的な創造思想」で「存在者は創造されたもの」（BP127）になる。そして「原因―結果―連関がすべてを支配するようになる（自己原因としての神）」（BP127）。こうしてピュシスから遠ざかり，「近代的な思考における存在者性の本質として製作機関が現れる」（BP127）。それは存在者をそれとして規定するものとして存在者性である。「製作機関はプラトンからニーチェまでのこれまでのヨーロッパの哲学の存在の歴史を支配する」（BP127）。しかしそのことがそれとして露にはならない。というのも「近代において現実とそれとともに存在者性の根本形式として対象性と客観性」（BP127）が掲げられ，製作機関にすぎないのに，現実・客観性そのものであるような顔をしているからである。さらに製作機関は「その本質上全く対立しているようにみえながらその本質に属するものの支配を，体験の支配を促す」（BP127）。近代人が体験を重んじるのはほとんど言い立てる必要がないほど明らかであり，じかに体験するもののみを認めるのは強度の主観主義であるが，ハイデガーは，それはそのつど存立性と現前性に追従するのだと指摘しているのだと思う。つまりそれらは一つ穴の狢なのである。

製作機関の支配は強固になり，それとして知られることもない。すべてはシステムとして働くので，人々は問うこともないし，決断をすることもない。それゆえ「この覆いを取ることの見込みがなくなればなくなるほど，存在者はますます問われることのないものとなり，存在が問いに値するということに逆らう意志がますます決定的になる」（BP127）。現代では学問（科学）が大規模に組織され，人々は人間にかかわる問題はそれで解決していけるだろうと信じる。現代の学問・技術は製作機関に規定されている，あるいは仕えている。（『寄与』にはかなり詳細な学問の解明があるが省略。）ハイデガーはまさにそういう人間の傲慢を告発するのである。さてこれが現代の情況である。そしてそこでハイデガーは「製作機関自身が存在の本質的働きであるから，存在自身が退去する」（BP128）と，この事態を存在の動性へ返す。第一の始まりにおいて存在の顕現があるということは，むろん目の前に現れるということでなく（ハイデガーは存立的現前性を拒むので），エルアイクニスとしての存在はピュシスの思考にはなお直に働いているということなのであろう。（いうまでもなく，エルアイクニスとしての存在が初期のギリシャ哲学において確固とした表現を見出したということではない。それどころか，第一の始まりにおいて「真理（アレテイア）への問いが問われないままであった」（BP186）とさえハイデガーはいう。）

　しかし，本書は存在の歴史をここでこれ以上追跡するのは断念せざるをえない。とにかく私たちは製作機関の支配のただなかにいる。そして存在者から存在が退去し，存在に見捨てられているという窮境にあるがその自覚がないというところに戻る。ただし21世紀に生きる私たちは，その根がどこにあるのかを見極めることからはほど遠いとしても，戦争・環境問題・南北問題・人間関係の荒廃等々がどっと押し寄せているので，少なくともハイデガーの時代批判への感受性は増しているのだと思う。

　ハイデガーには落ちるところまで落ちて初めて転回の機運がやってくるという考え方がある。「存在者性の本質的働きとしての製作機関が，存在の真理それ自身の真理への最初の合図を与える」（BP127）とハイデガーはいうのである。それゆえ別の始まりがなくてはならない。存在の退去には存在の側の動向とともに人間の関与なしではなかったから，す

なわち常に共働なのだから，克服はまた人間の側の努力だけでは済まない。ハイデガーはこの事態を次のように表現する。「現―存在の存在への関連は，存在そのものの本質的働きに属する。このことはまた次のようにいうこともできる。すなわち，存在は現―存在を必要とし，この出会い Ereignung なしには現成しない」[*42]（BP254）。それゆえ存在は退去したとはいえ，非本質という形であっても，その消息を密かに送り続けるはずである。しかしそれを察知するのは少数者である。そのような者は別の始まりのために呼ばれる者であり，「将来的な者たち」と名づけられる。ハイデガーは「将来的な者たち die Zukünftigen」を「die Zu-künftigen」（BP395）と表記することがある。到来するという動詞から理解することを表す。神々自身が到来するはずの者であり，将来的な者たちは確かに期待する者たち（die Er-wartenden）なのであるが，その期待するという態度は神々の到来の動向に寄り添うゆえに将来的な者なのだと思われる。その意味では到来は届いているのである。ハイデガーは「私たちの時刻は没落の時代である」（BP397）と宣言してから，「没落へと歩むことは，本来的にいえば，将来的な者を，すなわち神々の到来と不在についての決定がなされる瞬間と場所を沈黙しつつ用意する歩みである。この没落が第一の始まりである。……本質的な意味で没落する者たちは，来るもの（将来的な者）の下を走りその将来的な者のための見えない根拠としてそれのために自らを犠牲にする者たちである。すなわち問うことに自らを晒して固唾を呑む者のことである」（BP397）。将来的な者たちは，問うことを使命とする者，少数の思想家や芸術家である。彼らは，本来的に没落することによって，別の始まりにおいて到来するかまだ未決定な神々の到来を準備する。

そして将来的な者たちのうちでヘルダーリンこそが，最も将来的な詩人である。最も将来的とは，いうまでもなく，年代学的な意味ではありえない。「将来的な者たち，根拠づけられる現―存在のうちで慎ましさ

---

42) それゆえ常に人間の態度・行為の関与なしではないゆえ，存在の歴史という思想が決定論であるとは私は思わない。一旦起こったことは変えられないこと，そして一旦起こったことは後に影響を及ぼすと認めることは，起きることは過去・未来をつうじてこうしかならないと予め定まっていると考えることと同じではないはずである。私は後者のみを決定論と理解する。

Verhartenheit の心情をもって内在する者たち，これらの者たちにのみ〈存在〉跳躍はエルアイクニスとして到来し，彼らを生起させ，自らの真理を蔵する権能を与える。ヘルダーリンは，将来的な者たちのうちで最も遠くからやってくる，そしてそれゆえ最も将来的な詩人である。ヘルダーリンは最も遠くからやってきて最大のものを測りぬき，変容させるゆえに，最も将来的な者である」(BP401)。私の『寄与』の考察は，ヘルダーリンの名前が登場し，彼が誰であるか少々の見通しを得れば目的を達したようなものである。存在の歴史ばかりでなく，第一の始まりから別の始まりへの移行に介在する心情（ここでは慎ましさ）の重要さについても本書では立ち入ることはできない。ただし人間は知的であるというよりはまずは気分（心情）によって物事を知る者であるから，というより物事に捕らえられて捉えるのが気分であるから，まずはふさわしい気分（心情）が目覚めさせられなければならないのである。

　神々が立ち去ったのが第一の始まりであれば，別の始まりはそれと無関係にあるはずはない。その取り戻しであろう。第一の始まりには何があったのか。ピュシスについてはすでに一度言及されたが，そこに戻る。「かつて自然は何であったのか。自然が，つまりなおピュシスが存在自身の本質的働きにとどまっていたとき，それは神々の到来と滞在の瞬間の場であった」(BP277)。もし別の始まりがあるとすれば，同じようなことが起こるはずである。当然現在の時点で言えることは少ないが，いくらかでもイメージを引き寄せるよう努める。そこでは神々（ないし神，ハイデガーは区別することを拒むので）が顕現するとは明言されないが，別の始まりにおいては神々が統べるのであろう。その神は「最後の神」と呼ばれる。「最後の神は，終末ではなくて，私たちの歴史の測り知れない諸可能性の別の始まりである」(BP411)とハイデガーはいう。終末へ一旦もたらされるのは私たちの歴史であって，最後の神がもし到来するとすればその終末においてであろう。最後の神の「最後」とは，第一の始まり」の「第一，最初 erst」をふまえて最後というのである。ところで存在の真理を回復することは，存在者に囚われていることから解放されることであろう。存在者にある一定の仕方で囚われていることが，私たちのこれまでの歴史に他ならない。そのためにはまず人間において現―存在という境地が獲得されねばならないのであった。まず存在の

真理，そして最後の神はその後のことである。「最後の神の現れを準備することは，存在の真理の極限的敢行である。この存在の真理の力によってのみ，存在者の取り戻しが人間に恵まれる」(BP411) といわれる。

そのときにはどんな情景がそこには出現するのであろうか。世界が開かれ，大地の上に新たに人間の歴史が始まるのであろう。「私たちは真理の根拠づけを用意しなければならない。そしてそのことでもってすでに最後の神を尊重し護ることが予め決まっているかのように見える。私たちは同時に次のことを知らねばならず，堅持しなければならない。存在者のうちに真理を匿うこと，それとともに神を護ることの歴史は，神自身によって初めて要求され，現―存在を根拠づける者として私たちを必要とする仕方によって初めて要求されるということである。律法の一覧表のみが要求されるのではなく，もっと根源的にそして本質的に神の立ち寄りが，存在者の存立とそれとともにその存在の只中で人間の存立を持ちこたえることを要求する。その持ちこたえにおいて存在者はそのつど取り戻されて本質の単純さにおいて（作品，道具，物，行為，眼差し，そして語として）その立ち寄りに耐え，といってそれを静止させるのでなく，歩みとして統べさせるのである」(BP413)。ここにはピュシスという言葉は現れないけれども，存在者（いわゆる自然物であれ，人工のものであれ）は，人間も無論，存在自身の本質的な働きのもとにとどまる。律法（それが何であれ）への言及もあるし，人間の営みが，その営みによって成立するものとともにしっかりと立っている。これが探し求めた根源的倫理学の場面であるのは明らかであろう。（しかし最後の神の到来のもとで実現されるらしい人間の共同存在は現在不在であるので，あまりに予言的に聞こえる。『寄与』には「最後の神」が登場するが，ハイデガーのなかでそれはあまり確定的ではなく，『寄与』を出版せずに封印した理由なのでないかと私は睨む。単に私の理解が不足するだけなのかもしれないけれども，私の根源的倫理学の探究には最後の神問題を論じる必要は感じられない。また主としてヘルダーリン論に依拠するかぎり，実際その必要はないのである。このことは予め申し上げておこう。）

しかもこれは歴史的行為の世界であるということをはっきり留意しておかなければならない。そして大いに問題的なのだが，その歴史の主体（仮の表現で）は民族であるとされている。神もとりあえず民族の神の

ようである。民族はどこに成立するのか。「民族の本質は，神への聴従的帰属から相互に聴きあう者たちの歴史性に基づく。この聴従的帰属が歴史的に自らを根拠づけるところのエルアイクニスから初めて，次の問いの基礎づけが発現する。すなわちなぜ〈生〉と身体，生殖と性が，系図が，根本語でいえば大地が歴史に属するのか，またそれぞれの仕方で再び歴史を自らのうちに取り戻すのか，そしてそれにもかかわらず，それぞれ無制約的なものであることの最も内的な畏れに担われて，大地と世界の戦いに従事するのかという問いである」(BP399)。歴史的共同存在（神への聴従的帰属から相互に聴きあう者たち）の成立である。ここでは民族には身体，性，生殖，系図が帰属させられている。これらは存在論の通路であるかぎりでの現存在から排除されたものであることを思い出せば（本書Ⅰ，第1章），ここは間違いなく倫理学の領分なのである。『存在と時間』であれ，それ以後であれ，なるほど現存在には死の自覚が本質的であるが，生まれて死ぬのであろうし，歴史の成立には子供が生まれて世代が交代するという形で存続することが不可欠である。そして「民族が民族であるのは，民族の神を見出すことにおいて自らの歴史を割り当てられて得るときだけである」(BP398)というのである。民族というかぎり，多数の民族が存在するのであろう。そしてそれぞれの使命のようなものが与えられるのであろう。それでは民族の神は最後の神なのであろうか。予見的に，ないし予感的に，一神でも多神でもなく（BP411参照），「既存の神々，またとりわけキリスト教の神に対して全く別の神」(BP403)という朦朧とした姿で提示された最後の神は，その姿のままでおくべきで，民族の神そのものではないと私は考えたい。（最後の神は，人間が祈り，犠牲を捧げ，跪き，その前で歌ったり・踊ったりできる神なのであろうか，考えにくいことである。）民族の神に予見的に最後の神が捉えられているといいたいなら，それはかまわない[*43]。そし

---

43) ハイデガーの「最後の神」は，ヘルダーリンに戻して考えるほうがいいのではないか。ヘルダーリン自身の神理解を知るのにも興味深い論文がある（1798-1800の間に書かれた断片）。「各人は，活動し経験する自分の固有の領域をもつかぎりでのみ，彼固有の神をもつであろう。そして多くの人間は，彼らが人間的に，すなわち必要に縛られないで高い次元で活動し苦悩する共同の領域をもつかぎりでのみ，一つの共同の神性をもつであろう。またみなが同時に生き，必要に迫られた関係より以上のもののうちに自らを感じる，一つの領域が存在するとき，そのかぎりでのみ，彼らはみな一つの共同の神性をもつ」(Hölderlin, Über

て民族もまだ本当には確立していなそうである[*44]。

　ハイデガーによる民族の把握への疑念は，なにより存在の歴史をギリシャ起源とし，ヨーロッパの思想の歴史と重ねるところにあろう。『寄与』では第一の始まりはアナクシマンドロス，その終わりはニーチェとされている（BP232）。このヨーロッパ中心主義とみえるものは，どのようにして正当化されるのか。始まりは後に来るものによって知られるという理屈以外にはないのだと思う。ヨーロッパに芽生えた思考に（単純というよりすでに様々なものが流入しているのかもしれないが），様々なものが加わってヨーロッパの思想を形成し，現代では地上の人々の体制となっているという事実以外にはないであろう。科学技術，合理主義，人権や民主主義のようなものは，事実上どれほど実現されているかは別として，理念は広く受け入れられている。

　しかしさらにその克服である別の始まりがヨーロッパ的な出来事とし

───────

Religion, Hölderlin, Sämtliche Werke, Bd.4, 290f., Stuttgart, 1962）。そしてまた次のように述べられる。「したがってあらゆる宗教はその本性から詩的であろう。／ここでなお，多くの宗教の一つの宗教への統一について語られうる。そこでは各人が彼の神を敬い，みなが一つの共同の神を詩的な表象において敬う。またそこでは各人が彼のより高い生を祝い，みなが共同のより高い生を，すなわち生の祝いを神話的に祝うのである。さらになお，宗教の開祖たちについて，またこのような観点から出てくる司祭たちについて語ることができるだろう」(ibd.295)。ヘルダーリンは個を出発点におく。各人は自らの活動を通して神を見出す。逆に自らの固有の領域をもつことは，自らの固有の神をもつことなしにはないといえるのだろう。彼が所属する「多くの人間たち」，同胞はその共同性のうちで一つの神性を見出す。逆に真の共同の領域をもつことは，一つの神性をもつことなしにはないといえよう。そして各人が固有の領域をもつことから人間たちの本当の共同性は成立する。それには各人は日常の必要に沈み込んでいるのではなく，それを超えたあり方に高まらなければならない。彼の同胞たちもまた必要に縛られた関係を超えた関係に高まらなければならない。神に向かうということは，そのようなものを突破することであろう。神（神々）はまずは民族の神であろう。それぞれの民族はその神をもつ。そこには司祭たちもいるであろう。それぞれの民族がその宗教の神を敬っていても，神話的な形において一つの神性が敬われているのである。そこには個と無限という，また表象（神話）をとおしてそれを超えたものへ，というお馴染みの思考が現れているとはいえる（ハイデガーの解釈はこのようなものをそぎ落とすだろう）。ただしヘルダーリンは詩を宗教に従属させているのではない。むしろ逆である。最初の文が述べているように，詩的なものはじかに生きられ，宗教は詩的なものによって存立する。私が認めるのはとりあえずその構造だけであるが，「最後の神」は，ちょうどこの「一つの神性」（神と呼ばれず，それ以上規定もされない）のように，考えておくのがよいのだと思う。

　44）「すでに現存していると誤って思われている民族」（HHGR147）という言葉が語られている。したがって既存の民族への奉仕をハイデガーにきせてはならないであろう。また諸民族の記録が証言するような民族神を呼び戻すということではない。そのような神々が片隅にでもまだ現存するというのでなければ，それは不可能なのだから。

て生起するというのは，そんなに確かなのか。ハイデガーは「第一の始まりは遠くに立つことによってはじめて」(BP186)，つまり「別の始まりに立つこと」によって「第一の始まりへの還帰」(BP185)が可能になると説く。これが第一の始まりと別の始まりに糸を張り渡すことをさせる理由づけなのである。しかし他の文化圏の人々までがヨーロッパ起源の製作機関に巻き込まれている，つまりそれを学び，生活形式にすることができたのである。製作機関は全地上を覆っている。とすればある時，あるところである民族のもとで生まれたものは，それだからといってすべて民族的であるということにはならないに違いない。だから普遍を標榜する権利があるというのが，ヨーロッパを特権視するハイデガーの論拠だったのか。それは勝者の論理ではないのか。西欧にそのような態度・傾向がみられることは否定できないけれども，存在の歴史という思想はそれを是認するというより，問題視しているのである*45。自らの伝統を引き受けて思考の足場にすることは，本来まっとうな態度であろう（このような言い方は私自身に跳ね返ることは承知している）。それは別の伝統に属するものとしてハイデガーが中国や日本の思想に関心を示すことを妨げない*46。

───────

45) 川原栄峰氏は，広範な著作『ハイデッガーの思惟』(理想社，1981年)において住居説（トポロギー）というキャッチフレーズで，『存在と時間』でもヘルダーリン論中心の時期でも「住むこと」を最重視された。「住む」という語（その他）がどこに何回現れると数え上げるのが特徴的な書きぶりの，文献学的に綿密な論考である。私の捉え方はもっと大雑把である。川原氏とは異なって，私は「住むこと」を私が「根源的倫理学」と名づけたものに収容した。したがって限定的に規定する。というのも，倫理的な関心から思惑の世界，現代の私たちの現実の問題に少し密着したいと望んだからである。ハイデガーはデンカーと詩人のみが問題という態度に傾くので，たしかに川原氏のほうが正統にハイデゲリアンというべきなのであろう。ハイデガーの「形而上学」説にたいして「ハイデッガーはヨーロッパ人に向かって，ヨーロッパはヨーロッパにすぎないのだということを」(656頁)主張し，したがって東洋を軽視してなどいないと指摘されている。

46) ハイデガーは九鬼周造による「イキ」や日本語の「コト　バ」（言・事の葉）に心を動かされ（US133以下参照），老子の「道」に共感を寄せる（US189）。とはいえ，言葉を学んでいないので，それはハイデガーにとって周辺的なものに留まるであろう。「歴史的民族は自分の言葉と外の言葉との対話からのみ存在する。それゆえおそらく私たちは今日もなお外国語を学ぶのだ」(HHI80)。ドイツ人も日本人も「英米語」を学ぶが，「技術的―実践的必要性」からそうしている。ドイツ語を話していても，実は英米語を話しているとさえハイデガーはいうのである。しかし外国語を学ぶことはそれだけのことではない。「外国語の選択をする決定は，実際私たちの固有の言葉についての決定である。すなわち私たちもまた固有の言葉をただ技術的手段としてのみ用いるのか，あるいは存在に帰属し，人間の本質をそのうち

地球のあちらこちらの片隅に小さな民族が存在して，物やひととかかわり，労働し，歌や踊りを楽しみ，先祖を祭るというようにつつましい生活を営んでいたとして，存在の真理がそこに欠けていたというようなことを私は信じない。むろん存在の真理というような言葉遣いは別である。確かにギリシャにおいてのような哲学を生むこともなかったし，したがって自前で現代の科学技術を発達させることも決してなかったろう。計算的─技術的思考でもって存在者を対象とする態度を発達させなかったゆえに，押しのけられ，征服されたのであるなら，計算的─技術的思考の後に来るべきものは，むしろそれらの片隅に追いやられたもののうちにこそ可能性が残っているのではないか。ハイデガーはそんなことを主張していない。ハイデガーの眼差しはそのようなところに向いてはいない*47。確かに根源的倫理学が提示するのは，何か単純な，一種の先祖帰りのようにみえる存在のあり方である。しかし製作機関の支配ののちには，それがなかったように元に帰ることはできない。このことはもちろんハイデガーの存在の歴史という思想に含まれるものでもある。その倫理学の輪郭もまだ描かれていないのだが，すでに容易には答えられそうもない多くの問いが湧き上がる。おそらく少しは抑制しなければならないとしても，私たちは近代的なものを放棄できるのか。普遍主義は抑圧を含むかもしれないが，小さな可愛らしい民族主義は除いても，民族主義もまた抑圧的なのではないか。民族が共同体の原理でなければならないのか。民族は多数であるが，共存しうるのか。ハイデガーは民族を大地に基づけたが，もう一つ大地に対抗する世界というものを考える。先ほどの引用文にも「大地と世界の戦い」がちらりと現れた。世界は，開かれたものである。人間には世界が開かれていることが属する。それゆえ民族性のようなものを排除して一様にすることが，世界に開かれることを意味するわけではない。これらの疑問は疑問として今は記憶に留めておく。

に保存する隠れた社としてそれを尊重するのかという決定なのである」(HHI81)。そのような外国語はハイデガーにとっていうまでもなくギリシャ語である。

47) それは言い過ぎかもしれない。たとえばハイデガーのバスク出身の彫刻家・チリーダに対する共感は，それを窺わせるように思う。本書II，第2章(6) チリーダについての言及を参照。

第2章

根源的倫理学：人間の居場所
—— 住むこと（ヘルダーリン論を中心に）——

―――――――

1　ひとつの別の歴史の始まり

　共同存在として共に生きることをめぐる，一つの稀有な思考がいよいよ俎上に上る。住むこと（Wohnen）はヘルダーリン経由であるゆえ（……詩人として人間は大地に住む），ハイデガーのヘルダーリン論が中心になる。なぜヘルダーリンなのかはすでに『寄与』の予備的考察から読み取られたと思うが，そこでは触れなかった言葉の問題が控えている。つまり言葉が変わらなければならない。「今日ますます広範に使い尽くされ，喋りつくされる通常の言葉でもっては存在の真理は言い表されない」（BP78）。これまでの形而上学の言葉ではやっていけないことが分かったとき，それを突破するものとしてハイデガーが依拠したのはヘルダーリンである。ヘルダーリンは詩人である。詩の言葉は伝統の概念的な哲学の言葉ではなく，しかしまた日常の言葉を用いるとしても，日常の必要のための言葉ではなく，浄化された日常の言葉である。私は倫理学の領分を存在者論（Ontik）と規定したので，具体的な物の現れる水準の言葉のもとにできるだけ留まりたい。詩作することと詩作の解明はもとより同じではない。ハイデガーはむろん誰よりもそのことをよく知っている[*48]。しかし詩の解明は詩句に従っていくので，その言葉から

―――――――

48）　本書の狙いは詩論にはないので，そのような問題に立ち入ることはできないが，ハイデガーはヘルダーリンに向かうまえに，注意を喚起する。「詩作〈について über〉〈語る〉」ことは「禍」（HHGR 5）であるというのである。つまり対象について語るようにではなく，

一気に飛翔はしない。それでもハイデガーにとってヘルダーリンの詩句は手がかりであるから，最終的にそこに留まれず，たとえばエルアイクニスの思考のようなものに仕上げる（エルアイクニスという言葉自体，もともとヘルダーリンから得たことは間違いなさそうであるとしても）。エルアイクニス思考は存在論ではなく，存在の思考である。ハイデガーは日常の言葉から思考の言葉を鍛え上げることを心がけるひとではあるが，それはもはや色や響きや形を現すような，つまり具体的な事物の描写ではない。私は倫理学に携わろうとしているので，考察であるかぎり理論的であることは当然であるが，できるだけ日常の低地に足をつけるよう努めるつもりである

『寄与』に1934・35年冬学期の講義，『ヘルダーリンの讃歌「ゲルマーニエン」と「ライン」[49]』の参照指示があるので，この講義に足場を移すとしよう。以下で私は「ハイデガーと倫理学」という視座でハイデガーの解明にそってヘルダーリンを取り上げるので，ヘルダーリン研究を僭称するつもりはない。いくつかあるハイデガーのヘルダーリン論自体がもともと後期の讃歌をもっぱら扱い，業績全般を省みる類の研究書ではない。ハイデガー自身『ヘルダーリンの讃歌「回想」』の講義[50]の冒頭で，「ヘルダーリンの〈生と作品〉の〈文芸史学的〉研究」（HHA 2）を意図せず，「それゆえまた講義はまた〈歴史的に正しい〉〈ヘルダーリン〉を知ろうとする要求を断念する」（HHA 4）と宣言しているのである。したがって伝記に立ち入らず，ドイツ詩の歴史にヘルダーリンを位置づけたりすることはない。詩の形式・リズムなどの分析はハイデガーのテクストにはない。本書の探究はそのような領域には全く手を触れない。

自らを投入しなければならない。しかしそれはいわゆる体験，つまり詩を美的に享受して，おしゃべりすることではない。「おそらく詩作は詩人的に語られるのであり，このことはむろん韻文で語るということではない」（ibd.）。相手がヘルダーリンであれば，解釈は詩人的であるとともに，哲学的であることを要求される。しかしまた哲学が脅威となる。「危険は，私たちが詩作的作品を概念に分解し，詩に詩人の哲学的見解と教説のみを求め，そこからヘルダーリンの哲学的体系を組み立て，それによって詩を〈説明する〉――これをひとは説明すると称している――ところにある」（ibd.）。これら正反対の二つの危険を避けながら，ハイデガーは詩作の解明を遂行する。

49) Heidegger, Hölderlins Hymnen〈Germanien〉und〈Der Rhein〉, Gesamtausgabe, Bd. 39, 1980（略号HHGR）

50) Heidegger, Hölderlins Hymne〈Andenken〉, Gesamtausgabe, Bd. 52, 1982.（略号HHA）

改めて思うが，ハイデガーの詩作の解明はしばしばはっとさせられ，スリリングでさえあり，読んで喜びを与えられる。文献学的詮索などあまり重要には思えなくなる。ヘルダーリンの作品は「一つの別の歴史の始まりを基礎づけた」（HHGR1）とされるが，総長職から退いた直後の講義であることを思えば，ヘルダーリンへの沈潜はハイデガー自身にとっても一つの別の歴史の始まりに他ならなかったろう[51]。

---

51) ここでアンネマリー・ゲートマン-ジーフェルトの論文「ハイデガーとヘルダーリン。〈乏しい時代の詩人〉の不当要求」(Annemarie Gehtmann - Siefert, Heidegger und Hölderlin.Die Überforderung des 〈Dichter in dürftiger Zeit〉, Heidegger und die praktische Philosophie, hg.Annemarie Gehthmann-Siefert und Otto Pöggeler, suhrkamp taschenbuch, 2. Aufl. 1989) を取り上げる。私の立場を明瞭にするために有効であろうから。ヘルダーリン解釈に依拠するハイデガーの思想にたいする批判として標準的というべきものと思われる。「ゲルマーニエン」と「ライン」の解釈であるハイデガーの最初のヘルダーリン講義は，1934-35年に行われた。彼女は，ハイデガーのヘルダーリン解釈を不本意に終わったナチへの政治的アンガージュマンから読む。ハイデガーの誤りは，それゆえに現実政治的行為から撤退して，解釈することを本来の行為に代えたことである。その際，ヘルダーリンに依拠する。しかし『ヒュペーリオン』を省みず，もっぱら後期の讃歌を取り上げる。若いヘルダーリンはヘーゲルとともに，フランス革命に感激し，人間的世界を創ろうとした。しかし革命の現実を目にして，革命から離れる。そして詩をもって国民（民族）の教師となろうとした。しかしヘルダーリンはあくまで現実的に政治的である。ハイデガーは詩人の歴史的転換期との対決をみず，本質的政治と称して内的領域に撤退する。後期のヘルダーリンに，すなわち讃歌の政治の断念にもっぱら定位することは，ポイエーシスを解釈する行為に還元する。解釈することが本来の行為である。詩人は存在を創設する者として，解釈領域ばかりでなく，現実の歴史的現存在でもそのような者であるとされる。詩作はそれゆえ〈人間の歴史的現存在の根本生起と同じ〉である。詩作，詩人的なものは〈本来的な〉実存の総体，生の生きた遂行，歴史性におけるそれになる。しかし遂行といっても，設立（Setzung）の契機は後退し，歴史は歴運（Geschick）となる。人間の歴史的行為は相応，いい応じ（Entsprechen）になる。行為でなく解釈，自発性でなく受動性，設立でなく相応。人間が設立することはなく，期待することができるのみである。ハイデガーは歴史的現実全部を存在に帰してしまう。ハイデガーの宗教的相応には救済性格が現れる。詩人的に住むこと，ヘルダーリンの，逃亡した神々の跡を歌いつつ死すべき者に転換を用意することをゲートマン-ジーフェルトはそのように理解する。ハイデガーが存在の方にすべてを投げてしまうことは，自分の政治的誤りをカバーすることでもある。
　ヘルダーリンは確かにフランス革命に感激した。しかし『ヒュペーリオン』の原題は，『ヒュペーリオン――またはギリシャの隠者』なのである。ヒュペーリオンは革命家になれるようなひとではない。彼は友に次のようにいう。「君は一体国家にあまりに暴力を許容しすぎる。国家は，強要できないことを要求すべきではない。愛と精神が与えるものは強要されない。それを国家は手を触れないでおくべきだ。あるいはさもなければ国家の法律を断罪し，晒し首にするがいい！　天に誓っていう！　国家を道徳の学校にしようとする者は自分がどんな罪を犯しているのかを知らないのだ。ともかく，人間が国家を天国にしようとしたことが，国家を地獄にしたのだ」(Hölderlin, Sämtliche Werke, 3, Hyperion, 33)。それにもかかわらずその後，時代の動向（物語ではギリシャの独立運動として書いている）と友情に促されて，戦場に赴く。しかしヒュペーリオンは，自分の軍勢が略奪し，殺戮する盗賊団であることを知

さてハイデガーの思考は「一つの別の歴史の始まり」を巡っている。（したがって最初の始まり，その展開，終わり，別の始まりを巡っている。）ところでハイデガーは「ゲルマーニエン」の解釈に立ち入るまえに，まず「始まり Anfang」と「開始 Beginn」の区別を論じて，「開始とは何かがそれに取りかかるものであり，始まりはそこから発現するところのものである」（HHGR3）という。つまり「新しい天候は嵐とともに開始するが，その始まりは先んじて作用しつつ大気の状態を完全に変化させることである」（HHGR3），あるいはまたたとえば「世界大戦の始まりは，ヨーロッパの精神的―政治的歴史において何世紀も前にあった。世界大戦は前哨戦とともに開始した」*52（ibd.）。始まりは根源とも言い換え

る。彼はむろんそのようなことを容認できない。
　さて人間の受動性・有限性を取り戻すのは非常に大切であり，ゲートマン－ジーフェルトのようにいうのは，逆に製作機関へと展開した近代の行き詰まりに鈍感すぎるように思われる。ハイデガーが政治的アンガージュマンの失敗ゆえ現実から撤退し，責任逃れしているのがたとえ本当であっても，詩人的に住むことの思考そのものに私はおおいに意義を認める。ただし私はおそらく非ヨーロッパ的な仕方で，それをある宗教的なものとしてそのつど日常性に到来するものとして捉える。したがっていわゆる現実政治的なものとひとつにはしない。しかし区別はするが，ハイデガー――ヘルダーリン的なものは現実を照り返すものでもある。ハイデガーはそんなことをそれとして述べてはいないが。そこから現実的な行為へのいくらかの示唆が与えられる。それゆえヘルダーリン的な住むことはこの意味においても本質的に政治的といっておかしくない。それは現実の歴史に影響力をもつ。なぜなら私たちが現に生きていれば行為せざるをえないのだから，住むことの提示は日常の行為の見直しを迫らずにはおかない。そして行為をすればなんらかの出来事を生じ，歴史を推し進める。しかし現実は曖昧なものだから，あまり期待もしないが，詩人的に大地に住むことが実現されるべきであることに異存はない。それゆえそれは未来に期待されるものでもあるが，ある意味で到来的なものとしてそのつど常にあるものでもある。ただしこのように未来に期待されるというとき私は本来的な時間性から堕ちて，通俗的な時間了解に立っている。私は二重の時間性を生きることを認める。行為によって現在のシステムを手直しする必要はあるが，それをいじっても人間が変わってしまわなければ詩人的に住むことにはならないから，若いヘルダーリンのように人間の育成（教養）だというようなところに帰ることにもなろう。私の場合ゲートマン－ジーフェルトのようにまっすぐ前向きではなく，否定性の断絶を組み込んでいる。私はハイデガーを弁護するためにこのようなことを述べたのではない。詩人的に住むことが私にとって何かを語っている。
　以上は第3章以下の取り組みのプログラムにもなる。ヘルダーリン的な住むことをハイデガーの解明にそくして描く。そして詩人的に住むことと日常性との関係をおそらく私流にできるだけ掘り下げる。その現代への照り返しの部分では少しばかり問題点を指摘する。ハイデガーから逸脱するところもある。育成・教養の問題は主題的には扱わない。おのずからその示唆となることはあろうとも。
　52）ドナウ河の源流を見に連れて行ってもらったことがある。ドナウエッシンゲンという町に近い森のなかにある，ささやかな，清らかな流れであった。地中から水が湧き出して

られる。ハイデガーは，人間は始まりで始めることはできない，神のみがそれができるのだからという（ibd.）。これは忘れてはならない非常に重要な区別だと思う。つまり始まりは端的にそれとして捉えることができるようなものではなく，開始することによってのみ，それを思考できるようなものなのである。そこで「根源に導く，あるいは根源を暗示するもので開始しなければならない」（HHGR4）と告げるのである。讃歌[*53]「ゲルマーニエン」は「始まりを暗示する開始」（ibd.）の役目を担っているのである。「讃歌〈ゲルマーニエン〉と〈ライン〉」の講義はまさにハイデガーの詩作の解明の開始であるので，私はここを出発点としよう。

　ではヘルダーリンとは誰なのか。詩作の解明に立ち入らないでそれを語ることはできないのではあるが，ハイデガー自身がそうするように，予備的にそれを告げる。ハイデガーによれば，「ヘルダーリンは私たちの最も偉大な詩人であるゆえに，私たちの最も偉大な思想家の一人であり，私たちの最も将来的な思想家である。彼の詩作に詩人的に向かうことは，この詩作のうちに獲得された存在の開示との思考的対決としてのみ可能である」（HHGR6）。ヘルダーリンの詩作には存在の開示の獲得がいわれている。それが最も偉大な思想家の資格である。しかも「私たちの最も将来的な思想家」とも呼ばれている。とすれば私たちはなおヘルダーリンに聴従しながら，私たちの将来を示唆するその思想を我がものとしなければならないことを意味する。ところで「ゲルマーニエン」は，根源を，つまり「私たちの祖国ゲルマーニエン」（HHGR4）を歌う。そこで問題は存在の開示であるが，「ゲルマーニエン」とはヘルダーリンの河の歌であり，河の開始と行く末はハイデガーにとって存在の歴史

───────

小さな流れを作る。やがて大河となる河の開始である。ハイデガーの例によれば，これは始まりではなく，始まりは黒い森に雨を降らせる大気や雨を吸い込ませる森の土等々に求めなければならないだろう。始まりは「ほら」と指差しながら，見定めることのできるようなものではない。

　53）　讃歌（Hymne）とは，「神を讃えるための，英雄たちの栄誉のための，競技の勝利者を敬うための歌 ὕμνος」（HHI 1）である。「ὑμνεῖν とは歌う，讃える，褒める，祝う，奉納することであり，したがって祭りを準備することである」（HHI1）。ハイデガーは「……いつ，どこで歌われた祭りが＜ある＞のかはそのままにしておく」（HHI14)というのである。ハイデガーの解釈が讃歌に集中することは，解釈の方向を語る。

の形象的な呈示に他ならない。(ただし「形象的」といっても,感覚的なものが感覚を超えたものを指し示すというような意味ではありえない。詩作は名づけることであり,名づけることによる存在の開示なのであるから。)むろんそこに人間の住むことがかかっている。しかし詩作はあくまで詩作であるから,祖国が「根源」と呼ばれていることも含め,その哲学的解明を要求する。

2 詩　作——讃歌「ゲルマーニエン」より

　ここからは「ゲルマーニエン」の解明の本論に入る。ハイデガーはまず詩作に対する態度の変換を迫る。「私たち」が詩作を管理し,支配するのではなく,「詩作が私たちを支配すべきである。そうすれば私たちの現存在は詩作の力の命を担う者になる」(HHGR 19)。自己本来性が『存在と時間』において日常性と対立するのと同様,詩作的(詩人的)ということは日常性と対立する。私たちが詩(ヘルダーリンの詩)から疎外されているのは,「……私たちの現存在が日常性に絡めとられ,日常性によって芸術のあの力の領域から締め出されているからである」(HHGR 20)。したがって日常性から一旦出なければならない。ただしむろん詩作に自分を明け渡すという態度は『存在と時間』にはない。そもそも『存在と時間』には詩や芸術の場所はなかった。そしてヘルダーリンの詩を経験することによって,こうなる。すなわち「ある日私たちは私たちの日常性から出て詩作の力のうちに参入せねばならなくなり,したがって決して日常性にはもはや戻らないということがありうる」(HHGR 22)。このような態度の変更は私の自覚なしには起こらない。しかし実現されるべきなのは,個々の人間としての私たちというより,共同存在である私たち,あるいはヘルダーリンが求めたように,私たち＝民族のあり方である。
　ハイデガーによれば,ヘルダーリンは「詩人の詩人」(HHGR 30)であるが,それゆえにヘルダーリンには詩人についての詩作が現れる。詩「あたかも祭りの日に……Wie wenn am Feiertage…」のなかでヘルダーリンはこう歌う。

しかしわれらにふさわしいのは，詩人たちよ！
　　神の雷雨のもとに，むき出しの頭で立ち
　　父の稲妻を，稲妻そのものをおのが手で
　　捉え，歌で包んで民に
　　天の贈り物を届けること。　　　（HHGR 30）

　「詩人は神の稲妻を捕縛して語のうちに，この雷光を帯びた語を自らの民族の言葉のうちに置き入れる。……無防備に……〔詩人の〕現存在は存在の威力に曝されていることに他ならない」（HHGR 30f.）。稲妻は神の言葉であり，詩人はそれを受け止め，民族に伝える。神と民族の間，それが詩人の位置である。詩作はこのようなものであるゆえ，日常人々が理解するのとは反対に，詩作は「非―現実的なもの」（HHGR 32）などではない。ヘルダーリンは詩「回想 Andenken」の最終行でこういっている（ibd.）。

　　しかし留まるものを詩人が建立する。

　「詩作とは留まるものの建立 Stiftung である，留まるものを働きかけつつ基づけることである。詩人は存在を基づける者である」（HHGR 33）。ヘルダーリンの手紙を引証しながら，それがヘルダーリンの自己了解であるとして次のようにいう。「詩作は，日常からみれば，〈このあらゆる営みのうち最も無邪気なもの〉である。詩作は，詩人の現存在の根源的な把握からすれば，〈神の雷雨のもとに〉存在を建立しつつ立つことである。詩作は両方である。前者の仮象と後者の存在の両方である」（HHGR 35）。ハイデガーは詩作と言葉に他でもない「存在の建立」をみる。（「最も無邪気なもの」については本書144頁を参照。）
　さらに詩作の，そして人間存在のこの二義的規定をハイデガーは「愛らしい青空が……In lieblicher Bläue…」を引いてこう説明する。

　　功業にみちてはいる，しかし詩人的に住む
　　人間はこの大地に。

人間の生に功業は不可避である。しかし「人間が大地に住むこと」，その本来の現―存在は功業と何のかかわりもない，それは詩人的なものであるからとヘルダーリン（ハイデガー）は主張する（HHGR 36）。それにもかかわらず「この詩人的に住むことから人間は，そして民族は締め出されてありうる。しかしまたそれでも人間は存在し，民族は存在する。このことは人間の歴史的存在が二義性に貫かれ，しかも本質的に貫かれているということである。人間は存在し，しかし存在しない。存在するとみえ，存在しない。詩作もまたそうである」(ibd.)。存在することと存在しないことという性格を同時に与えているが，事実的に存在するからといって本当に存在することではないわけだ。日常性とはそのようなものに他ならないのだが，この二義性は最初から対立として露であるということではなかろう。（私のいう「根源的倫理学」と「非根源的倫理学」の区別はこのような二義性に対応するものに他ならない。）

　さてハイデガーは「ゲルマーニエン」に頭から一行ずつ沿っていくのではなく，ヘルダーリンの様々な詩句を引証し包囲するようにして，「ゲルマーニエン」に迫る。ここで私は改めて次のことを確認する。「ゲルマーニエン」は長い詩である。「回想」や「愛らしい青空が……」も長い。ハイデガーが詩句を追って解明するのを解明しようとすることは，ハイデガーよりさらに多くの言葉を費やさなければ本来なしえない試みである。しかしそれはできかねる。それで詩句をいちいち挙げることを時には省略することも許していただくことにして，思想を浮かび上がらせるように努める。ハイデガーの解釈が特定の詩句を集中して掘り下げる傾向があることによって（直前に引用した二つの詩句もハイデガーがとりわけ重視するものである），このやり方は幾分正当化されるに違いない。私の課題は，「ヘルダーリンの詩作」の解明ではなく，あくまで「ハイデガーと倫理学」であることを肝に銘じる。

　「ゲルマーニエン」の冒頭はこうである。

　　いや彼ら，かつて現れた至福の者たち
　　古い国の神々を
　　われはもはや呼び返すことはかなわない。
　　しかし故郷の河よ，汝らとともに

第2章　根源的倫理学：人間の居場所

わが心の愛が嘆くとき，ほかに何を望もう，
聖なる愁いの心は。

　ここには何が歌われているのか。まず神々が去ってしまったことへの嘆きと故郷の河が呼び出され，これから河と同行するらしいことである。もちろんこれらはこれから明らかにされなければならない。そしてこのわれ（私）とわれら（私たち）が何者かが問われる。これらの問いに答えるために（その道のりは長い），ハイデガーは言葉についての省察に入る。詩作には言葉こそが要なのだから，それは何より重要なのである。「言葉の力によって人間は存在の証人となる。人間は存在に責任をもち，存在に耐え，存在に帰属する。動物や植物においてのように言葉のないところでは，一切の生命にもかかわらず，存在の開明性はなく，したがって非存在も，空虚や無もない」（HHGR 62）。人間の大地への帰属が求められるが，動物や植物のように大地に属するのではなく，人間は「大地の感覚 der Sinn der Erde」（HHGR 61）と呼ばれる。人間であることと言葉をこのように繋ぐことにはとても賛同できないし，人間と動植物との間をもっと連続的に考えたいと思うひとも多いかもしれないが，これがハイデガーであると今はいっておこう。

　他方言葉はこのようなものであるゆえ，「最高の危険」（HHGR 62）でもある。なぜなら「詩作は民族の原言語である。しかし詩人的言は頽落し，真正な〈散文〉になり，それからついにはおしゃべりになる」（ibd.）。本来の詩作においてはすでに，詩人は「神々の電光を〈歌に〉包んで民に届ける」といわれていた。「言葉そのものが人間の歴史的存在の根源的本質を作っている」（HHGR 67）。歴史的存在であり，民族であるからには「私たち」が問題である。したがって「私たちは誰かという問いを問うとき，私たちをまずもって詩作の対話に引き入れるよう指示されたのは偶然ではない」（HHGR 68）とハイデガーはいう。ここから私たちに，人間は誰かという答えが与えられる。ヘルダーリン（ハイデガー）によれば，それはこのようなものである（「融和する者よ，信じられたことがなく……Vorsöhnender, der du nimmergeglaubt…」で始まる断片，HHGR 68）。

多くのことを人間は経験し，
　　多くの天上のものらの名を呼んだ。
　　われらがひとつの対話となってから，
　　そして互いに聞きあうことができるようになってから。

　「われらはひとつの対話である」(HHGR 68)，これがわれら（私たち）が誰であるかの答えである。その「対話になってから（seit）」の「から」とは，「……の時から」(HHGR 69) を意味するという。それゆえ対話となった時からである。それは歴史的出来事である。というより「そんな対話が生起してから，そもそも時と歴史が存在する」(HHGR 69f.)。結局「私たちの存在は対話として生起する，すなわち神々が私たちに話しかけ，私たちをその話しかけのもとにおき，私たちが存在するかどうか，いかに存在するか，いかに私たちは答えるか，神々に私たちの存在を委ねるのか，あるいは拒むのかについて，私たちを言葉へもたらすという出来事において私たちの存在は生起する」(HHGR 70)。ただし神々が私たちに話しかけないときも，「合図」をしないときも，ひとつの対話であるとハイデガーはいう (ibd.)。「私たちが沈黙である」(ibd.) こともひとつの対話である。すなわち「私たちがおしゃべりである」場合も「対話に属する非本質」(HHGR 71) であるというのである。むろん対話以前を問題にしていない。対話とは結局人間に言葉が可能となり，言葉のうちで生きるということ以外ではない。そんな事態が出来したことは，考えてみれば，それは奇跡ではないか！　詩人はそれを言い当てているのである。

　ようやく，探し求めていた根源的倫理学の場面がみえてきたようである。ひとつの対話であって，そうして「互いの言葉を聞きうるものとなる」とされるが，つまり「存在者の存在そのものが私たちに出会われる」(HHGR 72) そのような場面が開かれ，そこでのみ聞きうるのである。ハイデガーは聞きうることがはじめて共同体をつくるといっているのではない。「この根源的共同体は，相互的関係を受け容れることによってはじめて成立するのではなく ── それでは利益社会が成立するだけ ── 共同体は，それぞれ個人を，それぞれの個人を高めて結び，規定するものにあらかじめ結合することによって存在する」(ibd.) からであ

第2章　根源的倫理学：人間の居場所　　　　　　　　121

る。一度言及したことがあるが，ここに前線の戦友の例が出てくる（本書I, 77頁）。ハイデガーは根っから水平志向で共同体を創ることを考えるひとではなく，別の次元を認める。それは人間に対して優位に立つ。しかしハイデガーは決して上から集団主義的に共同存在を創って個を解消するような主張をしない。兵士について「個々の人間が自ら死ななければならない死がまさに，すなわちそれぞれの個人を極端に己へと個別化する死がまさに，死と彼の犠牲への覚悟がまずもって，そこから仲間意識が発生する共同体の空間を創る」（HHGR 73）と明言する。死は別の次元に触れるところである。しかも「これは言葉によって起こる。すなわち了解手段としてではなく，存在の根源的建立としての言葉によって起こる。私たちはまずもって事物の本質の力を経験することから私たちに立ち戻るときはじめて，私たちは相互に近づき，共に，また互いのために存在し──自ら，しかも厳密な意味での〈自己から〉である」（ibd.）という言明を心に留めておかなければならない。

　ハイデガーは，社会事業としての「顧慮」（福祉事業など）が緊急となるのは，現存在はさしあたりたいてい顧慮の欠如的様相に身をおくからであると指摘していた（本書, 31頁）。これが現代の私たちの現実であることは誰もが認めるであろう。ハイデガーが社会改革路線を採らないのは，強く共同体志向だからに違いない。しかしながら個的な実存を大切にしながら，共同性を確立しなければならないという非常に困難な立場に立っている。ハイデガーは「自由な犠牲としての死」を語るが，これなしには共同体は本当には確立されることはない。しかししばしば自由であるとされながら，じつは強要され，そう思い込まされているという危険を私たちは承知している。ハイデガーが利益社会とそれを構成するものには非常に冷淡であることも歴然としている。共同体のようなものがそれとして確立されなければ，共同存在はどうにもならないというのは本当かもしれない。またそれを肯定しても，その建設のための手段，「ハウ・ツウ」が簡単に見出されるはずもないこと，それ以前におそらくそのような態度そのものが問題であることも本当であるかもしれない。それでもなお考えなければならないことは残るのか？

3　根本気分

　詩作の「根本気分」がこれまで取り上げられなかったかぎりで，まだ準備的であったとハイデガーは改めて根本気分の考察に乗り出す。というのは，「……詩人はひとつの気分から語るのであり，この気分が根拠と地面を規定し be-stimmt，詩人的言がそこにおいて存在を建立する空間を気分がくまなく気分づける durchstimmt」（HHGR 79）からである。そのような気分は「根本気分」である。気分は単なる感情や心的体験の随伴現象などではない。気分の，気分づけられ，特定のあり方に規定されてあると表現されなければならないその受動性がまず特筆される。しかしむろん単なる受動性ではない。では根本気分はどのようなものか。「神々の逃亡」，それゆえの「困窮」の気分に他ならない。しかしこの気分はまず目覚めさせられねばならない。「この根本気分とは，詩人が私たちの民族の歴史的現存在に打ち立てなければならないものなのである」（HHGR 80）。そこで「ゲルマーニエン」の冒頭に帰るが，そこでは神々を呼び返すことはもはやかなわないと歌われた。そこには詩人の断念があった。ハイデガーは，「古い国の神々」を断念したのではなく，神々に呼びかけることの断念であると指摘する。しかし詩人の断念には「呼ぶことを欲すること」（HHGR 81）が存在している。それゆえ呼ぶことには呼ばれたものを迎える覚悟とその充実がなされないこととの「対立」がある。この対立に耐えることは「痛み」，「苦しみ」であり，呼ぶことは「嘆き」である（ibd.）。それゆえ嘆きのうちにあるのだが，共に嘆くものとして故郷の河が呼び出される。

　　　……しかし故郷の河よ，汝らとともに
　　　わが心の愛が嘆くとき，

　ところで苦しみは「悲しみの根本気分」（ibd.）のうちにあることであると，さらに「悲しみ」が掘り起こされる。そこでとにかく詩人はこのような気分のうちにある。ただし対立に耐えることは，無力に沈んでい

第2章　根源的倫理学：人間の居場所

る状態ではない。「古い神々を呼ぶことの断念は，耐えようと欲する決然としたあり方」((HHGR82) なのである。その詩行は「ほかに何を望もう／聖なる愁いの心は」と続く。この愁い（悲しみ）は聖なるものであるとされる。「根本気分は神聖な悲しみである」(HHGR87)。なぜなのか。あるいは「神聖」とは何なのか。ヘルダーリンはそれを「非利己的なもの」(HHGR84) と呼んでいる。断念の二面的な性格づけから示唆されるように，ヘルダーリンによれば，聖なるものは「完全な，すなわち一面的でない非利己性である」(HHGR86) とされる。客観に無私に身を委ねるのでもなく，硬直して自分自身であるのでもなく，この間を漂っているのでもない (HHGR87)，そのような絶妙の存立である。そしてこの嘆きは「故郷の河とともに」嘆く。「われ」が故郷の河とともに嘆くのは，「このわれ自身が故郷に属するものとしてまさに自分を経験する」(HHGR88) からである。「故郷とは単なる生まれた土地としてあるのでもなく，懐かしい風景としてあるのでもなく，人間がそのつど歴史的現存在にしたがって〈詩人的に住む〉大地の力としてある」(HHGR88)。それゆえ「詩人は自分と〈故郷の河〉を複数で〈われら〉と語る」(HHGR91)。これが故郷への帰属による，われと河の同一視の意味であった。ヘルダーリンの詩において共同存在としての私たちが問われているのはすでに十分明らかである。そして冒頭の「われ」が「われら」と交代する謎がようやく解かれる。「ゲルマーニエン」において最初「われ」が主語であり，それは一応詩人ヘルダーリンであるとして，その「われ」は第十九行を最後に消えて，「われら」と交代することをハイデガーは指摘していた。ハイデガーがそれをこう解き明かしたのである。すなわち「われ」と「われら」が何者かという問いがようやく答えられた。

　ではヘルダーリンは故郷の河をどう考えたのか。詩人にとって故郷の河とは狭義にはネッカル河とドーナウ河上流であるが，もっと広くはヨーロッパ大陸の河が視界にある。しかしなにゆえ河が名指されるのか。河の霊を呼び出すヘルダーリンのテクストを引用しながら，ハイデガーは次のような答えを与える。「河は〈もともと道のない大地に暴力的に軌道と限界を創るものである〉（神々の逃亡以来大地は道がない）。ここからどうして悲しみと嘆きが故郷の大地の河とまさに共に嘆くのか，すで

により明瞭になる。新しい神々の到来によって，ドイツ人の歴史的，地上的全現存在に新たな軌道を示し，新たな本分が与えられるはずだからである。河の水は大地に対する水という対立ではなく，河水は共に嘆くことにおいて道なきものとなった大地に道を切望する。河は全大地を期待される神々の方へと裂き渡す」(HHGR93)。とはいえ悲しみつつ嘆くことは断念なのであった。悲しむ心は「……神々を捨て去ることによってその神性を汚さずに護り，まさに遠い神々を護りつつ断念することによって，その神性の近くに留まること」(HHGR95) 以外ではない。この断念はハイデガーの姿勢そのものでもある。河はハイデガーの存在の歴史とぴったり重ねられている。そして存在の歴史が見せかけの抽象性を払拭して具体的に何を問題にしているのかを露に示す。それが目指すのは人間の本来のあり方であるが，それは祖国の建設として実現されるはずであり，直接にはドイツのそれが念頭に置かれていることがはっきりする。しかしドイツというからといって，総長職から退いた直後の講義だけに，直接的な政治的アンガージュマンのようなものは全く影をひそめている。

　さて神々は逃亡してしまっている，人間は神々に見捨てられているわけであるが，「知によってこの遺棄を引き受けることによって，最も内的な転換」(HHGR97) が生じる。それを見極めるまえに，ひとつ補足が必要である。断念のうちには神々を呼ぼうという意志があるとされたが，その嘆きは愛なのでもある。というのも嘆くのは希求があるからなのであろう。ところが「愛しすぎる」(第14行) と歌われた「過ぎ去ったもの（神々）」に向かって「欲せられたものが現にあるがままであれという意志」(HHGR97) は愛であり，ハイデガーは「嘆くといわれたあの愛の本質である」(ibd.) と分析する。これが，すなわち「欲せられたものが現にあるままであれという意志」が愛であるなら，この文脈を離れても，私は愛を再評価してもよいかもしれない。ただしこれは私の当面の課題とはなしえない。

　これから神々の逃亡，遺棄，それゆえの荒廃を第20行以下が描く。転換にはそれらが露にされなければならないからである。次のように歌われる (HHGR98)。

なぜなら　日が終わって，日の光が消えたとき，
それはまず司祭を打つ，しかし彼を慕って
神殿と聖像も，また彼の定めた慣習までが
闇の国まで従い，何ものもなお輝きえない。

　神殿，聖像，慣習もない，これが荒廃のありようである。「慣習と人倫は，神殿と聖像が神々の歴史的現存として日常の営みと家政に優越し，それを縛るときにのみある。しかし聖像と神殿が存在するのは，知りつつ──創造しつつ，神々の現前と不在を直接に耐え抜き，創造された仕事のうちに落ち着かせるあの偉大な個人たちが存在するときだけである」(ibd.)とハイデガーはいう。この個人とは，ヘルダーリン自身や近縁のギリシャの哲学者たち，とりわけヘラクレイトスであろうか。彼らが司祭である。司祭がまず荒廃を経験する。このような意味でハイデガーはニーチェに劣らず個人主義者，英雄主義者である。ここで述べられたことは「文化」とは無関係であると，ハイデガーは断言する。ハイデガーが文化を持ち出すときは，必ず悪口である。文化は諸々の欲望，物質的欲や名誉欲等のせめぎあいによって造られる猥雑なものなのであろう。ここで大地と故郷の関係が改めて正確にされる。まず大地は通常の自然領域を意味するのではない。大地は神々のために育てられてはじめて故郷となる。ただ住み着いたから故郷だというわけでなく，「……それと同時に大地が神々のために育てられ，四季の変化と折々の祭りのなかで神々の支配に差し出されるのでなければ」(HHGR105)。結局そのときに歴史的時間が現れ，ということは民族が成立するということのようである。
　これまで根本気分（古い神々を呼び返すことができないという悲しみ）を追求してきたが，いよいよ時間の契機を際立てなければならない。まず既在性が目に付く。「古い神々は逃亡したものとしてもはや呼ぶことは許されないことのうちにまさに在る。現前するものとしてではなく，既在したものとして，すなわちなお働いているものとして断念する現存在のうちに在る。不在によって彼らはまさに既在という不在性のうちに働いている。既在したものそのものの既在性は，過ぎ去ったものとその過去性とは根本的に異なった何ものかなのである」(HHGR107)。両者は

しばしば混同され、言葉のうえできちんと使い分けられていないとしても。「過ぎ去ったものは変化の余地なく完結しており、取り戻せない」（HHGR108）。それにたいして既在したものはなお働いている。引用には現存在に言及されたが、というのも「そのように既在した者の影が私たちを新たに用い、私たちへとやってくる、彼らは将━来的である」（ibd.）から、窮乏を耐え抜く私たち自身がまたそのような存在者だからである。「こうした既在するものが将来へと前へ向かって支配することにおいては、将来が顧みつつすでに早くから自らを準備しているものそのものを開くので、将━来となお働くこと（将来と既在性）がひとつになって支配する。この時間の時熟が、詩作がそのうちに基づく気分の根本生起である」（HHGR109）。この時間性については『存在と時間』の参照が指示されている。過去と既在性の違い、将来的━既在的現前化（瞬間）という構造がそれである。ただし『存在と時間』と異なって、ここではこの時間性は現存在のものでもあるが、存在の歴史のものでもある。また神々の到来（将来）が問題になるのだし、民族の時間の生起がいわれているので、構造的に同じであっても、時間性の時熟というより、歴史性と呼ぶ方がふさわしいだろう。

　ところで、次のように歌われる（HHGR110, 宥和する者よ Versöhnender, der du…補遺四）。

　　　このように一切の天上的なものはすばやく過ぎ去る。しかしいわれのないことではない。
　　　つねに節度を知って　いたわりの手でもって
　　　人間の住まいを
　　　神は触れる、一瞬だけ、
　　　そして人間たちは知らない、しかし長く
　　　それを記憶し、問う、あれは誰だったのかと。
　　　しかし時間が過ぎると、彼らはそれを知る。

　解明。「永遠なものの過ぎ去りやすさはいわれがないのではなく、まさに傍らを通ることが神々の現前性のあり方なのである……」（HHGR111）。それが神々の人間へのいたわりだとされる。そしてそれを記憶し時間が

過ぎて知るのが人間の性(さが)である。ただしこれは自動的経過なのではなく，決断を必要とする。「詩作の本来的時間にたいして決断することは，聖なる悲しみにおいて，覚悟して窮迫の根本気分に参入することである」（HHGR112）。そしてこれは詩であるから，そのような覚悟のうちに立つ者は，「男子，目をこらして見つめ，じっと見つめる」（HHGR115）と，男子の形象で表される。

　さて根本気分は，ヘルダーリンの親密性（Innigkeit）によって最も深い表現を得る。それはヘルダーリンの「主要語のひとつ」（HHGR117）である。それは「民族の運命とその神々への関係をひとつにするように強いる」（ibd.）。「それが根本気分なのは，とりわけ最も極端な対立，すなわち決然とした断念と無条件的な待ち焦がれを外から合成するのではなく，時間性の根源的に固有の働きから統一的に発生させることである」（ibd.）といわれる。親密性とは「最もかけ離れたものの抗争の一つになった連関」（ibd.）のことである*54。この抗争ないし親密性はヘルダーリンがギリシャ人に見たものであった。とりわけヘラクレイトスに。「弓や琴」を例とする反対なものの調和や「闘いは万物の父である」という有名な箴言に（HHGR123-129）。ところがハイデガーはこの親密性にさらに踏み込むのではなく，それを秘密（Geheimnis）と名づけて封印してしまうのである。それを通俗性から護るということでもあるが，なぜその必要があるのか，ハイデガーはこのように説く。真理は存在の解明性であるが，覆蔵性と隠蔽性とは開明性の固有なあり方をなしている。（真理論は本書の主題ではないが，この真理観は『存在と時間』からは隔たる。覆蔵性と隠蔽性の強調において。）「秘密は真理のかなたに横たわる柵ではなく，それ自身真理の最高の形態である」（HHGR119）。しかし秘密は少なくとも秘密であることは知られていなければならない。（そのようなものとしてひとを魅惑し，暴くことを誘うように思う。）詩作は秘密を損なわないように護る。したがって「秘密を詩作的に言うことは，否認である」（ibd.）と。詩がしばしば謎めいて分かりやすくないのも理に

　54）　私がニーチェにおいて最も共感したのは，正反対のものを均さず自らのうちに並存させて抱擁する精神のありようであったが，ここに私はニーチェとヘルダーリンの近親性をみる。しかし彼らのようにひとに先駆けてそれを生きた者は精神の病に早々と斃れなければならなかったことを知っている。後から来た者は，忸怩の念とともに安全にそれを学ぶ。

かなっているのであろう。

　覆蔵性云々はもちろんハイデガーの思考の言葉であるから，ヘルダーリンの詩作の言葉に戻し，「秘密のうちに閉ざされているものは祖国，すなわち民族の歴史的存在」(HHGR120)であると，言い直す。「ゲルマーニエン」とはもともとドイツの古い呼び名である。祖国は「詩人が〈誰もが最後に味うべき〉〈最も禁じられた果実〉と呼んだもの」(HHGR120)に他ならない。これはもちろん愛国主義とは無関係であると，ハイデガーは付け加える。「〈祖国〉は存在者の日常の営みにとって最も覆蔵されたものである……〈祖国〉は存在そのものであり，それは現存在するものとしての民族の歴史を根本から担い定めるもの，すなわち民族の歴史の歴史性である」(HHGR121)。しかしながらヘルダーリンによれば，祖国は没落してしまっており，詩人は窮迫に耐えつつ新たなその創建を待ち設けている。

　ヘルダーリンの詩作の中心課題は，民族的共同体の設立といったものであるのをみた。ハイデガーの解釈はそれをもっぱらギリシャ―ドイツという軌道に乗せる。暫定的ながら，ひとつだけ述べておきたいことがある。そこには神々が不可欠な契機であった。ヘルダーリンの詩句にはたいていは神々が現れるが，ときには神，ある神，アポロやゼウスばかりでなく，キリストや父，司祭も登場し，通常キリスト教的象徴である，パンとぶどう酒，キリスト教の教会であるはずの「教会の塔の青銅の屋根」などがちりばめられている。しかしハイデガーはそれらにキリスト教的な意味を与えることはない。私は『ハイデガーの真理論』で『寄与』の「最後の神」はキリスト教の神ではなく，原キリスト教的な神でもないが，ひょっとしたら原―原キリスト教的神であるかもしれないと書いた（同書，200頁）。今もそれを撤回するつもりはない。なにほどかキリスト教的とみなしたのは，存在の歴史性，そしてその将来（到来）という性格ゆえである。ただし「最後の神」はハイデガーに固有なので，ヘルダーリンのテクストの解釈には当然現れない。とにかくとりあえずキリスト教的表象は排除しておかなければならない。しかし逃亡したとされる神々についてはまた触れる機会があろう。

4　讃歌「ライン」*55への移行

　ハイデガーは「ゲルマーニエン」を最後まで辿らないで，折るように切り上げる。ハイデガーは「ゲルマーニエン」から「ライン」への移行の意図を「開始された根本気分の展開を促進し，より豊かにすること」（HHGR 149）と説明する。「ライン」はヘルダーリンの河の歌のひとつである。何が見届けられるのか。まずハイデガーが着目するのは，「半神たち」である。

　　半神たちをわれは今思い，
　　そしてわれはこの貴重な者たちを知らねばならぬ，
　　彼らの生はあまりにたびたび
　　わが憧れる胸を揺り動かしたゆえに。
　　　　　　　　　　　（「ライン」第135行以下。HHGR 163）

　では半神とは何を意味するのか。「半神たちはつまり中間存在である。詩人はいまや彼らを考えねばならない」（HHGR 164）。ハイデガーは今「詩人の思考」が問題になっていると指摘する。考えられるべき中間存在とは「人間以上であるが，完全な神ではない」（HHGR 165），あるいは「超人」そして「下神」（HHGR 165）である。それゆえ「半神たちを考える者は，人間の本質への問いのうちを動き，それと共に神々の本質への問いのうちを動く」（HHGR 166）。そのことによって人間と神々の区別が問題となる領域へ入っていく。「この思考は存在領域一般を建立し，裂開する」（HHGR 167）。この言明は場面を変えても常に主題となるものをいっているのだから，よいとする。けれども詩人が半神たちを思考することによって具体的に何が思考されるのか。詩人が「ライン」の初めで

---

　55)　私の所有するヘルダーリン全集では「ライン」の表題の下に「イザーク・フォン・シンクレーアに」という言葉が入っているが（Hölderlin, Sämtliche Werke, Bd.2, hg., Friedrich Beissner, Verlag W.Kohlhammer, Stuttgart, 1953, S.149），ハイデガーの用いる Hellingrath 版はそれを入れていない。

故郷に思いを馳せているとき（その場所はアルプスを望む故郷の大地の境界である），それが告げ知らされる（「ライン」，第9行以下，HHGR172）。

　　……そこで
　　われは思いがけず聞いた
　　運命の声を。

　ハイデガーは運命という「基本語」を引き出す。そして運命とは「半神たちの存在を表す名」（HHGR172）であると解き明かす。運命とはヘルダーリンによるギリシャ人の「モイラ」と「ディケー」（HHGR173）の再考に他ならない。ギリシャ人のそれは「限界を定める割り当てと規定」（ibd.）を与えるものである。そこには「死の経験とその知」（ibd.）という「根本経験」がある。ハイデガーはヘルダーリンにおいては現存在への被投に責任を負う投企が先鋭的に捉えられていると考える。すなわち超人間的存在においては「自らを超えてやってきたものとしての存在を最高の仕方で引き受ける，すなわち苦しむ」，「苦悩」（HHGR175）となっている。「運命としての存在が露にされるこの苦悩は」「ただ受け取る」のではなく，「創造的である」（HHGR175f.）。それがヘルダーリンの理解だったのだと。「運命は半神たちの存在であるゆえに，彼らは，しかも彼らのみがこの存在を〈苦悩にしたがって〉経験し，そのような経験において自らを変容させ，この存在のような変容を耐えねばならない」（HHGR179f.）。したがって半神たちは，「神々そのものへの予感的志向と同時に人間への方向において，人間的存在の撹乱となる……」（HHGR180）。それゆえ詩人は半神たちの苦しみを「共に苦しむ Mit-leiden」。ただし詩人の苦しみは先─苦 Vor-leiden（HHGR184）である。というのは「存在の建立」ということにおいて民族のなかで突出しているからである。

　さて，半神たちの運命を詩人は理解するが，「運命一般が問題ではなく，唯一のもの──〈王者の魂〉をもつ〈河のなかで最も高貴なもの〉ラインの運命が問題なのだ」（HHGR185）。なぜならそれは「固有の歴史的本質性」（HHGR186）をもつからである。ではラインの運命とはどのようなものなのか。ラインはアルプス山地に源を発し，ヨーロッパ中部を

悠然と流れる大河になり，やがて海に注ぐ。しかし「ライン」はむろん叙景歌ではない。河は詩人と重ねあわされる。ところで「第一節の後，思いがけず詩人は既在したものとそこに働く神々への放心から呼び戻される」（HHGR 197）。河は流れ出し，流れ下る。そして第21行。

　　……そこに
　　極冷の谷底に聞いた
　　われは救いを求めて呻く
　　若者の声を。いかに彼が荒れ狂い，母なる大地と
　　彼を生んだ父なる雷を責めたかを。
　　両親は憐れんだ，しかし
　　死すべき者たちはその場から逃れた。
　　闇のなかで縛られて転げまわる
　　半神の咆哮は
　　あまりに恐ろしかったから。

　詩人は若者の呻きを聞いた。両親は憐みをもってそれを聞いた。人間たちは逃れ去った。それゆえほとんど聞かなかったというような仕方でそれを聞いた。問題は詩人＝中間者の聞き方である。憐みつつ聞くのでもなく，逃れ，顔を背け，半神を見捨てるのでもない。ハイデガーは，神々の聞き方を「聞き届け Erhören」（HHGR 200）と名づける。人間のそれは「聞き逃し Überhören」である。「聞き届けは聞いたことを聞き届けること，すなわち縛られて荒れ狂う者は解放されるということである。神々は最初は縛られた根源を発現させる，そして根源としてそれ自らに委ねる。しかし聞き逃しは縛られた根源から，それと共に根源そのものから顔を背ける。死すべき者は根源から逃れ，それを忘れようとし，根源の恐ろしさから逃れ，発現したことをそれとして考慮することなしに，発現したもののみに自らを支える。発現したものが死すべき者に考慮されるときには，発現したものから根源を説明する」（ibd.）。しかし詩人は神ではなく，ただの人間でもないので，「根源を聞き逃すことを欲することができない」（HHGR 201）。「耐えつつ根源を聞くことは，したがって，いまだ発現しない根源を聞くことである，縛られてまさに流れ出

そうとする根源を，なお全く自分のところにある根源―根源的根源を聞くことである」(ibd.)。「この耐えつつ聞くことは，ここには根源的な存在が支配していることをそもそもはじめて聞き分ける」(ibd.)。ここにハイデガーの「ライン」の解明が目指したものがようやく鮮明になる。河の根源からの発現は，存在の歴史の探究に他ならない。講義の冒頭に「始まり」と「開始」について述べられたことが，一体何であったのか分かる。

さて，耐えつつ聞くことが，「詩作的な聞くこと」(HHGR 202) である。根源が名指されたが，ところが縛られた根源だけが根源なのではないとハイデガーはいう。「むしろ縛られた根源の根源全本質はそれが発現することのうちにある。しかし発現すること自身は流れの全体の過程においてそれがあるところのものにはじめてなる。その過程の開始に限られない。全流れの過程そのものが根源に属する」(ibd.)。したがって詩人は全体を見据えるであろう。ただ詩人は縛られた根源，いまだ発現しない根源を聞くとされるが（それは神々のもとにあろう），すでに発現したものにおいていまだ発現しない根源を聞くのではないだろうか。全然発現しないものの根源とは有意味であろうか。

河の流れは開始した。ところが縛りを解かれた河は当初東に向かうが，向きを北に変えて「ドイツ」(HHGR 204) へ進路をとる。ただしハイデガーは，ヘルダーリンが故郷へと心を向けたことをギリシャから離反してキリスト教への転向のようにいうのが近頃流行っているが，それは全く違うという (HHGR 210)。ハイデガーはヘルダーリンを特定の宗教やその神に結びつけることを避ける。「キリスト教徒の神についてだけいうのは，詩人にとって過ちである……」(HHGR 210)。それがヘルダーリン解釈として正しいのかどうか私には判定できないけれども，好ましくは思う。

さて，ハイデガーは講義を振り返って，なぜヘルダーリンが選ばれたのか改めて確認する。そして「この選択は歴史的決断である」(HHGR 214) と宣言するのである。1. ヘルダーリンは詩人と詩作の詩人である。2. それと共にヘルダーリンはドイツの詩人である。3. ヘルダーリンはそのような者であるゆえ，彼はなお私たちの民族の歴史における力となっていない。だからそうならなければならないのだ (ibd.)。こ

第2章　根源的倫理学：人間の居場所　　　　　　　　　　　133

の直後に注目すべき発言がある。「ここに参加することは最高の本質的意味での〈政治〉であり*56、それゆえここで何かを成し遂げる者は，

56)　ここでハイデガーが否定的に言及する「政治」ないし「政治的なもの」は少しばかり注釈が必要である。「政治」は「ポリス」から由来するには違いないが，ハイデガーが呼び出すのはギリシャのポリスであり，近代の国家や政治からポリスを理解することを戒める。「ポリスは〈政治的に〉規定されない。ポリスは、まさしくそれは、〈政治的〉概念ではない」（HHI99）という。ハイデガーによれば、それは次のようなことを意味する。「おそらくポリスとは、一切の問いに値するもの、居所なきもの（das Unheimliche, とりわけ人間のこと）が一つの際立った意味において回転している場所、領域のことである。ポリスはポロスであり、すなわち極である、一切がそのまわりを回って旋回している渦である」（HHI100）。そこには「恒常的なもの」と「変転」という「二極」がある。ポリスの両極は存在者全体にかかわる。「この極に人間は際立った意味において引き入れられている。というのも、人間は存在を了解しつつ存在者の只中に立ち、そして必然的にそのつどの〈立場 status〉を、すなわち彼の状態と情況とともに立場をもつ。立場はすなわち国家 Staat である。したがってポリスは国家というほどのことを意味する」（HHI100）。
　ポリスとは何か。ハイデガーは「場所」だと答える。すなわち「人間が存在者の只中に人間として歴史的に滞在する場所である」（HHI101）。「政治的なものが優位をもつ」（HHI101）というのではなく、それが意味するのは次のことである。「歴史的人間存在における本質的なものは、滞在のあらゆる場所へ、すなわち存在者全体の只中に故郷をえる場所へ両極的に引き入れられていることに基づく。これらの場所と立場から許されることと許されないことが発現する、すなわち当然なものと当然でないもの、ふさわしいもの das Sickliche とふさわしくないものが共同運命 Geschick を規定し、この共同運命が歴史を規定する。ポリスには神々と神殿、祭りと競技、支配者と元老院、民会と兵力、船舶と将帥、詩人と思想家が属する。しかし私たちはこれら一切を19世紀の文化国家の意味で考えてはならない。これら一切は、〈文化業績〉が生み出されることに価値をおくような国家秩序の構成部分ではない。そうではなく、神々への関連から、何々の祭りや祝う可能性から、主人と奴隷の関係から、犠牲と戦いとの関連から、名誉と声望への関連から、これらの諸関連の関連から、その統一の根底から、ポリスと呼ばれるものが統べる。まさにそれゆえポリスは本来的に問いに値するものであり、その尊厳によってのみ、人間のあらゆる本質的行為と態度を貫き支配する」（HHI101f.）。ポリスは政治的なものに先行する。このようなポリスは人間の住むことが実現される場所に他ならないのだから、ポリス的なもの、すなわちいわゆる政治がそこに基づく最高の本質的意味での政治は、ハイデガーの根源的倫理学（ここではこの言葉はないが）が念頭に置くもの以外ではない。このポリスを見れば、ハイデガーの人倫的共同体は競争を全面的に排除することはないと思われる。周知のとおり、オリンピックはギリシャ起源だし、上演されたギリシャ悲劇は公募だったのである。競争がひとを引き上げることはやはりあろう。経済的な効率のための競争は考えられていないが。
　それゆえ人間はポリスですっかり眠りこけるように安寧だというわけではない。ポリスは「渦」なのである。ハイデガーはソフォクレスの「アンティゴネー」の「ディノン」から人間を「最も居所なき者」と規定する。そして「ポリスは存在者の諸場所であるゆえに、それはまた一切の人間の存在者に対する諸可能性とそれとともに居所ないことの最も広い決定をも含む」というのである。ここでは存在への帰属が思考されている。合唱歌には「かまど」というものが現れる。人間が帰属するものとして、「かまど」は存在を指す。「一切の存在者を規定し、その規定性において保持し、庇護する存在」（HHI136）である。しかし「故郷をえることにおいて故郷のないあり方が完結するというように」（HHI144）、故郷にいるようにな

〈政治的なもの〉について語る必要がないのである」(ibd.)。ハイデガーはヘルダーリンの詩作についてそう述べながら，自分の立場を表明している。つまりハイデガーは自分がコミットする政治のレベルの深度を変更したに過ぎず，政治的なものへの関心を減少させたとは全く思っていないに違いない。この「政治」は共同存在が真に確立するところであるから，倫理についても語る必要はないと敷衍することが許されよう。このようにしてすでに引用した「回想」の最終行「しかし留まるものを詩人が建立する」がその内実を充実する。詩人の建立とはもちろん「言うこと sagen」であり，その言うことにおいて「言われたものを伝説 Sage として民族の現存在のうちにおくこと」(ibd.) なのである。したがって民族はそれを回想する。一つの民族とはそのようなものであろう。「このようにして詩作において建立された存在は，常に存在者全体を包括する。すなわち神々，大地，人間，歴史における人間，歴史としての，民族としての人間を包括している」(HHGR215)。これは住むことと表現されたかつてあった倫理的なもの（人倫），そして再び建立されるべき倫理的なものに他ならないであろう。「ゲルマーニエン」と「ライン」の解釈を辿り，ハイデガーのあの四者連（das Geviert），すなわち天と大地，神的なものと死すべき者（本書I，第2章6をみよ）が肉づけを与えられて帰ってくる。しかもひょっとしたらそこでは現代へのアンチテーゼとしてことさらに神話的─牧歌的風景を描いたようにみえるかもしれないが，単に同時的な一枚の風景画としてではなく，時間（歴史）の相を取り込んで提示される。住むことは，どうしようもなくそれが毀損されているという私たちの思いも，再建されなければならないという窮迫感も（むろん昔のものがそのまま呼び戻せるはずもない），歴史的存在で

るというのではない。最も居所ない者として故郷にあろうとする。
　それゆえこの政治・倫理は，個々人の間の，あるいは集団間の利害を何らかに調停する制度・ルールによって，共同存在を成り立たせようとする，あるいは成り立っているようなものではない。ではハイデガーはこのギリシャのポリスを再び打ちたてようというのか。それは違う。同じものはそれとしては戻ってこない。それは一回的なもの，唯一的なものである。ハイデガーはギリシャ語を外国語として自らの対話の相手として規定した（注46参照）。ギリシャのポリスも同じはずである。ハイデガーによれば，ソフォクレスの合唱歌とヘルダーリンの河の歌は同じことを詩作する。すなわち故郷（存在）に住むことを。しかし「ギリシャ人とドイツ人はそのつど別の歴史的人間性」(HHI154) なのだから，「異なった仕方で故郷にいるようにならなければならない」(HHI154) のである。

ある私たちの歴史的思考に他ならないからである。

　ラインの物語の解明はまだ終わっていない。ハイデガーにしたがってラインがその進路を変えるところに戻る。第3節は「進路の折り曲げ，つまり半神たちの始原的な意味の折り曲げをいっている。この意味は，折れることのない我意における単なる折れることのない流出ではなく，まさにこの折挫が抵抗を生み，過ちの可能性と根源を受苦し耐えることにおける過ちの克服の必然性を創る」（HHGR 233）という。これが「半神たちの存在としての運命の本質要素への洞察を与える」（ibd.）。進路の変更，つまりギリシャからの離反は過ちと呼ばれるが，半神たちにとって神意，すなわち「根源の持参金 Mitgift，すなわち神の誤り」（ibd.）なのである。だからといってヘルダーリン—ハイデガーは運命を一方的に受動的に蒙るものとは考えていないのである。進路の変更とは，歴史的にみれば，やがて進むだろう科学と技術，ヒューマニズムの近代ヨーロッパへの方向を意味するに違いない。

　この半神たちの運命をさらに辿って，根源—発現を見極めよう。「ライン」第4節はこう始まる（HHGR 234）。

　　謎は純粋に発現したもの。また
　　歌もそれをほとんど明かすことを許されぬ。

「〈純粋に発現したもの〉は，その根源において，しかしまさにそれゆえにその全体において，つまり全存在としてさらに発現したものである。秘密の広がりは発現したものにも及ぶが，それ自身で考えられた〈どこから〉には及ばない。〈どこから〉を私たちは発現したもの以外から算出できない。〈純粋に発現したもの〉は秘密なのだ。発現したものそのものにおいて初めて根源もまた十全に根源として存在する。根源はそれ自体で存立する開始として見捨てられ，置き去りにされない。河の流れはそれが流れることにおいて流れる，その流れのどこも根源である」（HHGR 234）。「純粋に発現したもの」という言葉の登場以外すでに述べられたことと異ならないようにもみえるが，この箇所をどう理解すればいいのか。純粋に発現したものは秘密である。それだけでその根源において知られるようなものではない。さて根源から発現する。発現するゆ

えに，根源は根源である．実際に河が流れ出るとき，それは河の開始である．しかし流れて行っても，根源との繋がりを失うわけではない．最後の「その流れのどこも根源である」の「である」をハイデガー流に強調してそのつど「根源を存在する，生きる」と読もうか？しかし「純粋に発現したもの」とは何を意味するのか．ハイデガーがそう述べてはいないが，「エルアイクニス」に他ならないと私は考える．河の根源からの発現は存在の形象化である．エルアイクニスとしての存在は発現するが，何ゆえかも窺い知れない，そのような生起である．そして詩人のみがかろうじて（ほとんど明かすことを許されないのではあるが）その消息を察知する．これにもなおなぜ詩人がと問い詰めなければならない．当然詩人が自らそれを作り出せるはずはなく，存在の側の動向にそれを返さなければならないのである．それは結局詩人とは何者かということでもある．詩作は存在を建立するといわれた．詩作は結局存在のうちにしか根拠をもたない．「存在そのものの本質には自分を自分自身へ建立しつつ投げ返すということがある．存在が詩作を発現させるのは，根源的に自らを見出し，そのようにして詩作のうちに自分を閉ざしつつ秘密として自らを開くためなのである」（HHGR 237）．詩作は初めから存在の動向とひとつに考えられている．詩人の使命はここからのみ規定されていたのである．

「純粋に発現したもの」の究明はまだ続くが，ハイデガーが暫定的に与えた結論へと急ぐ．しかしもう詳細にその跡を追うことはしないで，重要と思われるところのみを拾う．純粋に発現したものには二つのものが同時に含まれる．「1. 根源そのもの，すなわち発現するものがそこから発現するところ．2. 発現したものが発現したものであるとおりの発現したものそのもの．純粋に発現したもののうちには根源的に発現してあることがその規定する諸力を曇らさずに展開しなければならない．しかしそれらの力の本性からその内部で互いに抗争するかぎり，抗争は純粋なものとして，最高の敵対性に展開しなければならない．しかし敵対性は至福性として存在の統一をなすので，またこの統一は最高の純粋性を獲得せざるをえない，というより保持せざるをえない」（HHGR 240f.）．しかし「純粋な根源は単に他のものを自分から発出させ，それ自身に委ねるようなものではなく，その力が絶えず発現したものを跳び越えて，

それに先立って跳びつつそれより長く存続し，留まるものの基礎づけにおいて現在している，あの始まりである。より先から後に作用しつづけるものとして現在しているのではなく，予め発出するものとして，したがって始まりとして同時に規定する終わり，すなわち本来的に目標であるものとして現在している」(HHGR 241)。それは例の既在的なものが将来するという時間的構造に他ならない。それゆえ「そのような根源は，予めすべての発現するものを包括するものとしてたいていのことができる（「ライン」第49行以下，HHGR 242)。

　　（どんなに困窮と訓育が働きかけようとも）
　　大方のことを
　　なしうるのは，出生と
　　新生児に出会う
　　光線だ。

　出生と光線が根源に属する。ハイデガーは，出生は母なる大地に，光線は雷の神に対応するという。両者の力は抗争する。河の形象によって述べられたのは，半神たちの存在なのだが，そしてそれは存在の歴史をいうものであるが，人間についてもこれは弱められて当てはまるとされる。そればかりでなく「純粋に発現したものは二方向をもつ根源からのみ規定されるのではなく，発現してあり続けることのあり方からも規定される」(HHGR 244) ということも重要であると念を押している。つまり詩句とは逆の順序で言ってしまったが，それは自動運動のようなものではないだろう。それゆえ「困窮と訓育」(ibd.) の働きも加わる。生まれながらに与えられたものに対して二つはすでに生き始めた者に後天的に属する。困窮はひとを鍛え，訓育（教養）は洗練させるものなのであろう。これらは敵対しつつ一致してもいる。すなわち「敵対―至福性 (Feind-selichkeit)」(HHGR 245) である。それゆえ「ライン」が考える半神のあり方は，次のように表示される。これは歴史の全体の歩みを形づくるであろう。いうまでもなくこの構造は個別的人間のあり方にも当てはまる。至極無理のない存在構造の描像ではないだろうか。

```
出生 ←――――→ 光線
 ↕  ╲    ╱  ↕
    ╲  ╱
    ╱  ╲
 ↕  ╱    ╲  ↕
困窮 ←――――→ 訓育
```

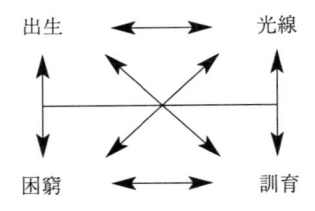

　この根源的統一は「発現させることにおいて，また発現させるものとして統一し，それとともに同時に発現したものをその本質諸力の敵対性において隔てておくような統一」であるが，それがヘルダーリンの「親密性（Innigkeit）」（HHGR 249）に他ならない。ヘルダーリンの詩作はそのような事態を明るみに出す。「詩作の言は存在から生まれる。しかしこの存在を自らのうちに保ち，〈両者について証す〉ためにだけなのである。つまり神々と人間について証すわけであるが，その中間として純粋に発現したもの，秘密，親密性が働いている」（HHGR 256f.）。ヘルダーリンの詩作とは結局何であるのか。「詩作とは存在そのものの根本生起である。詩作は存在を建立し，建立しなければならない。というのは建立として詩作は自然自身の武器の響きを語において自分自身へともたらす存在に他ならない。詩作することは建立として，対象をもたず，目の前にあるものをただ歌うのではない創造として，常に予感であり，待ち焦がれること，来るのをみることである。詩作とはこの予感されたものの語であり，語としての予感されたもの自身である」（HHGR 257）。ヘルダーリンのいう自然＝存在である。

　さらに歌われているのはラインであることをもう一度思い起こす必要がある。一方で河は半神，神々と人間の間である。けれどもライン河としては「民族の故郷」を建立する河である。すなわち民族の住むことを用意する。しかもそれはドイツ民族のそれがいわれている。すでにいわれたように，河は決して根源を忘れない。それがドイツの運命にどう絡むのか。「純粋に発現したものはその発現してあることゆえ，根源を欲する。この意志は発現してあることの定めを欲する根源諸力に対する反対意志となる」（HHGR 267）。この反対意志というところが，とりわけドイツ人では強く発揮される。根源との関係でギリシャ人とドイツ人は異なるが，ハイデガーによれば，ヘルダーリンは両者の国民性をはっき

第2章　根源的倫理学：人間の居場所　　　　　　　　　139

り認識していた。ギリシャ人とドイツ人では添えられたもの（持参金）と課せられたものは異なる。「ギリシャ人に添えられたものは天の火への刺激的な近さ，存在の暴力に襲われるところである。そして彼らに課せられるのは，作品を勝ち取ることにおいて制御しがたいものを制御すること，捉えること，完成することである。ドイツ人に添えられているものは，捉えることができること，諸領域における準備と計画，計算，組織化にまで至る秩序づけることである。ドイツ人に課せられたものは，存在に襲われることである」（HHGR292）。ドイツに添えられているものの独走の危険が見据えられているといえよう。とはいえハイデガーにとってヘルダーリンは詩人であるゆえに，存在の暴力に襲われるギリシャ人により近いひとなのであろう。添えられたものと課せられたものがギリシャ人とドイツ人では異なるというのは，最も根本的な存在性格の対立をそれぞれが代表しているということに他ならない。講義はヘルダーリンの言葉，「ナショナルなものを自由に用いることを学ぶことほど困難なものはない」（HHGR294）で結ばれる。この講義でハイデガーは政治的なもの＝倫理的なものの建立への意欲を静かにたぎらせているようにみえる。静観や，まして退行の気配などは全くない。

　一つ言い残したことがある。祖国の建立には常に抗争がつきものである。ところで「ゲルマーニエン」の最後でこう歌われている。

　　なんじの祝いの日に
　　ゲルマーニアよ。なんじは司祭となり，
　　武器をもたずに忠言を与える
　　四方の王と民らに。

「武器をもたずに」に対してハイデガーはこう述べる。「したがってヘルダーリンは明らかに〈平和主義者〉であり，ゲルマーニエンの非武装と武装放棄すら擁護している。これは祖国への裏切りとすれすれである。しかしこれは詩人の人柄と全くよく調和してもいる」[57]（HHGR17）。し

---

[57]　周知のように，ハイデガーは，解釈では常にテクストにのみ依拠するという態度をとり，伝記的事実やことに人柄を取り上げることはない。しかし今人柄にちらりと言及したので，それを少しだけ補強する。David Constantine, Hölderlin, Clarendon Press, 1988を参考にす

る。ヘルダーリンは1770年3月20日シュトットガルト北部の村・ラウフェンに生まれた。子供時代に父を亡くし、義父を亡くし、兄弟姉妹の幾人かを幼くして亡くし、女性たちに囲まれて育てられた。まずはラテン学校で学び、後には牧師になるべく教育を受けた。母親は息子を愛したが、かなり支配的なひとで、彼が牧師になることに強く固執した。しかし早くから詩作を試み、シラーに憧れ、詩人になることばかりを考えた、メランコリックな少年だった。コンスタンティヌはヘルダーリンが「ユーモア、アイロニー、卑俗性」を欠いているという。彼は非常に宗教的な詩人であるが、他方で無意味さや希望のなさに晒されてもいる。ヘルダーリンの詩には不在と憧れ、充実した人間性への憧れがある。したがって厳格な形式の詩人であるが、固定や静止はなく、絶えず運動がある。その育ちや人柄からもヘルダーリンには軍事を好むところは全くない。

　しかしヘルダーリンが革命を夢想する詩人であったのは、確かである。「ライン」の第15節（最終節）は、「シンクレーアよ」という呼びかけで始まる。ごく短いけれども、この節のハイデガーの解明もある。「この詩節は友人に話しかける。それは彼をあの来たりつつある者、知る者の一人として讃える」（HHGR287）とハイデガーは述べる。シンクレーアを介して、ヘルダーリン自身も神へ向かうことを歌うようである。きみには神が現れるだろうと。（ここでは神は「Gott」であり、普通はキリスト教の神を意味するであろうが、それは追求しない。）ハイデガーはシンクレーアを何者か説明していない。イザーク・フォン・シンクレーア（1775-1815）について手塚富雄の解説を参考にする（「ヘルダーリンの歩み」、『ヘルダーリン全集』1、河出書房、1966年）。彼はホンブルクの宮廷の参事官で、詩人のイェーナ時代に友情を結んだが、ヘルダーリンに終始変わらぬ篤い友情を示した。フランス革命に感激し、学生として秘密の政治クラブにもつながり、英雄的気質をもつ青年であった。ヘルダーリンの詩業と時代は切り離すことのできない関係にある。『ヒュペーリオン』のアラバンダにはシンクレーアの面影が移入されているという。しかしヒュペーリオンとアラバンダの政治にたいする考え方は異なる。ヒュペーリオン（ヘルダーリン）は政策的政治家にはなれなかった。盗賊の徒党によって理想郷を打ち立てることの不可能を痛感した。ドイツと時代を憂いたが、後期の彼は、あくまで詩人として詩作によってそれを行おうとする。真実の共同、真実のつながりを考えた。それはヒロイン・ディオティーマ（家庭教師先の主婦・ズゼッテ・ゴンタルト）との愛によって育てられた。たしかにヘルダーリンは政治的であったが、この解説にしたがえば、ハイデガーのいう「最高の本質的な意味での政治」（HHGR214）と調和する。

　『ヒュペーリオン』はほんとうに気高い、美しい作品である。アラバンダの造形をみても、ヘルダーリンが革命の血塗られた苛烈な本質をよく見抜いていたことを窺わせる。

　また戦闘的な祖国愛の詩らしいものももちろんある。たとえば「祖国のための死（Der Tod fürs Vaterland）」（1798-1800の詩。Hölderlin, Sämtliche Werke, Bd.1, hg., Friedrich Beissner, S.296)、その第3節と4節。

　　おお、わたしを、わたしを戦列に加えてくれ、
　　わたしがいつか卑しい死を死ぬことがないように！
　　徒に死ぬのは好まない。しかし
　　犠牲の丘辺で斃れるのは好ましい

　　祖国のために、胸の血をながすのは
　　祖国のために——そしてまもなくわたしは斃れた！
　　親愛なる者たちよ！きみたちのもとに　わたしは降りた！
　　わたしに生きることと死ぬことを教えてくれたきみたちのもとへ！

　そして最後の部分。

第2章　根源的倫理学：人間の居場所　　　　　　　　　　141

かしハイデガーは後にこう付け加える。この非武装は「武器の放棄や弱さや戦いの忌避を意味するのではない。この〈非武装〉というのは防御や防衛をもはや必要とせず，現—存在によって勝利する，すなわちこの現存在の働きを受けて自らのうちに立つことによって存在者をあるがままに現象させる，あの歴史的偉大さを意味する」(HHGR 289)。現代の戦争の進化によって戦争や武装は今日ナンセンスになってしまったと私は信じる。ハイデガーがヘルダーリンのような平和主義者かは別として，民族を守ることが成り立つとすれば，確かに，武装などではなくて，その現存在そのものによって愛されるか，尊敬される以外はないであろう。

　ここで讃歌「イスター」の解明を補足として参照する。それゆえこの講義を最初から最後まで辿るのではなく，限定的な用い方をする。「イスター」はヘルダーリンによってドーナウ河を名指すものとされている。ラインとイスターはどちらも河であるが，異なった定めをもつとされる。ラインは一気にアルプスを後にする勇壮な河であるのに，「イスターは根源に留まり，その場所を離れない。根源近くに住むからである」(HHI 202)といわれる。「河」とは何を意味するのか，根源近くに住むとは何をいうのか，より鮮明にしたい。この講義ではそれが一層集中的に論じられている。ところで，ヘルダーリンの詩作を解釈しながらハイデガーが存在の思考を遂行するのを，私たちがまた解釈するのはやはり難しさが付きまとう。その点にかんして，今一つすっきりさせたいのだが，こう考える。最初の始まり—開始—展開—別の始まりは「存在の歴史」の道筋であり，ヘルダーリンの河の流れの表現では，それはまだ発現しない根源—根源からの発現—流浪—故郷＝根源近くに住むこととなるという対応ではないだろうか。ドイツ語として「根源 Ursprung」とは「源泉」であり，ここから河は発現するのである。それはもともと哲学用語などではない。ヘルダーリンの詩句は哲学の概念語など全然用いてないにもかかわらず，深い哲学的内容を湛える。ハイデガーの解釈はそれを浮かび上がらせる。

　　……祖国よ！
　　死者を数えるな！愛する祖国よ！
　　なんじにとって一人だけ余計に死んだのではない！

さて，河は流れであり，流れる。河は「流浪であり，場所である」，すなわち人間が住む場所を，人間の滞在の場所を開く。それは河のほとりである。「河流そのものは流れることにおいて二重に方向づけられている。消え去り行くものとして河流は既在したものへの途上にある。予感に満ちたものとして流れは来るものへと行く。河は独特なあり方の流浪である。流浪が同時に既在したものと来るものへと行くかぎり」(HHI33)。ここで注目されるのは来るものの予感ばかりでなく，「既在したものも予感される」(HHI34)といわれることである。というのは，既在したものは追憶されるのだが，「真正な追憶は予感することである」(ibd.)とハイデガーは喝破する。「そして全く追憶は最も深い予感であろう，予感がまさに向かう，来るべきものがすでにあるものから来るときには」(ibd.)。イスターの流浪を振り返ろう。「流浪はインダスから，つまり東から発し，ギリシャを越えて，この上部ドーナウへ，西方へやってくる」(HHI42)とヘルダーリンは歌っていたのである。ドーナウ河は実際には逆に流れている。そこでヘルダーリンはこの流れは「戻っていくようにみえる」(HHI43)というのである。東方から，そしてギリシャからの流れの由来を詩人はそう見たのである。それゆえ流れが東方から来たことは予感されるのであり，住むべきところはここ，上部ドーナウのほとりであり，ここからは根源はそのように予感されるものである。この河のほとりは故郷である。しかしこの故郷（祖国となる）が根源，ないし根源に近いということはどのような意味か。「河の流れは流れとして，すなわち流浪として，決して根源を忘れない，というのは流れは流れつつ，すなわち湧き出しつつ，自らたえず根源であり，彼の本質の場所であり続けるからである」(HHI173)。「イスター」で歌われるのは，「流れの本質，すなわち流浪と場所性である」(HHI175)。「ここ」は根源の場所であり，ギリシャは根源にあることをそれとして経験したゆえに，回想される。東方は根源であるとしても，ギリシャのような意味ではそれとして特定できるものでなく，純粋に予感されるだけ（こんな言い方をハイデガーはしない）なのではないだろうか。

　ハイデガーは「ゲルマーニエン」で「始まり Anfang」と「開始 Beginn」の区別をまず論じた（本書第Ⅱ部2章114-115）。確かに第一の始まりは初期ギリシャの哲学者たちに，開始はそれとしては哲学，ないし形而上学

の開始（ソフィストたちやソクラテス，プラトン）に位置づけられた（HHI140）。しかしその始まりはまた開始とも考えられるのではないのか。初期ギリシャ哲学者たちに存在の思考が場所をもつかぎりは。「ゲルマーニエン」での性格づけからは，始まりは予感的にのみある東方がふさわしいのではないか。東方は初期ギリシャ哲学者（詩人）の存在の明けの経験が追憶されるかぎりでしか，意味をもたない。それは流れ出す（開始する）ことによってあるとされるものではないのか。始まりと開始は初期ギリシャ哲学者にかんしては，そのような二義性を帯びているように思われる。ハイデガー自身それを認めてもいる。この問題はこれで一応結論ということであろう。

　既述の経過をたどって，私たちは製作機関ないしゲシュテルの時代のうちに存在する。ハイデガーがヘルダーリンを通してギリシャを省みるのは，そこに故郷に住むことが思考されたと考えるからである。ヘルダーリンの詩作こそがはっきりそれを捉えたのである。人間は本来故郷にあるものであるが，外へでてしまうがゆえに，故郷をえて住むようにならなければならない者なのである。故郷に住むことを獲得しなければならない人間存在，ないし歴史的人間存在がそこで露にされた。ギリシャにおいてそれはポリスの人倫という形をもった。しかしハイデガーにとってもただの利益社会でない共同性が実現されるのでなければならないとしても，ギリシャのポリスがそのまま私たちの共同存在の形であることを意味しない。ハイデガー——ヘルダーリンは外なるもの（異国）を通り抜けてこそ，固有のものを獲得するというのである。

5　ヘルダーリンと詩作の本質

　倫理的なものの探究という私の目論見にとっては，ヘルダーリンの詩作の解明のためには「ゲルマーニエン」・「ライン」の講義と「イスター」の講義で済ませてもよかったのである。しかし自ら公刊した著作はやはり尊重されるべきである。論じられたことを凝縮して頭に入れるために格好なので，『ヘルダーリンの詩作の解明』[58]のなかの講演「ヘルダーリンと詩作の本質」を少しばかり省みる。実際すでに扱われた語，

詩句ばかりが登場し，これまでヘルダーリンについて思考したことの要約といった趣の講演である。ハイデガーがヘルダーリンの詩作において何を最も重視したのか教えてくれる。

ハイデガーは冒頭で五つの導きの語を挙げる。
1. 詩作とは「あらゆる営みのなかで最も無邪気なもの」（母への手紙，Ⅲ, 377, 数字はヘリングラート版全集のそれ）
2. 「それゆえ財宝のうちで最も危険なもの。言葉が人間に与えられたのは，それでもって人間が何であるか証す……」（断片, Ⅳ, 246）
3. 「多くのことを人間は経験し，
   多くの天上のものらの名を呼んだ。
   われらがひとつの対話となってから，
   そして互いに聞きあうことができるようになってから。」（融和する者よ，信じられたことがなく……Ⅳ, 63）
4. 「しかし留まるものを詩人が建立する。」（回想, Ⅳ, 63）
5. 「功業にみちてはいる，しかし詩人的に住む
   人間はこの大地に。」（愛らしい青空が……Ⅳ, 25）

1. へ。「最も無邪気」とは，詩は「遊び」，「想像されたもの」に属するので，行為における真面目な決断は免れているからである。「詩作は無害，無効果」（EHD33）。そして詩作が言葉という素材から作品を創るという点が重要。

2. へ。「最も危険な財宝」と，1とは正反対なことが主張されている。両者はどう合致するのか。動植物と違って，「人間は自分の現存在をまさに証すことにおいて*存在する者*である」（EHD34）。何を証すというのか。「彼が大地に帰属することを」（ibd.）。人間は「相続人であり，あらゆる物を学ぶ者」（ibd.）である。人間はこれを学び，勝ち取らなければならない。したがって抗争があり，抗争を含む統一をヘルダーリンは「親密性」と呼んでいる。（親密性についてはここではあまり説明がなく，前講義の解明を参照。）それは同時に「世界の創造によって生起する」

58）Heidegger, Erläuterung zu Hölderlins Dichtung, 3.Aufl., 1963, Vittorio Klostermann（略号 EHD） (ibd.)。「人間存在を証すること」は，「決断の自由から生起する」(ibd.)のである。「存在者全体へ所属することは歴史として起こる。しかし歴史が可能であるために，人間には言葉が与えられている。言葉は人間の財宝である」(ibd.)。他方言葉をもつということは，誤り・錯誤に曝されることである。「存在の喪失の可能性」ゆえに，言葉は「危険」(ibd.)である。しかしそれはなぜ「財宝（財）」か。それは意思疎通のために役立つ。「そのために有用な道具として，言葉は〈財〉である」(EHD35)。しかし言葉は単に道具ではない。「言葉は存在者の解明性のただなかに立つ可能性をはじめて保証する」。すなわち言葉があるところにのみ世界がある。そして「世界が統べるところにのみ，歴史がある……言葉は人間が歴史的なものとして存在しうる保証を行う」(EHD35)。

3. へ。では言葉はどのように生起するのか。「言葉は本来対話において始まり，生起する」(EHD36)。私たちが対話であるのは，「そのつど本質的語によってひとつのもの・自同的なものが露であって，私たちが一致する……」(ibd.) ことができるからである。対話といってもまずは聞くこと。ヘルダーリンは「聞くことができることは互いに話すことの結果に過ぎないのではなく，逆にそのことの前提である」(ibd.) といっている。そして「私たちがひとつの対話となってから」の「から」は時間を表す。時間が裂き空けられ，「現在，過去，将来」があってはじめて，変化するもの，来るもの，行くものに人間は晒される。「〈時間が存在する〉時から，ひとつの対話で私たちはある」(EHD37)。時間が成立するゆえに，「私たちは歴史的である」(ibd.)。対話であって以来，「神々が言葉にやってきて，世界が現れる」(ibd.)。しかしそれが言葉の生起の結果であるというのでなく，同時的である。あるいは一つのことである。そして神々が名づけられるということは，「私たちが神々を応諾するか，拒むかという決定がなされるということである」(ibd.)。

4. へ。留まるものは常にすでに現存するようなものではない。留まるものは言葉によって建立されなければならない。「詩作は言葉による存在の建立である」(EHD38)。「詩人は神々を名づけ，すべての物をそれがあるところのものに名づける」(ibd.)。存在の建立というが，存在はすでに現存するものでも，そこから引き出されるものでもないから，「自由な贈り物」(ibd.) である。3. のところで実は「言葉は人間的現存

在の最高のエルアイクニスである」(ibd.)といわれており，それを「詩作は存在の言葉による建立である」(ibd.)と繋げれば，ここではハイデガーはそう述べてはいないが，「存在の」という二格は存在を建立するということとともに存在の側の贈りを示唆しているのだと思われる。

　5. へ。人間の存在は根本において詩人的なので，人間が働き，営むものは，すなわち功業はこの大地に住むことの本質には触れない。「〈詩人的に住む〉とは，神々の現在のうちに立ち，物の本質の近みによって襲われていることである」(EHD 39)。それは功業ではなく，「贈り物である」(ibd.)。詩作は神々を名づけるものであるが，「同時に詩人的な語は〈民族の声〉の解釈に他ならない」(EHD 43)。つまり「詩人は神々と民族の間に立つ」(ibd.)。そして中間であることは，詩人を「過度の刺激の殺到」のうちにおく。「愛らしい青空に……」のなかでヘルダーリンはエディプスについてこう歌った（EHD 44, ヘリングラート版, Ⅳ, 26）。

　　エディプスはもしかして
　　目を余計にもちすぎたのだ。

　むろん詩人の突出した見者であることの苦難を意味していよう。
　しかもヘルダーリンの詩作の本質は「特定の時（代）」に属する。「それは逃亡した神々と来る神との時（代）である。それは乏しい時（代）である。というのは二重の欠如と無さのうちに立つから。すなわち逃亡した神はもはや無く，来る神はいまだ無いことのうちに立つから」(ibd.)。「時（代）は乏しい，それゆえにその詩人はきわめて豊かである——あまりに豊かなので詩人はしばしば既在したものと来るものへの待ち焦がれに疲れ果てて，この見せかけの空虚に眠りこけたいと思った。しかし彼はこの夜の無に毅然として耐えた。詩人はそこで彼の使命への最高の個別化において自分自身に留まり，代表としてそれゆえ真にかれの民族のために真理を入手する」(ibd.)。この乏しさは前の講義の「困窮」と同じであるし，神々と民族の間に立つ詩人の位置づけはすでにお馴染みのものであろう。なお「住むこと」とこの「既在したものの思い出と来るものの待ち焦がれ」の時間的—歴史的意味はさらに今後突き詰めなければならない（本書Ⅱ, 第3章2参照）。

短い講演ということもあるが，詩句に沿っていく「ゲルマーニエン」・「ライン」や「イスター」の講義よりもハイデガーはヘルダーリンを一層自分の言葉の水準に運び込んでいる。本書は倫理的なものを探究しているので気になるのだが，存在と存在者，存在の開明性・真理というような言葉をヘルダーリンの詩に押しかぶせては倫理的なものを窒息させないだろうか。しかしハイデガーが必要と考えたものを私が排除はできない。主題はハイデガーの思想であり，ヘルダーリンの詩ではないのだから。ハイデガー自身哲学的な術語に対する警戒を語ってもいた（注48参照）。これは私自身への自戒の言葉としてとっておこう。それでもこれからの倫理的なものの探究のために間違いなく獲得したものはある。先ほど引用した「〈詩人的に住む〉とは，神々の現在のうちに立ち，物の本質の近みによって襲われていることである」（EHD 39）が，それである。しかしこれはなお探究すべき領域の標識に過ぎない。とりわけ神々の現在がどのような現在なのか，問われなければならない。

6　「建てる　住む　考える Bauen Wohnen Denken」とチリーダ

　ヘルダーリンの詩作の解明をこれまで検討してきたかぎりでは，住むことの具体的な姿が描き出されたとはいいがたい。それも当然，ヘルダーリンの詩作を解明するハイデガーのテクスト群は，詩作の本質と住むことへの転換を論じたものである。詩はむろん哲学用語を用いないから，ヘルダーリンの詩には山々，河，島，空，光，森，花々，人々，街，家々，祭り，婚礼などが現れ，美しい情景が満ち溢れている。そして詩句を引用すれば，それらは当然転写される。しかし私の意味するのはそのようなことではなく，もう少し具体的な住むこと論なのである。それを何ほどか提供したといえるのは，「建てる　住む　考える」（1951年の講演）の四者連（Geviert）の思想である。それと講演「物 Das Ding」（1950年）がやはり四者連の思想を打ち出している。ただしこの講演では焦点は四者連というより「物」にある。
　住むことのより具体的な相を垣間見るために，私は先立って小論「芸術と空間」（1969年）を取り上げる。これは空間論として住むことの場

所を論じる。というのは「エドゥアルド・チリーダ展」（神奈川県立近代美術館鎌倉，2006年6月10日-7月30日）をみる機会を恵まれたからだが，私には全く時機をえた贈り物であった。これはチリーダ（1924-2002年）の日本では初めての個人展である。1968年チリーダはハイデガーと初めて会い，1969年ハイデガーの小論「芸術と空間」[59]のために七点のリト・コラージュを製作した（残念ながら，この版は未見）。ハイデガーも「エドゥアルド・チリーダに」（1968年11月24日，ザンクト・ガレン，RZL 696）という小文を捧げている。ハイデガーは長い間思考は物の物的なものに暴力を加えてきたと述べる。チリーダの作品をみて改めてそう感じたということであろう。展覧会には「建てる　住む　考える／ハイデガーへのオマージュ」（1994年，エッチング）が出品されている。二人の相互的な共感が非常に強かったことがわかる。「芸術と空間」はハイデガー晩年の小論であり，「建てる　住む　考える」[60]（1951年の講演）もすでに老境の思考であるから，論弁的な哲学のスタイルは消え，余韻の残る短い文章で構成され，核心だけを裸形で提示する。「チリーダ展」によって与えられた機会ではあるが，「芸術と空間」は「住むこと」論への導入には格好のテクストなのである。

　ハイデガーは，ハイデガー哲学になじむ者には周知ではあるが，芸術の本質を「芸術は真理を作品にもたらすことであり，真理とは存在の隠れなさを意味する」（ED 206）と規定し，造形芸術の作品においてこそ真の空間が露にされると説く。そしてハイデガーのいつものやり方で，「言葉に聴く」（ED 206）。そこで「空間 Raum」から「空開 Räumen」を聞き出す。空開するとはどのようなことか。「これは開墾する roden, 荒野を開くことを意味する」（ED 206）という。「空開は，本来的に考えれば，場所 Orten の解放であり，その場所に住む人間の運命が故郷の癒し，あるいは故郷を欠く癒しのなさ，あるいは両者に対する無頓着へ向かう，そのような場所の解放である。空開は，ある神 ein Gott が現れる場所の開放，神々が逃げ去った場所の解放，神的なものの出現が長くためらわ

---

59) Heidegger, Die Kunst und der Raum（1969），Gesamtausgabe, Bd. 13, Aus der Erfahrung des Denkens（略号ED）

60) Heidegger, Bauen Wohnen Denken（1951），Vorträge und Aufsätze, Teil II, Neske, 3. Aufl. 1967（略号VA）

第2章　根源的倫理学：人間の居場所　　　　　　　　　　149

れている場所の解放である」（ED 206）。では場所とは何をいうのか。
「場所は物をそのつど共属させて方域 Gegend に取り集めることによっ
て，方域を開く」（ED 207）。方域とは「自由な広がり」なのだそうであ
るが，そこで物がそれぞれところを得るのだから，三次元の等質な空間
ではない。ハイデガーはこの空間を「ガリレオとニュートン以来」の空
間，また「日常的行為と交通の空間」に対立させる。

　ハイデガーはチリーダの彫刻に「空開」を目のあたりにしたに違いな
い。その彫刻は再現的ではない。素材は土，鉄，石と様々であり，形態
も柱・板状のものが垂直に伸びて並んだり，棒が曲線で組まれたり，土
のものは方形に鎮座していたりいろいろである。「……チリーダがつね
に問いかけていたのは，位置の限界を定めるという問題，あるいは空間
固有の本質を通して空間を画定するという問題なのだ」（コスメ・デ・バ
ラニャーノ「チリーダ：沈黙と空間」同展解説16頁）。またコラージュにつ
いて，「……チリーダは……抽象的な意味での空間の関係，相互に連関
しあった諸形態の限界からなる空間的関係に問いかける。すなわち作品
は空間の形式，および問いかけの場所となり，そこでは思考と創意が有
形化される」（同19頁）。そこには確かに空間の思考が目に見える形態を
とっている。日本での展示は小さな作品にかぎられるが，カタログの写
真をみれば，広々とした芝生や海の波に面して立つ巨大な作品は一層そ
れを鮮明にすることであろうと感じる。チリーダの生まれたバスク地方
はスペインの辺境である。彼の彫刻は，テラコッタの赤っぽい色，伝統
の鉄鍛冶，荒々しい海岸や丘から生まれ出る。チリーダは20世紀の最
も注目される彫刻家の一人として世界的に評価されているが，バスク性
によって，近代ヨーロッパの美術的な伝統に束縛されずに，太古からい
きなり現代へ突き抜けるように私には思える。

　芸術と空間の結論というべきものはこうである。「造形〔彫刻〕とし
ての芸術，それは空間の占取ではない。造形は空間との対決ではない」
（ED 208）。そうではない。「造形，それは場所を有体化して作品へともた
らすことであり，場所でもって，人間の可能的な住居や人間を取り囲み，
人間にかかわる物の滞在のための方域を開くことである」（ED 209）。

　なお，後期のハイデガーにおいて空間が時間より優位に立つと私は考
えてはいない。『存在と時間』においてのように空間を時間性の時熟か

ら，あるいは時間から根拠づけようとする志向を放棄したことが[*61]，空間の優位を意味するとは思わない。確かに住むことから空間＝場所がこれまでより前面に出る。そして空間を空開と動詞的に考える。しかし歴史的な空間が開かれるかぎり，しかもそれは生起なのだから，時間のモメントがそこに働いている。むろん時間という別のものが空間を開くというのではない。常に動から静，そして動的静であるかぎり，空間の優位などということはいえないと思う。

　「建てる　住む　考える」も住むことをテーマにするが，「芸術と空間」が住むことの場所を開くことに焦点があったのに対してもう少し住むこと自身に踏み込む。さて，ハイデガーは建てることをとおして「住むこと」を明らかにしようと試みる。住居は建てられたものである。しかし建てられたもののすべてが住居ではない。「橋，飛行場，駅舎，スタジアム，発電所，高速道路，マーケット」は住居ではないが，「人間の住むことに仕えるかぎり，住むことから規定される」(VAⅡ20)。(これらの建造物は現代生活に不可欠なものばかりである。) ハイデガーによれば，古いドイツ語では「建てる」は「住む」を意味する。「建てる」は私，あるいは君が「ある」と同義で，これは住むに他ならないそうだが，言葉の詮索は省く。しかしともかく，住むことは人間が住むことを，「死すべき者として大地にあること」(VAⅡ21) を意味する。人間が住むには建てなければならないが，まずは「耕作」として畑を耕す (bauen, Ackerbau) ことである。この耕すこと (建てること) は，自ら実が熟する成長を守るのであって，作成ではない[*62]。次には建てることは「船の建造と寺院の建築」のような建てられたものの作成に展開する。もともとの意味では住むこととしての建てるとは，滞ること，滞在すること

---

　61)　ハイデガーは「現存在の空間性を時間性に連れ戻す『存在と時間』第70節の試みは維持されない」と後に自ら述べている (Heidegger, Zeit und Sein (1962), Zur Sache des Denkens, Max Niemeyer, 1969, S.24)。

　62)　農民しかハイデガーの念頭にはないようにみえるが (それは確かにハイデガーの原風景ではある)，遊牧民は元来草の成長に合わせて家畜がそれを食べつくさないように一年の放牧のルートを定めているのだから，この建てること＝住むから除外されているわけではない。ただ過放牧が砂漠化の原因になっているのは周知の事実である。耕作地の拡大が環境への脅威であるように。どちらも人口の増加とともに生じた。「船の建造」という言葉が出てくるように，海に生きる民族を除外するものでもない。海にも海路が定められる。むろん海上は狭義の住むところではない。

である。それには「危害や脅威から守られて」(VAⅡ23)「平安に」することが要る。それゆえ住むことは「大切にすること Schonen」である。「住むことにおいて人間は安らう、しかも死すべき者の大地における滞在」(VAⅡ23) を意味する。

　人間が死すべき者と呼ばれ*63、また大地に住むといわれている。ハイデガーの有名な「四者連 das Geviert」の登場である。「〈大地のうえに〉とは、すでに〈天の下に〉を意味する。両者は〈神的なものの前に留まること〉と共に、を意味し、〈人間たちの相互に帰属しあうこと〉を含む。根源的統一から四者は、すなわち大地と天、神的なものと死すべき者は一つのものである」(VAⅡ23)。それゆえどれか一つを他のものなしに考えることはできない。またハイデガーは「うえに」、「下に」、「前に」をそれぞれ事柄にそくして用いており、別の前置詞と交換することはできない。さて、「大地は仕えつつ担うものであり、花開き実るものであり、岩石や河川に広がり、作物や獣に現れる」(VAⅡ23)。「天は弧を描く太陽の運行、形を変える月の軌道、警告する星の輝き、季節とその移り変わり、好天と悪天候、雲の流れと天空の青める深みである」(VAⅡ24)。「神的なものは神性の合図する使者である。この聖なる統括から神が現在へやってくるか、あるいは隠れへと身を引く」(ibd.)。「死すべき者とは人間である。死すべき者が死すべき者と呼ばれるのは、死ぬことができるからである。死ぬとは、死を死として能くすることである。人間は大地のうえに、天の下に、神的なものの前に留まるかぎり、人間のみが死に、しかも絶えず死ぬ」(ibd.)。ハイデガーはこれら四つ (Vier) の統一を「四者連 das Geviert」と名づける。「死すべき者は住むことによって、四者連のうちに存在する」(ibd.)。死すべき者が住むことは四者連をその本質において大切にする、それゆえ大地を大切にし、それゆ

---

　63)　「死すべき者」は複数形 (die Sterblichen) である。事実性を背負うから確かに様々な生まれ・境涯の複数の人間たちである。アレントは、この言葉で重要なのは「者たち」という複数形の使用であるという。ハイデガーが特にそれを強調していないので、複数形を用いたことに多大な意義を認めるのは行きすぎかもしれないと認めながらも。政治哲学においては人間の複数性が大切であるというのが、アレントの持論である (「近年のヨーロッパ哲学思想における政治への関心」、『アレント政治思想集成2―理解と政治』、齋藤純一・山田正行・矢野久美子共訳、みすず書房、2002年) 参照。しかしハイデガーは事実的人間には「分散」が属していると述べているので、アレントの理解に無理はないのである (本書Ⅰ第1章参照)。

え大地を「搾取，あるいは使い尽くす」(ibd.) ことはしない。いうまでもなく耕作地ばかりでなく，森林，川・湖・海，生物たちすべてに該当する。また死すべき者が住むことは，天を天として受け取る。つまり季節の移り変わりや昼夜の交代などをそのままに感応する暮らしである。さらに，神的なものの前といっても，神は不在のようである。それゆえ「死すべき者は神的なものの到来の合図を待ち，その欠如の徴を見誤らない」(VAⅡ25) といわれる。「死を能くするとは空虚な無を目標にすること」(ibd.) ではなく，終わりを見つめて暗澹とすることでもない。

　ところで住むことは大地の上に，天の下に，神的なものの前に死すべき者が滞在することであるといわれたが，それは物 (Dingen) のもとに滞在することでもある。突然五番目のものが登場するようにみえるが，そうではなくて，「物のもとに滞在することは，四者連のうちにおける多様な滞在がそのつど統一的に実行される唯一の仕方である」(ibd.)。物のもとにという表現が示唆するように，これは『存在と時間』の「存在者のもとにあること Sein-bei」の契機に他ならず，四者連は「世界」にあたる。それゆえ存在者と世界（ないし存在）の区別の再考以外でなく，あの硬い概念性を脱ぎ捨て直感的な姿を現している。ハイデガーは物の例としてネッカー河にかかるハイデルベルクの橋を持ち出す。橋は一つの建造物である。橋は河岸を河岸として露にし，河の水を流れさせ，あらゆる天候に備えをしている。橋は河の流れを跨ぎ，人間を別の地に渡らせる。神的なものがそこで予感されるかどうかは定かでないが，橋を渡ることは，三途の川ではないけれども，別の次元への移行のイメージを喚起する。「橋はその仕方において大地と天，神的なものと死すべき者を自らのもとに集める」(VAⅡ27)。橋は一つの物であるが，「その仕方において」とは，橋という仕方でそうするのであり，たとえば鉢や楽器の仕方でではないということである。その特殊な仕方とは，「橋は一つの場所である。そのような事物として，橋は大地と天，神的なものと死すべき者が入場させられる一つの空間を開け放つ」(VAⅡ29)。この空間は三次元の一様な空間ではなく，橋に対する異なった近さや遠さのある多様な所を含む。この場所はむろん橋に先立って存在するのではなく，「芸術と空間」で空開といわれたことと同じである。「建てることは，四者連に所を空開する場所を設立する」(VAⅡ33)。したがって橋を建造

することは，そのような物を造り出すことによって，住むことを実現する。ハイデガーによれば，このような造り出すことが，ギリシャ人の考える「テクネー」であった。

　表題に含まれる「考えること」はわずかしか触れられないが，考えることも住むことに属する。考えることはどんな役割をもつのか。そこでハイデガーは住むことをそれとして目に見えさせる実例として，二百年前頃建てられた農家の屋敷を呼び出す。それに対して私たちの時代の住むことを対置する。私たちの住むことの困窮は住宅の不足にあるわけではない。したがって住居を建てることによって解決されないという。「本来の住居の困窮は，世界戦争と破壊よりも古く，地球上の人口の上昇と産業労働者の状況よりも古い」（VAⅡ36）とハイデガーはいうのである。これを聞くと怒り出すひとがいるかもしれない。住宅の困窮者は多い。けれども一応雨露を凌ぐところはあっても，そこで安らぎをえて，生をまっとうできると感じることを意味しない。ハイデガーの言おうとしているのは，こちらである。住むことの困窮は，住むことの困窮をそれとして熟考しない，したがって故郷のないことを熟考しないことにある。ようやく考えることが顔をだしたが，「住むことから建て，住むことのために考えること」（ibd.）がこのテクストの結語である。

　住むことは四者連が一つ所に集まることによって守られてある。ハイデガーの住むことは，農民風の，かなり先祖がえりのイメージを与える。しかし現代私たちを脅かす住むことの荒廃や，建てることの現代的な展開（高速道路，スタジアムなど）を視野に入れている。ハイデガーは早くからサイバネティックスや原子力に着目した。ハイデガーが製作機関とゲシュテルの支配をよしとしていないことは確かである。ハイデガーは技術を否定しないが，技術の進歩を謳歌しないのも確かである。では私たちはそれにどのような態度をとればいいのか。その質問をぶつければ，技術の本質を解明しているのであって，態度のとり方や指導を期待してくれては困るとハイデガーは応えるであろう。ただ人間のあり方が丸ごと変わってしまわなければならないというのは本当だ。快適や快楽の追求はそのままに，技術によってそれを可能にし，しかしその害悪は技術的に除いていけばいい式の楽観論はハイデガーのものではないであろう。

7 「物」

　講演「建てる　住む　考える」にはすでに「物」が登場したが，講演「物」（1950年）でもう少しそれを補強する。時間的・空間的遠隔を克服しても，欠けている近さ（Nähe）にどこで出会えるのかという問いで，ハイデガーは物の考察を開始する。さて，近くに物がある。水差しは一つの物である。水差しとは何か。容器である。水差しは作成されている。しかし作成されていることが，水差しが水差しであるかぎりの水差しに固有なものを作っているわけではない。作成は，作成者がその外見（エイドス・イデア）を見やって作成する。しかし外見は水差しの本来的な特徴づけを与えない。では水差しが物であることは何によるのか。物を用から規定するのがハイデガーである。水差しは容れものである。水やワインを注ぎいれるためには，空虚が，水差しにおける無がなければならない。側面と底があって，その空虚がある。ハイデガーは，陶工が形づくるのは，この空虚だと指摘する。容れものの物的なものは素材にあるのではなく，空虚にある。（日曜陶芸家である私は頷く。鉢や壺を轆くとき，確かに内部の空間を創るのである。）ここには科学にたいする批判が加わる。科学は現実的なものにのみ着目し，この空虚を空気が満たしていたが，水やワインという別の液体に置き換えただけだと主張する。もちろん物理学的にはそれは正しい。しかし物を物として見ないのである。

　では水差しの水差し的なものはどこに成立するのか。水差しの空虚は，容れる（捉える）。つまり捉えるとは，受け取って，保持することである。しかしそれは注ぐことから規定される。注ぐことは贈ることである（贈る schenken は古くは「注ぐ」の意味があったそうである）。注ぐことの本質は，贈ること・贈り物である。それは飲むための水やワインでありうる。水は泉からくる。泉には岩石と大地があって，天の雨と露を受け取る。それゆえ泉の水には天と地の婚礼が滞留する。ワインはブドウの実が与えるが，それを養った大地と天の太陽が滞留している。注ぐ贈り物は死すべき者が飲むためである。それは乾きを潤す。社交を楽しくす

る。しかしときにはそれは奉納される。不死の神々のために，注いで捧げる。注ぐことの贈り物には，死すべき者と神々が滞留する。すなわち四者連の登場である。注ぐことの贈り物には，四者連の統一が滞留する。しかし留まることは生起することである。それゆえ物（水差し）は四つのものを集めて滞在させる。集めることは古いドイツ語で物であること（thing＝Ding），物として存在する（働く）ことをいうという。そのあとでハイデガーは物を表示する語（res, Ding, causa, cosa, chose, thing）の哲学史的考察を行うが，物の本質を明らかにしないという否定的評価なので，倫理的な探究では立ち入る必要はないであろう。そして極め付きのハイデガー語を吐く。すなわち「物が物するかぎり，水差しは物である。物の物すること（Dingen des Dinges）から，水差しというあり方の現成者の現成は生起し，またはじめて規定される」（VAⅡ50）。（現成と現成者は存在と存在者でよいのだが，生起性格を強調している。）物が物することによって，近さが統べる。物が空間といういわば入れ物のうちに近い距離にあるという意味ではもちろんない。近さは動詞的に近づけると捉えられる。近さは物の物することとしての近づけのうちに統べている。物は物しつつ，統一的な四者，大地と天，神々と死すべき者をおのずから一になる四者連の単一性のうちに留まらせる。四者連それぞれの性格づけは，「建てる 住む 考える」で与えられたものに付加するものはなにもない。ただ死すべき者に関連して，「死は無の社として存在を匿うものである」（VAⅡ51）という言葉のみは見逃すことはできない。

　四者連の解明はもう少し豊富にされる。四者は「生起する鏡―遊び」としてひとつであり，そこに世界が開かれ，そのとき「世界は世界する」（VAⅡ52）と。四者連の鏡遊びの外に世界はない。物はかつて存在者と呼ばれていたものなので，むろん同列ではない。世界が鏡遊びをし，その生起の輪舞は四者を包む。その全体は格闘連合である。物は四者を世界のそのつどの統一のうちに留まらせる。ここの説明を読んでいると，何が先で何を引き起こすのかと問い質したくなるが，それは通常の因果関係に引き戻すことに他ならず，鏡遊び，輪舞というのはまさにそれを排除したかったのだと思う。

　それゆえ私たちが物を物として大切にするとき，近さに住まうことになるであろう。しかしどのようにして？ 物は「人間の製作機関によっ

てやって来ない。しかし人間の見張りなしにもやって来ない」（VA Ⅱ 54）。その第一歩は「表象する，すなわち説明する思考から，回想的思考に戻ること」（ibd.）である。回想というとき，ハイデガーは常に存在の思考をいう。ところで物はそれぞれの仕方で物するのだが，ハイデガーは物として，道具の類（水差し，ベンチなど），自然物，動植物，高度に文化的事物（本，画像など）を挙げる。当然それぞれにふさわしい物とのかかわり方が必要であろう。住むことは，死すべき者としての人間がこの輪舞の輪に入って物に出会うことなのであろう。

　ハイデガーは「物」を解明するとき用から，つまり，橋や水差しのような人工物，道具を手引きにする。水，木，粘土のような自然物は大地の部分であり，何かを作るための素材である。水差しという物は，水やワインを蓄え，またそれから注いで神々に捧げ，あるいは人間が喉を潤すとき，それにふさわしく存在する。ただし浄化された日常性の光景なのだから，神々に捧げるとき，敬虔な気分でそうするはずだし，または水で喉を潤して静かな満足を味わうのであり，ただ必要を充たすためあわただしくがぶがぶ飲むのではない。そうしてこそ物が物する。しかし物が物するのは，人工物・自然物という区分にかかわらず，また直接に行為的にかかわらなくてもよいであろう。行為において物にかかわるとき，かかわりのなかに紛れ込みがちである。私は詩のことを考える。ハイデガーはここでは詩作をを持ちだしてはいないけれども，人間の存在が詩人的となっているのだから，詩を引き合いにだすことは不適切ではない。夏草や蟬，草履を詩人が讃えつつ，あるいは嘆きつつ歌うとき，物は物するということを私は本当に納得する。

第3章
詩人的に住むことと日常性

───────

　これまでの探究の歩みによって，ハイデガーによるヘルダーリンの詩作の解明の輪郭がどうやら浮かびあがったと信じるが，私はそこにどんな基本的構造をみたのか振り返ろう。そしてヘルダーリン―ハイデガーの思想が現代の私たちの存在の状況に――暗く出口が見つからない――何を示唆するのか省みたい。積極的に倫理的なもの・ヘルダーリンの住むことは，本書Ⅱの第2章に含まれ，それまでの考察もそれによって意味づけられるので，ヘルダーリンの詩作の解明をもう一度私たちの日常に対置することによって「ハイデガーと倫理学」という探究を完遂できるであろう。

　根源的倫理学と非根源的倫理学の区別という私の基本的構図の基礎となったのは，すでに幾度も登場しているが，まさしく次の詩句である。

　　功業にみちてはいる，しかし詩人的に住む
　　人間はこの大地に。

　「しかし」は功業の世と詩人的に住むことを強く対立させる。これはもちろんハイデガーの指摘である。功業に満ちているのは「平均的日常性」（『存在と時間』）である。それは私の命名では非根源的倫理学の領野である。生きるために必須の衣食住，それを得るための労働，人間関係，これらの生活を支える諸々の制度。それは私たちの歴史的世界である。ひとは先在するこの世界のうちに生まれ落ち，生きるために奔走しなければならないが，それは人間の生であるから，裸の生存のみが問題なのではなく，生きがいや自己実現が追求される。現代私たちは，人間の活

動の集積として，周知のように，技術とグローバリゼーションと環境破壊の世界の只中にいる。地域による偏りがあるとはいえ，生活が豊かに快適になっていることは事実である。しかし他方で人間はこれまで知らなかった抑圧と格差（個々人の間，地域の間に）に苦しむ。日本のようないわゆる先進国では多くの人々はやたらに忙しく駆け回り，神経を磨り減らし，人間関係はざらついている。このようなあり方に順応できなければ，生きることも困難になる。この現代的存在の境位を——それは歴史的に成立した——ハイデガーは「製作機関 Machenschaft」，あるいは「ゲシュテル」と命名した。しかし功業に満ちている日常の生をヘルダーリン—ハイデガーも否定しているわけではなく，否定はできない。それは生きることを放棄することを意味するから。そこでなんとかしなければという思いが強くなる。ハイデガーは技術を否定しない。しかし技術によって生み出された害悪を技術的に克服しようとし，あるいはシステム・制度を改革することによって解決を図ろうとする企ては，ハイデガーによって姑息とみなされるであろう。これまでの考察からもそれは明らかである。

　それでは人間がこの大地に詩人的に住むことは「何のために Wozu」と私は改めて問う。それは私の言葉では，浄化された日常性を指し示す。製作機関が私たちの日常であるとすれば，ヘルダーリン的な住むことは，ひとつの別のものである。そのようなものとして，まさにヘルダーリンの詩作は有意味なのである。それゆえ私たちとしては，この日常のただなかで，詩を作って存在の露さに立ち会い，存在を讃えるか，さもなければ詩など作らないが，詩人的に住む，すなわち生活全体をいわば丸ごと詩にしてしまうかを考える以外にはない。

　何故かは知らないが，存在の歴史は始まってしまい，展開し，終わりを迎えようとしており，別の始まりに臨んでいる——全然触れなかったわけではないが，存在の歴史をそれとして追跡することは，倫理的なものの探究である本書の主題ではなかった——これを踏まえて，私は何を考察しようとするのか。ハイデガーによるヘルダーリンの詩作の解明はむしろ住むことへの転換を論じ，住むこと自体をそれとして展開することは少ない。「建てる　住む　考える」と「物」の講義はややそれを具体的にしてくれる。住むことの実質は結局，四者連と物の近さの思

第3章　詩人的に住むことと日常性

想にある。もちろんヘルダーリンから抽出している。私はまず(1)ヘルダーリンの詩句から「住むこと」の風景を少しばかり補足する。それから非ゲシュテル的な，私たちにとってはすでに懐かしいというべき日本的な住むことを提示する。それは蕪村の俳句である。現代においてその多くは失われているとはいえ，相変わらず私たちの生活の原型と認められると思う。というのは，ヘルダーリンがいうように，それぞれには（個人としても，民族としても）「わたし固有なもの」が存在するとすれば，ヘルダーリン的な住むことと日本的なそれを対照することも必要であろう。倫理的なものは政治的なものでもあるので，とりわけその政治性が焦点となる。(2)これは本書にとって核心的な問題であるが，住むことの時間的な意味を追求する。(3)住むことの提示は，いわばその照り返しとして私たちの日常の見直しを迫る。なぜなら提示されたのは単純な生なので，それに照らせば，過剰なものをばっさり刈り込むことが要求されるに違いない。姑息であろうとも，解決など見いだせなくても，私たちの周りに山積する現実に行為的にかかわることを考えるよう強いられる。さらにこの部分は独立に第4章で展開することにし，本書Ⅰの第5章余滴で散発的に取り上げたような諸問題に再び帰ることになろう。これは非根源的倫理学の領分に入り込むことであるが，ハイデガーから少しばかり逸脱することでもあった。

1　「住むこと」—— ヘルダーリンと蕪村

　ヘルダーリンの詩句から「住むこと」を少し補足する。「かしわの樹々 Die Eichbäume」（1796-1798, Hölderlin, Sämtliche Werke, Bd.1, 207）という詩の第4行目からと第12行目からを読んでみよう。かしわの樹々は山から人間の庭に移植されている。

　　しかしおまえたちは，おまえたち壮麗なものよ！　巨人一族のよう
　　　に立ち
　　馴らされた世界のうちに，おまえたちと天だけに属している，
　　おまえたちを養い育てた天とおまえたちを生んだ大地にだけ属して

いる。

　おまえたちのそれぞれが一世界であり，天の星のように
　おまえたちは生き，それぞれが一人の神であり，自由な連盟に生き
　　ている。
　隷属に耐えることができさえすれば，わたしは決してこの森を羨ま
　　ず，
　群れの生活に従うであろう。
　愛を見捨てない心がわたしを群れの生活につなぎさえしなかった
　　ら。
　わたしはどんなに喜んでお前たちのもとに住んだだろう！

　私がこの詩を引いたのは，「天と大地」，「住む」という言葉があるためと，ヘルダーリンの住むことが小市民的な生活に安住するものでないことを示すためである。ハイデガーがそんな印象を与えたと決して主張しているのではないが，ハイデガーは後期の限られた詩を扱い，私がまた限られたところを取り上げるので，念のため補足している。ヘルダーリンは穏やかな暮らしを讃えるが，民衆を愛しながらもあくまで孤独であり，詩作を使命とする自分自身はその一員でないことを強く意識していた。「わたし固有のもの Mein Eigentum」（1798-1800, Bd. 1, 303f.）は，こう歌う。その第6, 7, 8節。

　　静かに敬虔な妻を愛しつつ
　　誉れ高い故郷にわが家をかまえて生きる者は幸いだ
　　強固な土地のうえに落ち着く男に
　　彼の天はいっそう美しく輝く。

　　草木のように自分の土地に根をおろさなければ
　　死すべき者の魂は冷えて，
　　日の光だけを頼りに
　　聖なる大地をさすらう貧者である。

あまりに強く，ああ，なんじ天の高みよ
なんじはわたしを引き上げる……

　天上の力はそれぞれにその固有のものを祝福するのだから，その最後に「わたし固有のものを祝福してくれ」と歌うのである。もちろん詩作に生きることがヘルダーリンにとって固有のものである。
　ここで，日本的な住むことの代表として蕪村の俳句をとりあげたい。2006年10月初めの午後私は宮津市の寺の多い地区を散策していた。二日に亙って降り続いた雨はどうにか止んでいた。ぶらりと訪れた宮津は蕪村ゆかりの町なのだそうで，町を挙げて蕪村祭りを催す期間であった。祭りといっても賑わいには遠く，町はひっそりしてひとの往来もすくなかった。通りがかりの小さな画廊「万町ギャラリー」では小規模な蕪村展をやっており，絵画，俳画などを展示していた。高橋治氏によれば，「世の中には二種類の人間しかいない。蕪村に狂う人と，不幸にして蕪村を知らずに終わってしまう人である」[64]ということである。蕪村の俳句や書画に全く接したことがないというわけではない。感心したり，思わず微笑んだりしたことがあるとはいえ，残念ながら私は蕪村に狂う人ではない。高橋氏によれば，蕪村の俳句は「総て魂の故郷を求めるものであり」「炬燵にもぐりこむ」ような「ぬくもり」の詩人であるが，それにたいして芭蕉は「漂泊の人」である。高橋氏は芭蕉と蕪村では「体感温度の差」があり，「蕪村の世界の体感温度が，芭蕉のそれよりも暮らし易く感ずるのは，万人共通の印象ではあるまいか」と指摘する。全く同意する。それでも私はやはり「求道者」的な（高橋氏による形容），形而上学的な鋭さがある芭蕉の詩のほうが好きである。俳句は存在の一切に俳諧を認めようとし，もともと卑近な物事を捉えるところがあり，芭蕉もときにはさりげなく日常の営みをユーモアで包んだりもするけれども，蕪村との資質の違いははっきりしている。
　ギャラリーでは「化(ば)けさうな傘かす寺の時雨かな」の句に，蕪村特有の曲線的な，飄逸な人物が薄めの墨で描かれているのが目にとまった。生活を丸ごと詩にしてしまうということでは，芭蕉より蕪村の詩の方が

　64）　高橋治『蕪村春秋』朝日文庫，2001年。以下で蕪村の句については，『蕪村俳句集』（尾形仂校注，岩波文庫，2004年，第27刷）から引用する。

ふさわしいであろう。倹しい生活に，しかも家庭の匂いもするから。そ
れも詩人が晩年になってようやく手に入れた妻子のいる定住の暮らしで
はあった。そんなぬくもりの暮らしを歌った句数首。

　庵買て且つうれしさよ炭五俵
　　あんかう

　葱買て枯木のなかを帰りけり
　　ねぶかかう　かれき

　こがらしや何に世わたる家五軒

　蕪村は職業的な詩人であったのでむろん句を作ったが，それを度外視
して，句が表現した光景，ひとの暮らしを住むことの一つの典型として
私は取り上げようとしている。蕪村の世界は「住む」ということのひと
つの形である。神々は現在し，物の近みも欠けてはいない。きわめて日
本的な――私たち日本人にはほとんど郷愁を誘うような風景である。
（住むことといっても，ヘルダーリンのそれは人間の根源と歴史を見据える気
宇広大なものであり，炬燵のぬくもりのようなこじんまりしたものではなか
った。もともと哲学を学んでいる。ドイツ観念論に親しく，理屈っぽいひと
なのである。）しかし問題は現代である。現代日本にも多くの玄人・素人
の詩人・歌人・俳人がいて生活のうちに詩を見出しているに違いない。
今は実際に詩作をするのではなく，私たちはこの現代の殺伐とした生活
を丸ごと詩にしてしまうことを考えるのである。蕪村の時代なら，暮ら
しは貧しく，借金に追われて，身売りも他人事ではないような生活が多
くのひとの現実であっても，生活が素朴であったから，詩人的に住むこ
とはまだ容易だったろう。しかし丸ごとというからには，「ゲシュテル」
のただなかで，現代人は詩人的に住むということでなければならない。
　蕪村の歌った住むことも，ヘルダーリンの詩作がそうであったように，
根源的に政治的であろうか。ヘルダーリンの住むことは現実に政治と称
しているものに抗して，本来に政治的なものを建立しようとしている。
批判・抵抗の精神が背後に厳然としてある。ところが蕪村風の住むこと
は，そのような意味では全然政治的ではない。江戸は閉鎖社会であり，
何事もあったとおりに維持することが基本である。現在の貧しい生活の

なかでの句においても，また有名な王朝風の句も美しい夢に遊ぶ感じで，現実への批判が含まれているとは思えない。お上のやることと別に庶民の暮らしは営まれ，それが悪政ならば痛めつけられるが，台風の襲来と同じように，じっと耐え，過ぎれば起き上がってしたたかに生きていく。日本人のエートスは今もそれとあまり違わないように見える。それゆえ，人間の生活は突き詰めれば大して異なったものではないと達観するのもわかる。しかし日本的人倫を手放しで賞賛することは何に加担することなのか忘れてはならない。

2 住むことと時間性

　詩人的に住むことは，大地のうえに，天の下に，神的なものの前に，死すべき者が滞在することであり，また物の近みに滞在することである。しかしながら，私たちの現実は製作機関に他ならないのだから，住み方は全く別である。四者連と物にたいして，それらに対応するものは現代どうなっているのか。森は消失し，砂漠は拡大し，氷は溶け，海は汚れ，オゾンホールが空き，大気は汚れ，酸性雨と放射能の雨が降り，巨大な嵐がしばしば起き，神々は不在である（信仰をもつという人々はいる）。戦争・紛争は絶えず，人間は臓器移植や延命装置によって死を忘れようとし，誕生をコントロールし，遺伝子操作によって生命を選択し，人間関係は荒廃し，多くのひとは遣い捨てられるか，あるいは働き口がなく，病弱な老人は見捨てられ，子供たちは荒れる。高層建築と高速道路の街に私たちは住み，工場生産の自動制御する物，手許にある（zuhanden）という手触りを失った物に囲まれ，食品を含む日常品は大量生産と消費の物であり，翌日はごみとなる商品である。

　ハイデガーによればヘルダーリンは別の始まりの基礎を与えたひとである。共同存在として共に生きることを真に確立するためには，神々の現在が鍵であるようだ。なぜなら神々のまえでは人間は有限性を忘れず，すべてのものにたいする受容的な，謙虚な態度を示すであろう。しかしヘルダーリンによれば，古い神々は逃亡し，新しい神々は現れない。その事態を詩人と思想家のみが察知し，その不在を嚙み締めるかのようで

ある。問題はそれを私たち，むしろ私はどのように受け止めたらいいのか，である。そこに含まれる時間の把握が焦点になる。人類の歴史があり，そのうえに現代人の窮境があり，やがていつか再び神々ないし神が臨現する——そのとき救いが，つまり本当に住むことが実現される，と一直線の過程のようにハイデガーが考えたとは私は思わない。一見そのように述べられているのは否定できないけれども。終末論は，人類はやがて滅亡するだろうがとりあえずはまだだと，憂き世＝浮世を呻吟しつつ，あるいは面白おかしく生きる人々に終末が差し迫っているとの警告を突きつける。しかしハイデガーも確かに終末を語るが，前進する時間の線上に終末を考えるのではない。それはハイデガーの時間性の把握と合わない。この時間性の問題をこれから問い質していこう。神，ないし神々の問題も気になるところである。

　『存在と時間』で自己本来的開示性（先駆的決意性）についてこういわれていた。「この自己本来的な開示性は，しかし等根源的にそのうちに基づけられた〈世界〉の被発見性と他人の共同現存在の開示性を変容する。用在的〈世界〉は〈内容的に〉別になるのでなく，他人の交際範囲が変わったりするのでもないが，用在者への了解的配慮的存在や他人との顧慮的な共同存在は今や，その最固有の存在可能から規定される」（SZ 297f.）。したがっていままでのように有意義性の連関に没頭しない。ただし『存在と時間』なので状況における行為的態度であることは変わらず，そこから全く脱するのではない。ずっと後期の詩作であれば，たとえば詩が「垣根」を歌うとき，垣根が何のためのものなのかという了解を失いはしないけれども，行為的な有意義連関は作動していない。さて，この変容は先駆的決意性の時間性，すなわち既在的―現前化的将来において生じる。つまりそれはこの時間性の時熟なしにはない。ただし決意性は決意するぞと力めば，それで成立するわけではない。突然決意しても，熟慮のうえ決意しても，決意しているという状態（決意性）の成立は，生起という性格を持つものだと思われる。そういう気持ちになったというしかなく，主観が統御できるものではなさそうだ。『存在と時間』はその点をはっきり論じきってはいないが。

　以上のことをすでに論じた詩作における根本気分について述べられたことと照合しよう。既在性がより強く出てくるけれども，こういわれた。

「そのように既在したものの影が私たちを新たに用い，私たちへとやってくる zukommen，それらは将─来的 zu-künftig である」（HHGR108）。また「こうした既在するものが将来へと前へ向かって支配することにおいては，将来が顧みつつすでに早くから自らを準備しているものそのものを開くので，将─来となお働くこと（将来と既在性）がひとつになって支配する。この時間の時熟が，詩作がそのうちに基づく気分の根本生起である」（HHGR109）。（「将─来」に入れたハイフンに注意！）その直後に『存在と時間』の時間性の参照が指示されているので，時間的構造において何も変わっていないはずである。繰り返せば，この変容はこの時間性において生じ，そのつど取り戻さなければ，ふたたび失われる。

照合はまだ続く。気になるのは，河の根源と発現について「その流れのどこも根源である」（HHGR234）という言葉である。根源はすでに到来してしまっているようだが，「どこも」というのはここ，ここと切断しているので，そのつど到来することを離れてそういわれているわけではない。河の流れはむろん存在の歴史を表現し，現存在的な性格のものである。外から記述する自然史的な歴史ではない。そのなかですでに到来してしまって（正確にはこれでは到来とはいえない）留まっているものが言及されているのではない。そしてこの根本気分の生起においては，神々は逃げ去って不在なので（微妙な不在で，その気配は残っている），その不在に耐えることと同時に神々の到来を「待ち焦がれる erharren」（HHGR115）という契機がある。神々の側から到来しなければならないので（それは住むことを基づける），一方的に人間の側から創り出せないことを意味する。しかし待ち焦がれることはそのつどの到来に合力しているということに他ならず，そのこと自体がこの出来事の構成契機であり，それから切り離された待ち焦がれることが，それ自体で進行する歴史的過程でいつかやってくる出来事を待つのではない。すでに引用した『寄与』でも（本書II，第1章，104頁参照），将来的な者，とりわけヘルダーリンを「最も将来的な者」と呼んだところでも，到来と期待は同様に考えられている。いつか訪れる出来事を待つことは，一直線に進む時間に足場を置くことであるが，後期のハイデガーが生起的歴史を捨て，『存在と時間』の通俗的時間概念に乗り換えたなどということはありえない。そのうえでハイデガーが何か静寂主義的な，予言的言説をしてい

るわけではない。このことを堅持しないと，ハイデガーは失われる。

　人間といったものが生存しなくなっても続くだろう時間・歴史は一応論外としておく。そして私はそのつど到来する歴史（それは存在をただ存在すると受け取ることでもある）と私たちが行為的に形作る歴史との二重性を私なりの仕方で考えようとしている。後者は日常ひとが理解するような歴史であり，すでに論及もした。つまり決して思い通りになるわけもなく偶然に晒されるが，人々が何かを実現しようとし，あるいは無頓着に行為することで形成してしまわなければならない歴史，私たちのこれまでの歴史である。私たちがいやおうもなくそこに生きているこの歴史である。『存在と時間』では脱自的な根源的な時間性（歴史性）から一直線な時間（歴史）への派生が論じられたが，ここではそれは確定済みのものとして基礎におくことにして，ヘルダーリン論を経由した後の両者の関係を考えたい。ハイデガーがそれとして論じていることではないが。

　まずこの歴史のうちで私がどこに立つのかはっきり自覚することが肝要である。窮迫のただなかで別のものを待機している詩人に解釈者（私）は寄寓する。上空からその過程を眺めているのではない。詩人が捉えたものが広く共有されているとはいえないまでも，製作機関のうちで逼塞する現代人は窮迫に対する感受性は増していよう。さて，存在の歴史（始まり，展開，終り，別の始まり）において私たちは，既在をこの現在に解釈しつつ取り戻し，将来に顔を向けているが，これまでとこれからには絶対に差別があり，将来は白紙であるには違いない。もちろん現在の出来事は今後に結果をうみ，一度行ったこと・起こったことは取り消せないし，特定の進路をとったものは急に逆向きになったりしないだろうけれども。それでも確定済みということはない。

　神々とその次元に少しばかり触れたい。一神教が支配しなかった日本のようなところでは，古い神々がそこここの片隅に残っているように思う。ハイデガーが神々でない，神の次元を無規定にしておこうとしたことを私は支持する。これを私はむしろ空白と呼ぶ。この別の次元は空けられなければならない。それはそのつど到来することによってもともとあったとされる，そのようなものである。それはいわば充電された空虚のようなものである。神々はおそらくそこから飛び出してくるのであろ

う。しかし私はそれに踏み込まない。私は古い社・寺などを訪れるのが好きだ。そして小銭を投げ，「こんにちは」と心の中でいって，手を合わせる。願い事などをすることはない。私にとって特定の宗教の神仏であることはどうでもよく，私の民族の神々である必要さえない。その土地の神々であり，その土地を訪れたことのご挨拶なのである。

　そのつど到来することによってもともとあったとされるということは，製作機関（ゲシュテル）のただなかにおいても存在に届いているところがなければならないという意味である。いつか到来するもののためにたゆまず努力していくだけでいい，あるいは報いは彼岸にあるという考え方を私は忌避する。あるがままの存在の丸ごとの肯定はむろんニヒリズムに等しい[*65]。（もちろんこの境地はたえず獲得されねばならない。）

65）『正法眼蔵』第24に「画餅」という巻がある。私が教えられたのは，寺田透のその解釈である（寺田透『正法眼蔵を読む』法蔵選書3，法蔵館，1981年）。「画餅」とは画に描いた餅のことである。「ワヒン」と読ませるようだが，「ガヘイ」でかまわないということである。普通画に描いた餅では飢えを充たさないという意味で理解される。しかし道元によればそうとばかり考えてはならないというのが主旨である。
　さて「画餅不能充飢」という古い仏僧の言葉を道元は明らかにしようとする。ところで釈迦は「諸悪莫作，衆善奉行」（いろんな悪いことをやってはいけない，いろんな善いことだけをしなさい）といったが，道元によれば悪いことをしてはいけない，よいことをしなさいというのは，義務あるいは課題としてそういうことがあるのではなく，すべては現実だという立場から考えなければならないということを意味する。餅という現実的な確かなものが別にあって，その影として虚偽の，絵の餅というものがあるという風に考えてはいけない。餅を絵に描くことで一つの理想，あるべきものの現実化が生じるのだ。画は画としてそれ自体，実在である，現実である。米の粉で描いた餅の画が「現成」すると仏道・現成のモメントとなる。「もし画は実にあらずといはば，仏法も実にあらず。仏法もし実なるには，画餅すなはち実なるべし」に呼応する。いってみれば，絶対的な観念論である。画に描いた餅ということをいう以上，餅の概念をいうので，実在の餅もあるといっているのに等しい。画餅と実餅のあいだに相違は無い。画餅を現実的でないとみるのは，時間に左右されているので，画餅と実餅の両方を法とみとめるなら，諸法実相の考えを把握するとき，われわれは時間的存在でありつつ時間の制肘を超えることができる。道元の場合，時間は決して過去から来て未来にひと筋の川のように流れ去るものではない。時は「経歴」する。経歴とはいつからいつにでもいける運動形式である。（道元には現在主義があるようだ。私には道元の時間理解は手が届かない。しかし様々な思い出・想念が脈絡無く現れるのが日常の心理的時間ではないだろうか。構造をもった時間は理論化されたものではないのか。ハイデガーのそれも含めて。）「しかある這頭に，画餅国土はあらはれ，成立するなり」（こう考えれば，絵に描いた餅が現実的な場，すなわち「国土」として現実化されもするし，成立する）。画に描いた餅も腹の足しになると道元はいう。こう考えると，現実存在の生死，去来，つまり諸行の無常は，画の餅は飢えを充たさないと問題にしたときの絵と同じである。ここに立てば何もかも等価であるという境涯も開かれるのだから，こういう立場をニヒリズムということもできる。あるがままで生きあり方である。「ただただ座れ」という座禅とはこういうことである。この世の全

一切はあるがままでいい，何かをなさなければならないともがくのも余計である。この境地は宗教的なものと呼べよう*66。しかしこれで話が終わるのではない。それはいわゆるこの現実と独特な仕方で切り結ぶのだと思う。というのは，実際はその意識も存在することのうちで生起しており，事実的な生活のなかでの生起であるのだから，生活の最低限は成立しているのである。ひたすらこの境地に邁進するために宗教者となるのもよかろう。切り詰めれば，そんなに実質的に違うことはないはずだが，そうではなくて俗に生きるとしよう。最低限におりると，現実なるものは虚飾・過剰に満ちているという批判の眼差しが育つ。そしてそのようなものの重圧に苦しむ人々の生がみえ，逆に，自分の生活の最小限といわれるものも，ものを考える余裕のある贅沢に他ならず，多くの人々には贅沢なのである。このような事情を問い極めるのはやはり無用人間の営み，哲学と呼ばれよう。あるがままの存在の肯定という宗教的なものへの感受性を私は尊重する。しかし私はそのままそれを現実政治的なものとひとつにしてしまうことを恐れる。それはそれとしていう形で，楔を入れて，正反対な態度を二重化したままでおくことを考える。というのは，さもないと，現に支配的なもの，体制的なものに一体化することになってしまうのではないか。

3 住むことと現代の日常

あることをあるがままに受け取るということは，製作機関（ゲシュテ

存在の性質，価値のあいだの差別は消える。道を得るとはこういうことである。画は実でないといえば，万法みな実でなく，万法がリアルなら，画もリアルである。ゆえに画餅が飢えを充たさないことはない。画をむなしい虚偽といってはならない。絵に描いた餅も餅の問題を担っている。飢えを充たしうるものの意味を考えさせるうえで，本物の餅と変わりはない。「画餅」は，ハイデガー——ヘルダーリン的「詩作による建立」の深い理解を示唆してくれたと思う。（ヘンダーリンからこんな光景がじかに読みとれるわけではないが，四者連と物の思想に光を投げると私は思う。）ただし私はこのような境涯を宗教的なものと認めつつ，宗教者ではないので，実餅の問題もそれとして考えようとする。むろんどんな宗教も貧窮者の給食や看病に手を差し伸べる。

66) 本書は「宗教的なもの」，すなわち態度・心情に言及し，宗教にかかわらない。というのは，宗教は世界における制度的形をもつからである。

第3章　詩人的に住むことと日常性

ル）の時代であれば，実際そのとき何を肯定しているのか。製作期間のただなかに存在することの自覚は，その歯車のなかで目をぎらつかせ，生き抜こうとあくせくすることからふと醒めなければ生じないのだと思う。一瞬でも喧騒が静められ，ある単純なものに触れる。根源に触れる。存在に届く。現に製作機関のただなかにいるのだが，その到来は存在するままに存在することなのではあるが，製作機関を超え出る導きとなる。すなわち単純なものに留まるために繁茂したものを切り捨て単純化することへと導く。根源からの照り返しが働く。

　ハイデガーの住むことの思想は，ラディカルな超保守主義といったものに帰着する。既在したものの到来を説くから。しかしそれは後ろ向きではない。既在的なものの反復は私たちの今後を創る。したがってたいていは取り壊し，修繕といった仕事が要求される。現実に批判的にかかわることになる。それは具体的に何を要求するのか。「住むことから建て，住むことのために考えること」（VAⅡ36）は何を含むのか。あるがままにあることの非政治性は，ラディカルな政治性へと転換する。ハイデガーはそれを具体的に展開することはなかった。しかしヘルダーリン的な，あるいは蕪村的な住むことが人間の住むことの基本線を示しているとすれば，それと現代の情況を対照するとき，あまりの過剰は明らかである。しかし歴史は後戻りできないから，どうしても外せないものもあるが，何がそうであり，何がそうでないか等々を検討しなければならない。現代性を考慮したうえで本当に不可欠なものは何かを考える。そうすると，部分的には，技術的に作り上げたものを技術的に克服することを含む。たとえば余分なダムを取り壊して旧状を回復することは，あるいは原発を廃棄することは（もしそう選択するとすれば），技術なしにはできない。また天候がおかしいということは直感的にわかっても，それをはっきり捉えるには観測・計量の技術なしには不可能である，等。しかし修復は性急，効率優先，強制，暴力を排除するので（さもなければこれまでと同じことだ），実効は疑わしいかもしれない。しかし反時代的に，時代に先立って思考することが，思考の務めなのだ。

　さて，私たちの日常，製作機関の歴史的世界に帰ってきた。根源からの照り返しが働いて，この現実を見直すという課題が生じるといった。すでに幾度も強調したように，ここは非根源的倫理学の領分である。人

間は被投的投企として，物事にかかわり，他人とともに存在する。そこで自分の生涯を形づくり，他人と歴史的世界の形成に関与する，行為的な人間である。人間はその脱自的時間性を生きる。しかし人間は歴史的世界に住むから，過去から現在に至り，未来へと続く時間に生きるという時間意識をすでに獲得してもいる（ハイデガーの通俗的時間把握）。人間の行うことで意のままになることは少ない。すでに負わされたものがあり，多くの人々の異なった思惑に左右され，思いがけない事故や自然の出来事に見舞われるからである。

多くのひとは，現代にどんな診断・処方をするかでは異なっても，現在の人間の情況を危機的と思う点では一致する。一直線な時間（歴史）の把握のもとでは，ハイデガーの住むこと論もひとつの診断・処方とみなされる。テクノクラピアを構想するひともいよう。そしてそんな風に楽観的になれないひとは，人間が主体的に行うことにひどく絶望しているゆえ，それはかなたに浮かぶ美しい幻影であり，それを待ち望むことが唯一のとるべき態度であると考える。私はこれを住むことの通俗的解釈と名づけよう。人間の行うことにあまり期待を抱かないことは同じでも，私は根源に住むことはある仕方でそのつど現在し，また現実に向かう批判の力になるのだと考えようとしている。

これからの課題は，人間の生活を質朴・単純に戻すことを考えることである。ヘルダーリン―蕪村風にそのままにとはいかないとしても，方向はそれ以外にはないのだと思われる。しかし私たちは質朴・単純に留まれずそれを振り捨てたのだから，そこに何があるのかを究明しなければならない。この課題は多岐にわたる問題を含む。

さてもう一度「住むこと」をおさらいする。それは四者連の思想であった。住むことは大地のうえに，天の下に，神的なものの前に，死すべき者が滞在することであり，また物の近みに滞在することである。しかし現代も私たちは地も海も空もある地球に生存しているには違いないが，製作機関のただなかで，大地のうえに，天の下にという形容も似合わないような，したがって住むこと，まして詩人的に住むことというのには似合わない生を送っている。住むことは大地を利用と搾取の場所とすることの拒否，また物を使い尽くすのではなく，それぞれの仕方で物を大切にすることである。天の下にとは，天体の運行，青い空，澄んだ

空気，季節の移り変わり，好天候・悪天候をそのまま感じ取れるような暮らしである。それゆえ大気を汚染することは許されない。夏に寒いほど冷房する暮らしや，真夜中まで煌煌と照明し，24時間眠らない街などは許されないであろう。

住むことは建てることであるから，「住むことから建て，住むことのために考えること」（VAⅡ36）をこれから改めて考察しよう。人間は耕作（農業）を行い，住居を建て，道路，橋……を造り，船を建造し，漁や交易を行う。人間が建てたもの（対応する営みがある）を原始時代から現代までざっと頭の中で思い描いてみる（人間の共同が含まれるが，この問題は後回しにする）。天と大地にかんしてハイデガーの住むことの倫理学はエコロジカルと呼べよう。太陽系と地球の誕生があり，やがて生物が現れ，そのうえに人間の歴史がある。地球は人間を乗せて終わりへと歩みを続けるのであろうが，それは度外視する。しかしいまや人間の活動が地球の生理に影響を与えるようになってしまった。住むことの倫理学はそれをできるだけ乱さないように，生態系のバランスを崩さないように生きるという，エコロジカルな倫理学である*67。経済的活動や

67）ブルース・フォルツ（Bruce V.Foltz, Inhabiting the earth, Heidegger—Environmental ethics, and the metaphysics of nature, Humanities Press, New Jersey, 1995）は，環境倫理学，あるいはエコロジカルな倫理学に向けてハイデガーの哲学を取り上げる。ハイデガーは大地に再び住むこと，大地を無傷の状態に保全することを求めるが，「環境科学の観点よりも，形而上学における〈存在の問い〉から始めながら，ハイデガーの著作は私たちの環境の危機の一つの選択されうる別の解釈を提供する」（p.16）とフォルツはいう。「詩人として大地に住むとは，真の環境倫理学の可能性を設立する」というのである。それゆえ自然観や自然とのかかわりに照準を合わせる。ハイデガーに即して形而上学的自然の概念から原初的自然（ピュシス）を洗い出そうとする。（私はこのようなところを詳しくは扱っていない。）しかしそれはフォルツにとって限定的なテーマを選んだということではない。ハイデガーの「根源的倫理学」は自然物・自然を考慮に入れるゆえに，人間とその行為に定位する通常の倫理学（功利主義であれ，義務論であれ）より包括的と考えるのである。彼は，ハイデガーの，物，自然を「大切にする schonen」を conceive と訳し，これを「世話をする」（care）と捉える（p.161-163）。英語圏では Sorge を care と訳す場合が多い。これが詩的に住むこと，四者連の思想の要である。ただしどんな風に保全するのか具体的に語られることはない。

私も根源的倫理学を「詩人として大地に住む」と四者連を中心に考える。したがってこの結論に異存はないのであるが，よい機会なので私の立場を対置して明確にする。私はむろんハイデガーを環境倫理学に定位して解釈はしない。自然（大地と天）は不可欠な契機であるが，根源的倫理学はやはり共同存在の理論（なかま・倫の理，ないし根源的意味での政治）の探究なのである。彼は共同存在や政治は論じない。（「ハイデガーと政治」という短い付言で，ハイデガーをナチであるからと片付けてその哲学をまじめに受け取らない人々への批判

技術を規制する理念はこれである。それゆえ生を簡素にし，活動も制限するという方向しかないと考える。しかし何をどこまで許容するのかという問いが生じる。

　農業が最初の大きな環境破壊である。しかし私たちは農業を放棄はできない。生きることは他の命を奪って生きていくことなのだが，食べられるものは何でも食べなければならないので，一般的には植物はかまわないが動物を食べるなとはいえないだろう。生活水準が高まると肉の需要が高まるそうだが，明らかに肉は少なく食べた方がよい。一塊の肉を生産するためには飼料として大量の穀物を必要とし，その生産のために多くの耕地が使われる。それゆえ人間が穀物を食べ，家畜数を減らせば，耕作面積が減り，森林伐採を少なくする。しかし最近は食料ではなく，石油に変わるエタノール生産のためトウモロコシを大量に生産することが始まっている。環境にとって森林の保全が最重要である。農業は大量の水を使用するので，農業を少なくすれば地下水，川の水を節約し，砂漠化に歯止めをかけられる。農業に適せず，牧畜によって生きるところは，もちろん牧畜をするしかないが，過放牧によって砂漠化を招かないように注意が要る。このエコロジカルな倫理では，ある種の工業生産を

はあるけれども（p.100-113），これは別の話である。）死すべき者の「死」，神・神々もほとんど論じない。とりわけ，死，人間の有限性・受動性をもっと省みなければ，この住むことは成り立たないと思う。そして「詩人として大地に住む」の詩句を重視し，詩の露にする機能の解明はあるが，ハイデガーが行ったヘルダーリンの詩の解釈に入り込むことは全くない。彼の狙いは定まっていて，私のようにハイデガーにおける倫理学の場所を見出そうという問題意識はない。私がしたような，根源的倫理学と非根源的倫理学というある種の二本立ては（前者には詩的なものとして存在の絶対的肯定ないしニヒリズムが含まれる），フォルツには無縁であろう。大地には越えてはならない限界はあるけれども，住むことにたいする尺度はないが，天には規範的意味があるという指摘（p.140）はちらりとはあるが，これで人間存在の諸問題はカバーできるものだろうか。ハイデガーに従っても，詩人として住むことが人々の心と行為に定着していればいいのであろうが，フォルツの場合やはり環境倫理学やディープ・エコロジーへの方向定位がハイデガー解釈としては制限になると思われる。しかしむろんどんな問題関心から特定の哲学者に接近しても自由である。フォルツには直接は関係ないが，このことも述べておきたい。すべてのひとを自分と等しい人間とどうして思えるのか。全く生物学的観点をとるか，ユダヤ・キリスト教の創造神話のようなものを前提すれば，その問いに答えはある。それは措く。ところで敵を，外敵をもたなければひとはまとまり，協力できないといわれる。環境問題，とりわけ地球温暖化はすべてのひとを脅かしている。しかもそれは人間の活動によって招来されたことは確かである。その責任の度合いは異なろうとも，誰もが完全には無罪ではない。すべてのひとの存在が脅かされているかぎり，これまでの歴史ではじめて事実性に追い越されて人間というものは現存する。

排除するから、その労働者をある程度農業に吸収しなければならないので、機械化による大規模農業ではなく、人手をかける小規模なものになる。農薬は人間の健康にも生態系にも悪い影響を与えるので控え、有機農業とする。大規模な単作もエコロジカルにはよくない。食料については地産・地消が基本である[*68]。このエコロジカルな倫理は地域と地域の多様性に密着する。住むことは故郷に住むことである。冬に石油を燃やしてトマトを作ることはまだしも、ハウスみかんなどはもってのほかであろう。食卓は変化の少ない質素なものになる。それでも人口が養えるのかが問題である。また地域性を大切にするのはいいが、農業の適地は偏在するので、自給が不可能な地域の住民をどう養うのかということもある。エコロジカルに考えると、付加価値をつける発想はかなり制限される。今日農業者はパソコンを駆使して市場の動向をにらみ、かなり投機的な農業をやっていることを私たちは承知している。それができないところでは、ほとんど農業をやっていけないところに追い詰められる。しかし市場は無視できないのだと思う。とりわけ農業では上からの計画で一律にやっていくことが無理なのは誰もが認めると思う。素朴な農本主義など論外。また地域の多様性を尊重することは、ある程度の持続を大切にすることである。子孫のために美田を残すのは一般的には正しいであろう。樹を植えるのは後の世代のためである。

　漁業も危機的である。海・湖の汚染と乱獲によって漁獲量は激減している。育てる漁業ならいいかといえば、大いに問題的である[*69]。地域

---

　68)　これも簡単ではない。NHK のニュース番組「クローズアップ現代」(2006年12月13日)は、「消える野菜市場」というテーマを取り上げた。大スーパーが直接産地から野菜を大量に買い付けるため、野菜が集まらなくなって地方市場は閉鎖に追い込まれている。それは小売業や農家を直撃する。地方行政は予算不足のため頼りにならないので、地域の人々は逆手を取って地方特産や少量多種の野菜で旅館や一般の人々に販路を見出し、何とか打開しようとしている。がんばれ！　こんなところまで政府主導というのはよくないだろう。

　69)　村井吉敬『エビと日本人』岩波新書20、1988年。当時すでに話題の本であった。日本はインドネシアその他第三世界から沢山のエビを輸入している。漁船は高度の技術によって根こそぎエビを獲り、エビといっしょに獲られた魚などは海に捨ててしまう。おいしいクルマエビの類しか見向きもしない。こうして多くの蛋白資源を無駄にし、海を汚す。ところで稚エビはマングローブのしたで育つ。ところがマングローブ林を伐採して、養殖池を造成するようになった。これは環境破壊である。池は肥料、飼料、消毒薬を撒く。海の汚染である。エビは国際商品であり、外国の資本・市場と直結する。冷凍設備、冷凍船をもつ大資本が流通に介入する。養殖池を所有する少数の人たちは金持ちになったが、エビを獲る漁民、

性を大切にするといっても，人々をそこに閉じ込めることはできない。交通，伝達はどうするのか。車，飛行機，電話，テレビ，インターネットは？ エコロジカルな観点では，一人だけ乗って走るマイカーを野放しにするのは困るだろう。大気汚染は深刻である。温暖化の大きな原因でもある。大型タンカーの往来が増えれば，しばしば油の流出事故が海を汚すばかりでなく，バラスト水を捨てるので，生物が別の海域に運ばれ生態系を乱すことが問題になっている。地域が特徴を失えば，旅の楽しみも失われる。しかし観光はしばしばサービスを提供する者とお客の両方の品性を下落させるが，私は旅行を禁じたいのではない。エコロジカルな倫理では，大量生産，大量消費，大量のゴミというライフスタイルは許されない*70。それを主張するかぎり，生活は質素なものにならざるをえない。（貧困や格差の問題は措いておく。）そして物の生産に携わる労働は少なくする。労働時間は短くする。そのためには機械化を全く排除するわけにはいかないだろう。そして一人で行っていた労働を二人

池で働く者は非常に貧しい。その結果エビ輸出国の庶民の食卓からエビが消えた。日本が輸出したイワシの缶詰を食べたりする。1986年エビ輸入額は日本であらゆる食料品を追い抜いてトップの座を占めたそうである。日本人がエビ好きで，自然の流れとして大量にエビが輸入されるようになったとは思われないと著者はいう。総合商社，水産業者，大手スーパー，外食産業，冷凍食品業界がそれを仕掛け，政府がバックアップした。人々は嫌いなものを口に放り込まれているわけではないから，その仕掛けに乗っているのである。エビはなければ絶対困るという食品ではない。所得のゆとりのなかで消費が伸びた食品である。エビの漁には多くの石油が要る。冷凍や輸送にも石油を使う。エビは育つまで自分の十倍以上の魚を食べる。アジアの零細な漁民や養殖・加工に携わる人々は貧しい。著者は，エビを追いかけ，アジア，第三世界の人々との出会いのなかで，私たちの飽食を実感せざるをえないというのである。多くの表で統計的な裏づけがなされている。これは環境問題であるばかりでなく，典型的な南北問題である。

ドキュメンタリー映画「ダーウィンの悪夢」（フーベルト・ザウパー監督，2004年，日本では2007年公開）は必見である。アフリカのヴィクトリア湖に巨大な肉食魚・ナイルパーチが放たれ増えたため，在来種の多くの魚は絶滅。その白身のフィレを冷凍してヨーロッパや日本に輸出する大産業が成立する。現地に少々の雇用を生み出したものの，貧富の格差は開き，人々の貧困は惨憺たるものである。女性は売春し多くのひとがエイズで死亡し，親を失った子供たちは路上で暮らす。食料に事欠く人々は，残りものの魚の頭を干して，戸外で油で揚げて食べる。この揚げ物は貧しい人々の食料として商品になる。魚にはうじが湧き，焚き火の煙が一面に広がる。インタヴューに応える人々は淡々としている。住民はキリスト教徒である。彼らは死者を埋葬して，賛美歌を歌う。残念ながら，観客はすくなく，若いひとはわずかしかいなかった。年寄りばかりが観ても仕方がないではないか！

70）佐野眞一『日本のゴミ──豊かさのなかでモノたちは』ちくま文庫，1997年を参照せよ。その凄まじさには寒気がする。

に分ける。こうした働き方・暮らし方は，景気のためにはよくないだろう。しかし経済成長は自明であるかのようになおもしがみつくべき理念なのか。余暇は比較的物を生産しない（資源を使わない）活動にあてる。散歩，歌や踊り，スポーツ，読書，碁会や非営利的なグループ活動（花をいっぱい咲かせる，日常生活に困難をかかえる人々の支援，災害時の手伝い，行政の監視など）。少なく働き，生活を質素にし，ゆったりと日々を暮らすのは無理な相談なのか。

　何十階の高層に住むことが大地に住むことだろうか。ハイデガーが東京の臨海の摩天楼をみたとすれば，なんといったろうか。町をあまり大きくしないため，都市では建物を全部平屋にするわけにはいかないが，七，八階はよいのではないだろうか。住まいは安全と休息を与えるべきものである。危険な化学物質は困るが，やたら便利，快適が望ましいことなのか。障害者などについてはそのかぎりではない。町の中心部には車を入れない。フライブルク市の市電のようなスピードの乗り物が人間的なのではないか。自転車は大いに結構だろう。大地と天，物とのかかわりにかんして，現代の文明，便利・快適の追求をこのまま推進するという方向を採ることはできない。これだと反グローバリズム路線ということになるが，地域を越えた人間の交流や情報の交換を否定することはできないので，考慮がさらに必要である。今や地球が一つの小さな星であることを知ってしまった以上，インターネットや衛星放送を禁止できるだろうか。

　ところでこのような静かな生活をよしとすることは（若者なら退屈で我慢ならないというかもしれない），人間がそのような人間であるのでなくてはならない。さもなければ静かさ，質素の強調はひょっとしてひどく抑圧的に働くのかもしれない。意識しつつ裏表があるのは悪くはないであろうが，このスタンダードに合わせてひたすら自分を押し殺すなら，とても詩人的に住むことにはならない。しかしなんの葛藤もないことはありえないし，それが望ましいことでもなかろう。静かな生活は暴力的に強制しなければ実現しないのかもしれないが，私たちはそれを望むだろうか？　したがってその実現は絶望的か。なおエコロジカルな観点からも戦争は是認できない。戦争ほどの環境破壊はない。核爆弾でないとしても，劣化ウラン弾などはひとを殺傷するばかりでなく，長いあいだ

人間を蝕む。地雷は人間が住むことや耕すことを不可能にする。軍備と戦争に大金を費やして一体何を守ろうというのか。

　四者連には「大地のうえに」「天の下に」の他にもう二つの契機があった。「神々」と「死すべき者」は一対である。これら自体はエコロジカルな見方で捉えられていない。死すべき者という自覚はなんらかに人間を越えたものを考えずにはないのだと思う。神々がもはや不在かどうかは別として、もともと地域とそこに住む人々の神々であったろう。そこに神殿などを建てて人々が拠り所にしている。私は人間が受動性と有限性を取り戻すことを非常に重要だと考えている。本当に神や神々に出会えるか分からなくても、その次元を認めることがそのためには要るであろう。(この先へ踏み込むつもりがないことを私はすでに述べた。)それが、生物、あるいは動物から人間を考えるのではないにもかかわらず、エコロジカルな思考へ導く。動物はそもそもエコロジカルな倫理学などに無縁である。さてそこで問題は人間である。そこには多岐に亙る問題がある。まず有限性を強調することによる人間そのものの、つまり生命倫理的な諸問題。ハイデガーがそれとして主題的に論じてはいないが、人間の有限性を重んじ、生命を操作的、技術的に扱うことを退けるのが基本的な姿勢であろう。過度に治療すること、過度に延命することはしないであろう。臓器移植や遺伝子治療などを全面禁止はしないかもしれないが、かなり控えめになるはずである。ただしハイデガーには存在することをそのまま肯定する考え方があるので、有用性の見地から、そうするのではない。誕生にかんするところでは、子供は授かるものであるから、不妊の治療に熱心ではないであろう。(ただしこれはエコロジカルな観点であるが、地球の人口を抑制することは必要である。人間のみが増えて他の生物を絶滅に追い込んできたのである。自国の GNP のため、どの国も少子化対策のために生むことを奨励したらどうなるのか。若い人口が急激に減ったら大変なのは分かるけれども。)医療に携わる人々は様々な医療分野でガイドラインを切望するであろうが(刑罰の対象になるのは嫌であろうから)、一律に線を引くのが好ましいとは思えない。しかしいまでもその傾向があるが、標準以上の治療が受けられるかどうかは金次第というのも、殺伐としている。またメリトロジー的な配慮で決めるのも、私には愉快ではない。

第 4 章

共同存在再び
—— 和辻哲郎『倫理学』を手引きに（家族・地域・国家）——

　倫理学的考察は人間の制度としての共同存在の問題を扱わないでは済まされない。人間は任意の，あるいは非任意の複数の共同体に所属する。家族，学校，地域共同体（近隣，村，町，アジアなど），国家，職業的な共同体，趣味のグループ，国連や地球共同体が挙げられる。ここからはハイデガーのテクストに直接依拠することはできない。ハイデガーの「住むこと」を念頭におきながら，和辻の『倫理学』[71]を参照する。周知のように，和辻はハイデガーから多くを受容し，本格的に倫理学を構築しようとした。『倫理学』には自分の立場を確保するために強い口調のハイデガー批判が含まれる[72]。最も核心的な批判は，ハイデガーは個人存在だけしか考えないというものである。死への存在なども端的にそのようなものと理解される。「間柄」こそが，基礎である。間柄は，ハイデガーの「世界内存在」の修正として提起されているといっていい。私はその批判をいちいち論駁したいとは思わない。『倫理学』はテクス

　71）　和辻哲郎『倫理学』（上，昭和40年，第6刷，昭和45年，下，昭和40年，第9刷，昭和50年，岩波書店）
　72）　「……〈現有〉〔現存在〕の空間性は，結局我れと道具との交渉関係に帰着するものであり，人と人の間の交通関係ではない。……我れと道具との交渉なるものは，そこから一歩抽象するとともに直ちに個人的主観対自然対象の関係が露出してくるその地盤なのである。人と人の実践的関係は彼の説く〈関心〉の主要な契機ではなかった。というよりも主要な契機たるべくしてしかも彼が捕らえそこなった契機なのである。だから空間性が主体の存在構造とまでせしめられたにもかかわらず，なお人間の実践的連関における空間性とはならなかった。これが彼において時間性を空間性よりもはるかに重んぜしめたゆえんなのである」（和辻哲郎『倫理学』上，183頁）。

トにそくしたハイデガー研究ではないし，時代的な制約から『存在と時間』くらいしか和辻の視野にはないので，ハイデガーにおける倫理的なものの場所に思い至らないのも当然なのである。そればかりでなく，大戦や技術革新によって和辻の時代とは世界が大きく変貌し，人間関係も激変した。それは和辻が夢想もしなかったものだろう。和辻が遠い過去でない昨日に属し，しかも日本の思想家であるゆえにこそ，現代の私たちの共同存在の問題を一望するために格好の手引きになる。私には違和感があるところも少なくはなく，それゆえにこそこの参照は有意義なはずである。しかし私はむろん和辻倫理学研究を意図しないので，全体の土台になるその最も基本的な思想と人倫的組織のところをわずか省みるのみである。

「倫理問題の場所は孤立的個人の意識にではなくしてまさに人と人の間柄にある。だから倫理学は人間の学なのである」（同書12頁）と和辻は宣言する。「倫」は「なかま」を，「理」は「ことわり」・「筋道」を意味するゆえ，「倫理とは社会存在の理法である」（同書13頁）。さて人間は二重構造をもつ。この二重構造は，「否定の運動」に他ならない。「一方において行為する〈個人〉の立場は何らかの人間の全体性の否定としてのみ成立する。否定の意味を有しない個人，すなわち本質的に独立自存の個人は仮構物に過ぎない。しかるに他方においては，人間の全体性はいずれも個別性の否定において成立する。個人を否定的に含むのではない全体者もまた仮構物に過ぎない。この二つの否定が人間の二重性を構成する。しかもそれらは一つの運動なのである。個人は全体性の否定であるという理由によって，本質的には全体性にほかならぬ。そうすればこの否定はまた全体性の自覚である。従って否定において個人となるとき，そこにその個人を否定して全体性を実現する道が開かれる。個人の行為とは全体性の回復の運動である。否定は否定の否定に発展する。それが否定の運動なのである。ところで人間存在が根源的に否定の運動であるということは，人間存在の根源が否定そのもの，すなわち絶対的否定性であることにほかならない。個人も全体もその真相においては〈空〉であり，そうしてその空が絶対的全体性なのである。この根源からして，すなわち空が空ずるがゆえに，否定の運動として人間存在が展開する。否定の否定は絶対的全体性の自己還帰的な実現運動であり，

そうしてそれがまさに人倫なのである。だから人倫の根本原理は，個人（すなわち全体性の否定）を通じてさらにその全体性が実現されること（すなわち否定の否定）にほかならない。それが畢竟本来的な絶対的全体性の自己実現の運動なのである。かく見れば人倫の根本原理が二つの契機を蔵することは明らかであろう。一は全体に対する他者としての個人の確立である。ここに自覚の第一歩がある。個人の自覚がなければ人倫はない。他は全体の中への個人の棄却である。超個人的意志あるいは全体意志の強要と呼ばれたものも実はこれであった。この棄却のないところにも人倫はない」（同書26-27頁）。

「全体は個人の否定において成り立つと言われるが，しかしただ一人の個人の否定からは出て来ない。個人は多数であり，その多数の個人が個別性を捨てて一となるところに共同存在としての全体が成り立つのである。しかし，いかなる全体においても個別性が消滅し尽くすということはない。否定された個人はすぐまた全体を否定して個人となり，そうしてまた新しく否定の運動をくり返す。この運動においてのみ全体は存するのである」（同書27頁）。それゆえ人倫の根本原理は，「絶対的否定性が自己否定を通じて己に還るところの否定の否定の運動」（同書124頁）と総括される。この否定の運動は人間存在の理法であるとされる。この運動は「有限の立場を作り出す」（同書126頁）。そして「否定の否定としての個人の独立性の止揚は，必ず何らかの人倫的な全体への帰属として行われるのであり，個人が没入するのはその人倫的な全体である。ここでもそれは家族，友人，会社，国家などのいずれであってもよい。とにかくそれへの合一において，超個人的意志，全体意志，義務的行為などが云為せられ得るのである。しかもこのような有限的全体の実現が，まさに絶対的否定性の自己への還帰である」（同書127頁）。ただし全体（家族や国家）の側が一方的に服従を要求できるのではない。「家族や国家から背き出た個人が，己の根源を絶対者において自覚している場合，単に有限的な全体に過ぎない家族や国家が，いかなる権利によってその個人の否定を要求し得るであろうか。国家の存続繁栄というごときことも，その国家が単に有限な人間団体に過ぎない限り，絶対者に根ざせる個人の尊厳より重いものではない。国家自身が同じく絶対者に根ざせるものであり，個人の国家への服従が絶対否定性の否定的活動である時に

のみ，国家は正当に個人を否定し得るのである」（同書130頁）。「人間の個人的・社会的な二重構造こそ，まさに絶対者が己を現わす場所なのである」（同書130-31頁）。和辻の根本思想を一応頭に入れるには，引用は以上で足りるとしよう。

　私やあなたが個人であり，その個人は孤立しているのではなく，様々な人間関係のうちに存在することが経験的事実であることはむろん否定できない。全体の方も，山田さんの四人家族の全体とか，パンフレットが紹介するA社の全体，神奈川県民全体なら経験の範囲のものである。ところがこのいかにもヘーゲル的な全体と個別の弁証法的統一は，通常人間関係を記述する言葉の水準を越えて一気に思弁的である。それは，ハイデガー風に解説すれば，そうした日常的な人間のあり方の「存在論的構造」を意味するのであろう。否定によって成り立つので，全体者を空と呼び，また個人を空と呼ぶのは一応理解できる。しかし人倫的組織，たとえば国家が絶対者に根ざすものであり（たった今見たように，常にそうであるとは述べられていないが，そもそもそれが可能かは問われない），個人がそこに独立性を止揚するとか，個人の棄却というような表現にはやはり抵抗を覚える。私はもちろん和辻が一方的滅私を説いたとは思わないが。私は空や無をそんな場所で考えたくないのである。それは何か不気味な匂いがする。それがどんな方向へ私たちを導くことになるのか決まっていそうである。私はこれからの探究でこの感覚を分節していかなければならない。

　さて和辻は「共同存在の実現段階」（同書336頁）を辿る。「それは顕著な私的存在でありながらしかもまた顕著な共同存在の実現を示している」（同頁）。まず二人共同体，第三者の参与を許さないようなそれ。男女の愛の関係（ここでは「私」は消滅する）が夫婦関係であるためには，公認が要る。公認の制度が「婚姻」である。和辻は群婚の仮説や多妻制の存在にもかかわらず，婚姻は常に男女二人の共同体の公認であると主張する。婚姻は一夫一婦的婚姻である。社会は二人共同体の私的性格を公認することによって，その私的性格を止揚する。ここに「人の大倫としての婚姻の意義が存する」（同書373）と論じる。そのため和辻は貞操を妻のみでなく，夫にも要求する。時代からいって，当然夫は外で労働し，妻は内で夫を助け，家事を行うという分業を疑いもなく認めてい

第4章　共同存在再び

る。

　さらに男女の共同体から子供が生まれる。親子の関係は父母子の三人関係であるとする。母子の血のつながりは「主体的な存在の共同に基づいて」（同書385頁）いるので，生殖細胞によって基礎づけられているのではない。まして父と子の血縁は妻への信頼によって彼の子であることを確信する。三人共同体においては二人共同体の「私」が否定される。子供の数が増えても同じである。子を生むことによって夫婦が父母に展開してくるとともに，この新しい父母子の関係は世代の別を含む共同存在となり，夫婦共同存在の時間性を未来に向かって展開していく。子が幼少であるときには，親子関係は主として養育である。和辻は「父母を敬え」というばかりでなく，「子を敬え」という命令があるという（同書396頁）。「孝」ばかり強調してはならないのである。今日「孝」を説く声はさすが聞こえないが，「子を敬え」という必要はあるかもしれない。現代では親と子の間がぎくしゃくし，いじめや虐待が毎日のように報道される。

　やがて世代の対立が生じる。母子の関係は直接，父の慈愛はむしろ母子を護るために戦う父である（同書398頁）。さて第二子が生まれれば，兄弟姉妹の関係が成立する。新しい人倫関係である。もちろんその共同存在は私的存在である。しかし兄弟共同体が血縁関係に基づく私的存在の範囲にとどまりながら，しかも広範の人間愛を示し得るほどに「私」の滅却に成功していることにこの共同存在の意義がみられる（同書408頁）。広い公共的な共同存在が兄弟共同存在によって言い表されるのは，人数の制限にかかわらないからである。

　和辻は核家族のみを家族と認めるのではない。三世代，四世代を含む家族は私たちの（和辻の時代の！）社会に現存するし，夫の家に妻を迎えることも正常と認める。家族は血縁的共同を必ずしも本質とはしない。和辻は民俗学的知見を参照しつつ，未開部族の血縁はむしろ同族であると指摘する。生殖過程の認識がないので，氏族の方がむしろ血縁を基礎づける。そこでトーテムを異にする者のあいだでのみ婚姻が行われる。

　家族は日常生活を共同にするが，「日常の些事を媒介として存在の共同を実現するところに家族の人倫的意義が存する」（同書432頁）という。（全くそれは軽視すべきではない。しかし食卓をいっしょに囲むのが困難なの

が，現代の家族の情況なのである。）そして家族は「人を人倫的に向上せしめる道場である」（同書432頁）と和辻は説く。（全くご尤も。家族においてひとは最初に我慢と献身を学ぶ。現代では子供の数が少なくて，兄弟をもたない子供が多いのは，人間形成に影響していると思われる。）幾世代の層位的連関を含む家族を単に家長的家族と名づけ，それを単なる支配組織と解することを和辻は批判する（同書433頁）。家族的共同存在や兄弟関係と婚姻関係に媒介されている親族共同体は暫時衰えつつあるが，相互の扶助は親族の道である。私が和辻を取り上げるのは，諸々の共同存在のあり方において和辻の時代から私たちがどれほど遠くへ来てしまったかを見定めるためでもある。家族の問題について論ずべきことはあるけれども，まず問題点を拾っている。

　次に地縁共同体。土地の共同によって地縁共同体が成立する。それは根源的に「人間の空間性に基づいている」（同書444頁）。隣人とは隣の家に住む人である。家族の内部では衣食住の共同の受用が行われるが，その受用のための物質がある。人は家の外へ出て「技術や隣りと連関する」（同書448頁）。私たちは「労働における人間存在の共同という問題のなかに連れ込まれる」（同書449頁）。和辻は地縁共同体をこのように特に労働に根拠づけたわけである。農村は隣人的共同体をまだ保持している。地縁共同体が国（加賀の国のような）に発展する（同書458頁）。「国はその中心より一日程であることは無意味であろうか」（同書459頁）と和辻は問う。隣人共同体は家族的親族的存在よりも一層広範な存在の共同を積極的に実現する。人倫的合一は広い公共的な世間において実現される。ここから勝義の経済的組織の考察に移る。（地縁共同体は今日見直されるべき問題の一つであろう。）

　人倫的組織である生産関係，分配関係を和辻が民俗学的原始社会の考察（マリノフスキー）を取り入れて論じるのは，近代の経済学の出発点を批判するためである。「元来欲望の充足が経済の根底であるというテーゼは，複雑に発達した経済組織の現実から取り出されたものでなく，独立の経済人やそれによる原始経済を空想することによって初めて得られたものである」（同書483頁）。しかし原始社会であろうと，現代の工場労働者であろうと，働くことによって目ざすのは「家族の喜びであって食欲の充足ではない」（同書484頁）と和辻はいう。さらに労働者はよ

い地位に昇ることを目ざしたり腕のよい職工としての名誉を得ようとしたり，職工の組織につとめて労働運動に乗り出そうとしたりするのである。労働する側からは原始社会でも近代経済でも相違はない。経済が目ざすのは「欲望充足を通じての人倫的合一」（同書495頁）なのである。和辻は，経済活動はもっぱら「功利性」（欲望の立場では快楽を追求し，それを最も合理的に充足すること）だと考えることに疑問を投げる。和辻によれば，このような見方の勝利は，ヨーロッパ近世における特殊な現象である（同書497頁）。経済的組織は本来人倫的組織でなければならない。和辻の批判は正しいところを突いていると思う。今日大変問題になっている経済格差というようなものも，単に食欲の充足というようなことだけでなく，和辻が指摘する家族愛ばかりでもなく，嫉妬や自尊心の満足のような心理にまで及ぶのである。なぜなら人間の共同存在だからである。この点についてはまた戻る。

　和辻はまた経済組織の超地域性の問題に注意する。これは白人の世界征服と結びついている（同書515頁）と指摘する。もともと超地域的な人間関係の経済的表現であるものが（原始貿易などはそうである），人倫的意義を失って抽象的な打算だけの関係になった。財の生産者も受用者も単に己の利益を求めてのみ売り買いをする。和辻はそういっていないが，日本人も遅れてこの潮流に乗ったと付け加える必要があろう。これは議論の沸騰するグローバリゼーションの問題にまで拡大する。

　次に和辻は文化共同体をあげる。人間存在は土地（空間性）を基礎として，また時間性を展開して「文化共同体」（同書520頁）を造る。文化は「主体の対立に先立つ共同性でありつつ同時に主体的活動」（同頁）である。一方に文化活動，他方に文化財がある。「文化は〈友人〉や〈文化財〉の見だされる，時間的場面であるということができる」（同書521頁）。言語をはじめとして芸術，学問，宗教がそのような文化共同体であるが，その考察は省くことにする。

　文化共同体の個性は「人間存在の風土性，歴史性に基づく」（同書585頁）。それが「本来閉鎖的であるべきでないということと，事実的に閉鎖的に形成されてきたこととは，はっきり区別して考えるべきである」（同頁）と主張される。それゆえ「普遍的人類同胞の理想は，単に民族の個性を否認しすべてを一様に塗りつぶすことによってではなく，逆に

それを真に個性として実現することとによって，多様の統一として実現さられるであろう」（同書585-586頁）。したがって民族は「文化の共同」に認められ，「血統的統一」に認められるのではない（同書586頁）。その通りと思う。

　便宜上ここで地域について述べておく。民族・文化と地域は必ずしも合致しない。実際これは非常に難しい問題なのだが，時代的制約から和辻にはその意識はあまり鮮明ではない。歴史的経緯からそれらがかなりの程度合致するところではそれを保持した方がよいと思われる。それが地域の魅力でもある。郷に入れば郷に従うのは正しいと思われる。ただしマイノリティがアイデンティティを主張しているところではそれも尊重する。行政はできるだけ地域に根ざすが，行政の基本的サービスは個々の地域住民にたいするものなので，誰にも差別は許されない。つまりここでは近代的な態度をとるしかない。思想・信条に触れないのは当然として，言葉の教育をどんな風にどこまでやるのかなど難しい問題に直面するであろう。

　ここまで「〈私〉を去る段階を家族，地縁共同体，経済的組織，文化共同体とたどって来た」（同書592頁）。いよいよ国家が登場する。人間の共同体は常に「閉鎖性を伴う」が，「徹頭徹尾〈公〉である共同体」（同書594頁），それが国家である。国家は「公共的なもの res publica」であるが，しかし他の民族や国民が参加するのを拒むゆえに，閉鎖的である（同頁）。それにもかかわらず，「国家が以上に取り扱ってきたさまざまの共同体と異なるところは，それがこれらの共同体すべての統一だという点にある。国家は家族より文化共同体に至るまでのそれぞれの共同体におのおのその所を与えつつ，さらにそれらの段階的秩序，すなわちそれら諸段階を通ずる人倫的組織の発展的連関を自覚し確保する。国家はかかる自覚的総合的な人倫的組織なのである」（同書595頁）。国家は「人倫的組織の人倫的組織である」（同書596頁）。それゆえ国家はたとえば家族についてそれが人倫的組織を実現するように「……その意図の大部分を教育や指導の形に表わし，ただ最小限の輪郭に関してのみ力をもってしても実現せしめようとする態度を取る」（同書596-97頁）と和辻は指摘する。そして国家がなにゆえこの力をもつのかと問い，「国家のこの意図があくまで〈私〉でなくて〈公〉であるから」（同書597頁）と

答える。それは何を意味するだろうか。それは「国家はさまざまの規定を与え，これらの人倫的組織の形成に対する保証となっている」（同頁）ということなのである。ただしこれらの規定は「輪郭的，形式的」（同頁）である。それゆえ国家は「他の共同体と同一平面」（同書598頁）にあるものではない。

そこで「秩序の維持」が国家の仕事である。しかし和辻は，「国家を打算社会」と見，「秩序の維持とは個人の利益の保護ということに過ぎない」（同頁）とみなすことを拒否する。国家は人倫的組織である。輪郭にかんする力による強制とは，婚姻についてなら「幼年者の婚姻，重婚，血族結婚，父母の同意なき婚姻などを一定の条件の下に禁じる」（同頁）というようなことである。国家は法をもつ。「国家の力の根源は全体性の権威である」（同書603頁）。「力による強制が国家の法の特徴であるとともに，その力の働き方や強制の仕方もまた法に則るというのが国家の特徴である」（同書604頁）。「自覚的人倫的組織としての国家の根本構造は，通例国家の憲法の中に表現されている統治関係である。国家の一切の組織はここから派生してくる」（同書605頁）。和辻はむろん法の体系などを詳論するわけではない。世界における国家の成立などを論じてもいるが，もはや立ち入らない。さて和辻は国家の力の行使を「輪郭的・形式的」と捉えているが，それが人倫的国家とされるゆえに，本当にそこに留まりうるのかが私には根本的な疑問なのである。

残るのは国家を超えた組織である。「かつての世界国家は，武力による征服に基づき，世界帝国として実現されたのである」（同書615頁）と和辻はいう。それは形を変えて現代も終わってはいないと付け加える必要がありそうだ。さて最後に和辻は世界帝国ではない世界国家を掲げる。「そこには君臨するものなき世界国家，その中に含まるる諸国民の全体が主権を担うごとき世界国家，そういう国際的組織の国家が現れねばならぬ。人民の支配において原理とせられた人権の平等は，ここではあらゆる民族の存在権の平等である」（同頁）。このような世界国家はむろん不在であるが，このマニュフェスト風の言説に文句をいうことはないであろう。

和辻を極端な国家主義者とみなすのは不当である。国家がなにもかも嘴を容れるわけではない。「国家は人倫の道の最小限度を法として立て

た」（同書620頁）。その限りで国法は守るべきであると主張する。ただ人倫的国家であるゆえ，「生命や財産の安全」だけが目的ではない。そしてそれゆえまた「征服欲とか繁栄欲とかによって行動する」国家を否定するが，そのような非人倫的な国家（ないとはいえない）から脅威を受けた場合に，「かかる国家の攻撃に対し防衛の戦争を遂行することも人倫の道である」（同書618頁）と説いている。それゆえ絶対平和主義者というわけではない。さて，ヘルダーリン―ハイデガー的住むことは結局祖国の建立を志向するので，最終的に帰着するところはこのような和辻の人倫的共同体論に類似するものかもしれない。しかしハイデガーは和辻のように直接的に共同体に合一することを要求はしないだろう。個別的実存を外せないからである。

　これから和辻の『倫理学』から拾い上げた若干の問題点を現代の具体的な共同存在の場面に戻して考察したい。和辻の人倫の思想は，時代の激変によって今では穏健な保守主義にみえるであろう。ハイデガーは近代を批判して先祖がえりの様相を露にするので，ハイデガーを私はラディカルな超保守主義者と呼んだ。和辻には「打算社会」への批判はあるけれども，まだ近代的なものへの信頼は保たれているように思われる。ハイデガーとはその点でまるで違うのである。現代の共同存在の問題は，和辻風の人倫的共同体を説いて対処できるようなものではなさそうである。その多くは私たちが捨ててきたものだからである。

　個別的な問題に触れるまえに，社会が近代的であること，近代化とは何を意味するのか，社会学者の見解を導入する[73]。「社会構造と社会変動」を主題とする「マクロ社会学的分析」（同書24頁）の方法論的問題には私は関知しないが，それらには当然人間的実存が前提されていると了解する[74]。富永健一氏によれば，近代化には次の四つの側面が含ま

　73）　富永健一『近代化の理論―近代化における西洋と東洋』講談社学術文庫　1212，1996年

　74）　「ミクロ社会学的分析」とは「社会を構成しているものとしての個人を基礎におくような」「社会事象の分析」である（富永健一『近代化の理論』78頁）。「ミクロ分析の中心概念は行為」（同頁）である。社会形成には二つの契機が認められる。第一には個人では達成できない高度の欲求を満たすため他者とのかかわりを必要とするため，第二には感情あるいは情緒の面での欲求充足に関して他者との親密な関係の持続を不可欠とするからである（同書80頁）。第一のものは「手段的行為」，第二のものは「表出的行為」である。マクロ分析はミクロ分析を前提にするので，後者を否定するのではない。したがって実存的な人間の把握は，

れる。以下は（同書34-35頁）からの引用。
　1）技術的経済的側面は，技術の近代化にかかわる要素（産業化）と，経済の近代化にかかわる要素（資本主義化）を含みます。前者には動力革命・情報革命などの技術革新が，後者には第一次産業中心から第二次産業・第三次産業中心へ，自給自足経済から市場的交換経済へ，などの発展がそれぞれ該当するでしょう。
　2）政治的側面は，法の近代化にかかわる要素と，政治の近代化にかかわる要素とを含みます。前者には近代的法制度の確立が，後者には封建制から近代国民国家への移行，王の専制から民主主義への移行（市民革命），などがそれぞれ該当するでしょう。
　3）社会的側面は，社会集団，地域社会，社会階層それぞれの近代化にかかわる諸要素を含みます。社会集団の近代化としては，家父長制家族から核家族への移行，および機能的に未分化な集団から機能集団（組織）への移行，地域社会の近代化としては，村落共同体から近代都市への移行（都市化），社会階層としては，公教育の普及と自由・平等・社会移動が，それぞれ該当するでしょう。
　4）文化的側面は，科学的知識の近代化にかかわる要素と，思想・価値の近代化にかかわる要素とを含みます。前者としては，神学的・形而上学的知識から実証的知識への移行（科学革命）が，後者としては，合理主義精神の形成（宗教改革・啓蒙主義）が，それぞれ該当するでしょう。
　学問的な裏づけはむろん私の任ではないが，直観的にこの概括を支持する。富永氏によって社会構造が分析されたのは，家族，親族，組織（機能集団），地域社会，社会階層，国家と国民社会である。それらの社会構造と社会変動の分析のいくつかを和辻の考察と突き合わせ，私たちの共同存在を見つめなおす縁(よすが)としたい。
　まず近代では家族は（未開社会や世界の様々な地域による違いなど捨象して一般傾向としては），家父長制的家族から核家族が支配的になる。日本の「家」は，「家父長制と呼ばれる農業社会の家族の形態」（同書100頁）である。核家族化とは，家族が経営的機能を喪失して「消費生活

ミクロ分析ということになるが，人間観は大いに異なる。

（世代的再生産を含む）に純化している」（同書100頁）ことをいう。徳川社会でも「商家」は家族が同時に商業経営の単位であった場合が多く，一部「住み込みの奉公人」（同書100頁）をもった。農家でも一部にはそうした奉公人がいた。家父長権は父から男の子（日本では長子）に伝えられ，家産は不分割であった。ヨーロッパや中国の家父長制家族では日本のような「嗣子」の概念をもたなかったそうである。「家は戦後改革において1747年法制上消滅」（同書278頁）した。ただしほどなく少しばかり言及するが，フェミニズムの側からは近代の産業化社会における核家族は家父長制以外の何ものでもないのである。（むろん封建遺制のそれと同質ではない。）若い日の私自身の父との確執を思い出しても（周囲をみても珍しいことではなかった），それに同意する。

　和辻は高圧的でないとしても家父長制の擁護者には違いない。和辻は，親への孝のため「子の夫婦生活が犠牲にされるということは，あってはならない」（『倫理学』，下，353頁）と説く。孝は「子の父に対する奉仕的義務というより，親子の間の愛」（同書350頁）であるという。しかし「夫婦を主とする家の制度よりも，親子夫婦の複雑な連関を含み血縁的共同存在に重きを置く家の制度の方が，一層大きい人倫的意義を担うということは，洋の東西を問わず通用することである」（同書355頁）と主張する。父母が一緒に住んで息子や嫁が老父母をいたわる方がよいという。和辻が家父長制に横たわる抑圧，とりわけ女性のそれがやがて告発される日が来るとは夢にも思わなかったのも無理はない。

　上野千鶴子『家父長制と資本制――マルクス主義フェミニズムの地平』[75]は，家父長制に戦いを挑む。標的は「ブルジョワ単婚家族における性支配の歴史的に固有なあらわれ方」「（近代）家父長制」（同書10頁）である。上野氏によればマルクス主義は近代産業社会の抑圧に優れた分析をおこなったが，市場が社会の全体を覆っていると考えたのは誤りで，実は市場原理の及ばない「家族」があって，そこに労働力を供給していた（同書6頁）。フェミニズムは市場と家族の分断に女性差別の根源をみる。マルクス主義は市場の外部に「自然」と「家族」を発見した（同書7頁）。

　75）　上野千鶴子『家父長制と資本制――マルクス主義フェミニズムの地平』岩波書店，1990年

第4章 共同存在再び　　　　　　　　　　　　189

　家族は性と年齢（世代）を原理とした制度であり，役割と権威は不均等に配分されている。市場は家族という領域からヒトという資源をインプットし，使い物にならないものを「産業廃棄物」としてアウトプットする。したがって市場にとって意味のあるヒトは健康で一人前の成人男子だけであり，子供はその「予備軍」，老人は「退役兵」，病人や障害者は「廃兵」であり，そして女は「ヒトでないヒト」を世話する補佐役，二流市民として彼らとともに「市場の外」すなわち「家族」に置き去りにされる。女たちはこの重圧に抗議するようになったのである（同書8-9頁）。そこでフェミニズムである。
　上野氏はマルクス主義フェミニズムを標榜する。つまりこの女性差別に物質的基礎を認めるからである。家庭で女性に担われる家事労働が焦点になる。すなわち家事労働という不払い労働の家長男性による領有と女性の労働からの自己疎外が問題である（同書66頁）。フェミニズムの革命はそのような女性を階級として解放しようというのである。子育て（人間の再生産）と老人介護は社会にとって不可欠である。（単に翻訳の問題なのかもしれないが，「人間の再生産」とは何と即物的な，がさつな表現であろう。）そこでフェミニズムの要求は，第一に再生産費用の両性間の不均衡な分配を是正すること，第二には世代間支配を終了させることにある。後者については(1)再生産費用を子供自身の権利として自己所有させること（家族手当でなく，児童手当の支給），(2)老人が独立できるだけの老齢年金の支給と公共的な介護サービスの確保である（同書106頁）。これは家族破壊的とみえるかもしれないが，家族の性と世代間支配の物質的基礎を破壊し，家族の凝集力をただ単に心理的基盤のうえにのみ置く試みである（同書107頁）。いっしょにいたいからいるとか[76]，子供を育てるという「贅沢」を楽しむということになればいいわけなのである（同書108頁）。上野氏はそんなことを少しも述べてはいないけれども，このことは本当は老人介護にもあてはまるはずなのである。老人を幼い

　76）双方がいっしょにいたいと思えばいっしょにいて（どんな理由であっても），片方が嫌だといえば終わりというのが原則であろう。私がそういうと，「そんなことをいったら，文学など成り立たないわよ」と友だちに抗議された。ご尤も。しかし私は完全に正しいのである。婚姻は契約であるから遵守しようというのか，そのつどの感情を偽らずに生きようとするのかは，まさに実存の問題であり，どちらが誠実なのかそれ自体で決められるとは思わない。このコメントは上野氏への反論ではなく，私の見解を述べたものである。

子供のように可愛らしいと思えることは稀であろうが，老いや死とじかに対面する大事な機会である。負担とばかり考えるのは貧しい思想である。多くの場合介護者の現実は過酷であり，公共的手当てが必要でないとは思わないし，介護は家族が家庭で行うべきだと私は主張しているのではない。まして女性だけの仕事とみなすのは許されない。

　ところで，戦争が女性を労働に駆り立て，また女性にも可能な軽工業が働く女性を増加させたが，上野氏は日本の女性にとって家族の近代化が完成したのは，1960年代であると指摘する（同書195頁）。つまり高度成長期は，男にとっては「一億総サラリーマン化」の完成，女性は「サラリーマンの妻」，すなわち家事専業者になることの完成の時代であった（同書196頁）。もちろん未婚の女性は働いて，それから核家族の奥さんになる。しかしそれも長くは続かない。既婚者も働くようになる。ただし子育てが終わってから働く場合が多い。子供が少なく，家電製品が家事を軽減したし，逆にそれらを買うためにお金が必要であり，住宅ローンのため，また教育にお金がかかるので，働きにでなければならなかった。高度成長経済は主婦業と抵触しないパートタイムの主婦を作り出した。日本の資本制は外国人労働者を導入しなかった。現地で彼らを利用すること（安い製品の生産等）はしたが。主婦は周辺的な労働に従事し，安く働かされる。家父長制には都合がよかった。現在では家族は三つに分化してきているようである（同書260頁）。家事労働負担がミニマムなダブルキャリア・カップル（家事労働はひとに委ねる），夫は仕事，妻は家事型の伝統的性別役割分担型のカップル，家事と賃労働の二重負担の抑圧を受ける主婦労働者。三番目の場合は外国人労働者や学歴の低い男子労働者と競合する。上野氏は人手がほしい産業にとって人種差，国籍差よりも性差の方がこわれやすいかもしれないと認めている（同書305頁）。

　交換ゲームとしての資本制は内部に等価交換と不等価交換との両者を含んでいる。原理的には利潤は不等価交換からしか生じない。それを見抜いたのがマルクスである（同書296頁）。資本は初期段階であれ，現代のものであれ，差異から利益を生み出すものである。労働を買うとき，不払いの部分が蓄積される。都邑格差も，国境格差も，性別による格差も，経済外的な変数である。ここでは格差は政治的であり，その格差を

つうじて生み出される利潤は経済的である。政治から離床したと信じられている資本制は，少しも政治から自立的ではない，と上野氏は結論する（同書297頁）。マルクス主義者とはいえない私であるが，ここまでの氏の分析には同意する。また私は元来女性だからどうのといわれることは好まないが，女性であるがゆえに押し付けられる条件が存在するかぎりは，その一人として不当な扱いに反対する。ただし遅まきながらその論争に参入することはしない。それで気がついた問題に散漫に少々感想らしきものを述べることにとどめる。

　上野氏も指摘するように，専業主婦がステータスであった時代が確かにあった。「職業婦人」というのは蔑視の言葉であった。これも指摘されているが，戦前までたいていのサラリーマンの家庭には「女中」というものがいた。小説を読んでみればいい。固有名もない女中が来客にお茶など運んでくる。私にはそれが前から気になった。（彼女らは個室，週休，月給制のお手伝いさんではない。）和辻の『倫理学』にはその言及はないが，家に女中がいなかったとは考えられない。ハイデガーの近代批判にそって共同存在の問題に関して近代以前へ後戻りすることが必要か，あるいはできるかという問いを私は検討している。（階級や女性の議論は当然ハイデガーにはみられない。）女中に出るか，女中を使うか，生まれによって決まっているような階層社会を私は容認できない。身分社会は困る。すると家電製品，電気，水道，バス・トイレのようなものが，比較的単純なものに限っても，家事労働軽減のためには必要であり，それらを供給する技術・産業やそれらを入手できる社会を拒否できないことになる。また身分制を否定するなら，職業や地位の配分に競争原理を排除できないのか。まさかすべてを籤引きにはできない。ロールズ風の公正しかないのか（注16参照）。

　終身雇用が少なくなり，同じ所で長く働くこともなく職場の絆が弱まり，また誰もが家庭をもたないとすれば，この過流動的な社会はひどく殺伐として，安全もないであろう。社会には子供と老人の居場所がなくてはならないが，それは望めないだろう。家庭をもつかどうか，どんな家庭をもつのかは，個人の問題であろうから，外から押し付けようとしても無理である。単身者や離婚家庭などがどんどん増える傾向のなかで，いつもラディカルな富岡多恵子は血の繋がらない家族の可能性を追求す

る*77。同性婚を法的に認める国もある。助け合って生きていくのに同性を選ぶのなら（セクシュアリティーのことは私には分からない），相続法などで相互扶助を応援しようということのようである。子供を生むことはできないが，望めば（それが認められる国はまだ少ない），養育放棄された子供を育てることはできよう。一つの可能性ではあろう。数名の高齢女性たちが共同生活して老後を送ろうという試みもでてきた。かなりの程度身の回りのことができるひとたちのようである。いつまでもというわけにはいかないが。この疑似家族的共同体も一つの可能性であろう。これらは近代というより，超現代である。なんらかに共生を必要とするというのが，常の人間であろう。しかし例外者というものもいる*78。

資本は搾取する外部を必要とするという指摘は重い。自然から搾り取り人間に役立てようというのは，近代精神の主流であり，マルクスもその路線をいく。それに反省を迫ったのが，ハイデガーに他ならない。さて，交換が不可欠な以上，市場*79も全くなしにということはできない

---

77) 富岡多恵子『百光』新潮社，1988年

78) 半藤一利，『荷風さんの戦後』（筑摩書房，2006年）は『断腸亭日乗』に基づいて愛情を込めて荷風の晩年を描いてなかなか面白かった。荷風は時代に背を向け，政府を全然信用せず（お金だけは一応信用した），それだけに時代に対して鋭い批判精神を堅持し，孤立を恐れず，偏屈なエロ爺を貫き，野たれ死を望んで本当に野たれ死んだ。老いても共生願望など微塵もなく，全く天晴れ。政治は常人のためのものだから，このような例外人の心配をする必要はなかろう。身近なお付き合いはご免蒙りたいが（女性をもっぱら享受の対象とみる，つまり花柳界的な見方しかできないひとなのである。半藤氏もにやにや笑いながらそれを肯定しているらしい），このような風狂のひとが人間の存在を豊かにすることはやはりある。

79) 大庭健『所有という神話―市場経済の倫理学』（岩波書店，2004年）は力作である。この書は，市場万能という現代の病理をいまや私たちの存在のすべてを覆っている所有，自己所有という根へと降りて解き明かす。市場経済の国に生活する私たちは，自己の所有物はどう処分しようと勝手であると考える。自己の所有物は，自分の身体，能力から始まって自分の所得，相続したものまですべてを含む。前近代には自分の身体，生命は自分の創造者のものであるという考え方は広くあった。人間ばかりでなく，動物，山川草木まで魂をもっていて，近代的な物件ではなかった。キリスト教を経て，デカルトなどの近代思想の中でそのような感性を失っていった過程は，少しヨーロッパの思想を齧った者には周知のことでもあろう。さて，大庭氏によれば，近代は封建的所有からミニ領主による自己所有への展開であった。土地から自由な労働力の成立が，さらに次世代を育てていく関係をも規定する。市場はもともと参加出来ない者（買い手，また売り手として）を排除するものであるし，利潤を追求するために格差，不平等を増大させ，固定する。大庭氏は市場経済のもとで平等の問題を探る。「貢献に応じた個人的分配」の諸問題を問う。そして (1) システムに「貢献」するために必要なミニマム要件は，「貢献のいかんにかかわらず」均等に分配し，(2) そのミニマム用件を分配した余剰は，ハンディゆえに「貢献」度の大きい行為を担えなかった人に，優先

のであろうが（これはフェミニズムより広い問題である），経済が人間を支配するというのは本末転倒である。人間の存在のために財の生産はあるはずである。共同存在としての人間のあり方を考えることが，つまり倫理学ないし政治が先である。これはいわゆるポリティカル・エコノミーではない。外部である自然，女性，途上国の人々から搾り取って肥えることが難しいとき，経済の好況は内需によるということになるが（上野氏によれば，タコが自分の足を食べるようなもの），私もしばしば触れているが，先進国の人々はどう見ても浪費のしすぎなのである。それゆえこれらすべての領域で剥奪することなしに，しかし人々の基本的必要を満たす経済のあり方を考えなければならないことになる。

　ここで現在議論のやかましい格差問題には一言だけ触れておかなければならない。橘木俊詔氏の格差社会についての著作は参考になった*80。専門家として，私などには手の届かない経済政策の提案もある。多くの統計を用いて，1890年以降日本の所得分配が不平等化している，すなわち格差が広がっていると指摘する。総中流だったはずが，今では先進国のなかで不平等が著しい国に属する。しかも格差は固定化しつつある。高所得の親は子供の教育にお金をかけ，子供はまた高所得者となるからである。さて，貧困者はとりわけ単身高齢者，離婚母子家庭，若者に増えている。特に若者のニート，フリーターが問題である。現在の生活が苦しいばかりでなく，将来年金も健康保険もない，単身高齢者になるだろうからである。企業活動が基幹産業からサービス業に重心を移す傾向のなかで，パートタイマーが増える。氏は基幹産業でなく，パチンコ，

的に分配する，ということを提起してみる。しかしそれが「貢献に応じた分配」への権利の侵害になるという抗議を受けることを認める（同書214-15頁）。結局近代的な貢献原理の根幹にある自己理解が問題なのだと大庭氏はいう。関係のいかんにかかわらず自己同一的な，相互無関心な自己という把握が問題なのである（自由主義的理論は，ロールズも含めて，このような人間観に基づくことを私も認める。上野氏のマルクス主義フェミニズムでもこの点は変わらないように思う）。そうではなく，「人一間」，つまりこの私も「塵から取られー塵に帰る」時の間において，「呼びかけ・応じて」くれる人の間として辛うじて私でありえている（同書234頁）と説く（私はこのような把握に感受性を欠いていないつもりだ。しかしそれが「私」というところで取り押さえられていることが私には重要である）。汎生命主義でもなく，共同体論でもないらしい（人一間は和辻を連想させるが），この「人一間」が経済的な関係を実際にどのように築くのかまだ見えるわけではない。大場氏の日当たりのよい側にいることの忸怩の念には共感する（私の場合女性に生まれたことによって割り引かれるけれども）。

　80）橘木敏詔『格差社会―何が問題なのか』岩波新書 1033, 2006年

消費者金融，人材派遣業などで高額所得を得るひとが増えていることを憂慮する。（これでは「美しい国」ではなかろう。しかし強権であまりに清潔な社会を創ろうとすれば，碌なことにならないのは私も知っている。文化はかなり不潔な土壌を好むようだ。）橘木氏は近代経済学者の一人と名乗り，競争によって経済効率を高めることを否定しない論者にもかかわらず，効率性と公正は矛盾しないと主張する。そしてむろんすべての格差がなくなることはありえないが，格差の是正を説く。そこで職務給制度，つまりフルタイムで働こうと，パートタイムで働こうと，一時間あたりの賃金を同じにすることを提案する。高額所得者の税率を高くし（日本は先進国のなかで税金は少ない），消費税もあげ（15％），生活保護を充実し，医療，教育にお金をもっと出し（日本の教育予算は少なすぎる），若者の就職の支援をし，地方に産業を誘致すること等を求める。したがって非常に小さな政府ではない。自己責任の名のもとに貧富の差があまりに激しい（公的健康保険もない，犯罪多発の）アメリカ型でない社会を志向する。アメリカ型の行き方は日本には向かないと私も日ごろから感じている。さらに格差に関して「相対的貧困」[81]が注目される。

　人間の存在は根本において詩人的なので功業は大地に住むことの本質には触れないということは，どんな状況においてもそう断言する覚悟がなければならないが，それは法や政策を議論することとは違った次元の話である。ハイデガーは『存在と時間』で物を使用したり，作成したりする，他ならない労働で人間存在の分析を開始した。有用性にかかわる

81）　橘木俊詔・浦川邦夫『日本の貧困研究』（東京大学出版会，2006年）この著書は前書と内容的に重なるところがあるが，より詳細な専門書である。表や数式が多く，私に理解できるとはいえないが，問題だけはよく分かる。「相対的貧困」がこの書の新たなテーマになる。日本のような国では，飢餓ということはほとんどないが，相対的貧困はある。平均的家計所得のたとえば50パーセント，または40パーセントしか所得がないことを貧困とみなすものである。というのは「……経済が発展した国家においては，生きていくために最低限必要な所得という概念だけでは，人々の精神的な剥奪状況，貧困感は，十分に緩和することはできない。人々の貧困感は，自分の所得水準だけでなく，自分達以外の他者が有している所得の多寡という，他者との相対的な関係によっても少なからず影響を受けるためである」（同書207頁）。さらにこの相対的貧困は社会的排除論に展開される。住居，健康，家庭生活，社会生活まで，市民として人間的な生活が送れるか問われる。絶対的貧困がより緊急な課題なのは確かであるが，経済学が人間に，その共同存在に踏み込んでいることが，私には興味深い。ハイデガーの「人」は格差を気にかけるという性格づけを与えられていた。経済的格差を是正するという問題意識はないけれども。

ことをやがて一定の限界に置くためである。それゆえ経済的なことに関しては貪らず、しかし誰もが困窮することがないことを実現することを目指し、「放念」できるようにということに尽きる。

　地域の問題に移る。和辻の倫理学もそうであったが、ハイデガーの住むことの思考は地域とその多様性を大切にする。故郷を求めるものである。それは地域の風物、暮らし方、人間の共同性を含む、田舎型、定住型の思想である。ハイデガーは、互いを見知りもしないばらばらの個人がジャーナリズムとコマーシャリズムに翻弄される、現代の大衆社会を批判する。さてしかし日本では地域共同体は、どこか辺鄙な田舎町か東京の下町ぐらいにしか残っていないのであろう。大都市の地域はただの行政区分に過ぎず、産業が働き手を駆り出した結果、地方は見捨てられている。地方の小さな社会で生きていくことができれば、もっとゆったり暮らせるのにと誰もが思う。今日地域再生という掛け声はあるが、その束縛を嫌い壊してきたものであるから、簡単に回復できるはずもない。日本の地域共同体は拡大した家族のようなものであった。日本語の親族の呼称体系がそれを示す。それは家族で一番年少の者の観点から組み立てる構造になっている。彼の祖母が彼に向かって自分を「おばあちゃん」といい、息子の妻を「お母さん」と呼び、自分の夫に「おじいさん」、小年の姉に「お姉ちゃん」と呼びかける体系は、不整合でも不合理でもない。家族の外でも同じように年齢と性別にしたがってこの呼称を適用する。孫をもって不思議でない年齢の女性は「おばあちゃん」と呼ばれる。しかし今日特に都会では「おばあちゃん」と呼びかけられると、「私はあなたのおばあさんではない。失礼ね」と怒り出す年配の女性も多くなっている。かつての家族的な関係はもはや機能しない。それは都市化の当然の結果であるが、多くのひとはその殺伐とした生活がいいとは思ってはいない。しかし私たちは都会の匿名性の気楽さにどっぷり浸かってもいる。

　地域を再興する試みはいろいろな形で盛んになっている。地域エゴもあり、また下手をすると行政の下請けになる危険があるとしても、地域住民が地域に積極的にかかわることは結構には違いない。私はそのような問題をこれ以上上空から議論することはしない。そして地域と国家の繋がりを念頭におきながら、国家の考察に進む。明治革命を経て、割拠

していた地域社会は国民社会・国民国家[*82]へ統合された。その結果，立法・行政・司法組織のある，主権在民の近代国家・日本に私は生まれ生活しているわけである。この広汎な領域を論じる能力は私にはない。しかし私たちはさしあたり国家のうちで生きていく他はなく，様々な問題に包囲され押しつぶされそうに感じるので，脈絡のある話にはならないけれども，それらを少しばかり省みたい。

　私たちは共同存在であるが，その共同性を真に打ち立てるのは国家であるということは自明なのか。フェインの国家（政府）の法的権力（legal power）と政治的社会(コミュニティー)を区別する試み（後者を先立てる，平等主義の社会を志向する），「許可，約束，政治的社会」[*83]は興味深い。おそらくこの区別のあることが，地域や地域住民を重んじることに繫がるのではないのか。さて，フェインは，船が難破して六人（英語を話す者，フランス語を話す者，ドイツ語を話す者それぞれ二名ずつ）が無人島に辿り着いたというフィクションで考察を開始する。ただし基本的な生命や安全にかかわる規則は，以前の島の領有者によって三つの言葉で掲げられているという想定である。六人は同じ言葉を話す二人ずつに分かれて別の場所に落ち着くとすれば，三つの政治的社会ができるが，一つの法的システムをもつというわけである。言葉に着目するのは，言葉が通じなければ共同性は成り立たないが，許可は一つの言語行為であり，つまりこれは言語分析的な考察なのである。この島は「ミネルバ」と名づけられる。

　フェインは許可と禁止，さらに約束によってこの社会を構築しようとする。（許可や約束の考察なので，住人は性別・年齢・障害などを勘案しない，つまり格差を問題にしなくてよい自立的・合理的個人である。）政治的社会はルールがあるばかりでなく，生存のため食料を得るといった基本的な

　82）　近代産業社会における国家は国民国家である。国民国家と国民社会は同じではない。封建制の地域共同体が解体して外に向かって広がり，国民社会を形成する。国民国家は国民社会のうえに乗っている国家である（先進国のなかではアメリカ合衆国はそのような成り立ちの国家でないことを，忘れないようにしよう）。したがって国民国家でない国家はあった（ある）わけである。国民国家は王のような支配者なしに，立法・行政・司法組織のある，主権在民の国家である。富永健一『近代化の理論』を参照。歴史的考察の余裕はないので，国家というとき，現代の国民国家を念頭においている。

　83）　Haskel Fain, Permissions, Promises, and Political Communities, Midwest Studies in Philosophy, Vol. III, Studies in Ethical Theory, 1978, University of Minnesota Press

活動(仕事)をするとき,メンバーが互いに課す許可(何かをする許可)と禁止がなければならない。あるいは他方に影響を与えるような仕事をする場合,許可を必要とするのが,同じ社会に属するということである。平等主義的な二人社会ではどちらもが許可を求めることができる。そして権利と特典は許可の形式であるという風にその延長で考えようとする。許可と禁止は時間的様相をもつ。通常は「あなたにサーモンを獲る許可を与える」というとき,その発言がなされたときから漁が行われるあいだ有効と理解される。しかしいつからいつまでと限定されていれば,その期間許可は有効である。許可されたことは権利となる。権利は取り消せない許可,特典はそれができる許可である。フェインは,政府は政治的社会の基本的活動にのみライセンスを与えると論じる。それゆえ医療行為のようなものにはライセンスを与えうる。大人のあいだの同意による性的関係のようなものには関知しない。アメリカのような国では神の礼拝にもかかわらない。(したがってこれはたとえばイスラム原理主義の国家ではなかろう。)またフェインは何が基本的仕事であるのかは重要な問題であると指摘するのみで,それには立ちいらない。しかしこれが国家を考えるうえで非常に重要なのだ。国家の法的権力と政治的コミュニティーが衝突する可能性は常にある。両者は区別されながら,何らかに交流が考えられなければならないだろう。(選挙制度や目安箱など何らかの媒介がその間には設けられてはいよう。)政府が「いかなるときにも」禁じるといえるものは,憲法を意味する。政府の権力といわれるものは,この社会の考え方では特典である,つまり取り消せる。

　さて,禁止を考慮に入れる。政治的社会ではXがYに何かの許可を与える権力をもつには,それを禁止する権力をもっていなければならない。平等主義的な社会ではすべてがその権力をもつから,つまり政府がたくさんありすぎる。ゆえにアナーキーに似ている。しかし違う。平等なメンバーによる許可を与えることと禁止のメカニズムによってコントロールがなされるからである。許可は相手がいる。禁止は自分だけに課すこともできる(たとえば禁煙)。禁止の方が拘束力が強い。ところで,ミネルバで二人の社会ではなく,三人の社会ができたとすると,許可と禁止が齟齬するとき,彼らが理性的なら,平等主義的社会では多数決の原理を承認しよう。Sが魚獲りを禁じ,Jは同意するが,Lが不同意で

ある。するとLは多数決によって魚獲りを禁止される。なぜ禁止が法のような権力をもつのか。ところでJは夜ドラムを敲いて楽しむ。Lはぐっすり眠るが、Sは目覚め眠れない。そこでJにドラムを敲かないように誓うか、約束させるようにする。誓いと約束の違いは何か。あるひとが何かをしないと誓うなら、それをしないという責務の下に自分を置く。しかしJがドラムを敲かないとSに約束するとすると、Sがその約束を受け容れるなら、そのときにかぎりJはドラムを敲かないという責務のもとに置かれる。つまりXが何かを止めると約束することは、XがYに何かをすることを禁止する許可を与える。そしてYがXが何かを止める約束を受け容れるのは、YがXがそれをすることを禁止するときにかぎる。約束することは許可を与えることと禁止の複雑な形式である。約束には時間的様相がある。ドラムを夜敲かないと約束したら、その夜からずっと、期間の限定があればその期間 Xはそれを禁止される。「決して」と約束したら、そしてその相手が突然死亡したら、それを取り消せない。これだと誓いのようである。約束は約束する者と約束される者のあいだに紐帯がある。約束は両者のあいだに政治的社会を創る。どんな約束でも守るという義務は本質的に法的なものに似ている。特に先立つ原始契約など必要ない。これは諸国家のあいだにも拡張される。条約は誓いというよりむしろ約束である。しかし条約をあらたに結ぶ場合、誓いから一方的に始めなければならないこともある。(そこで私は日本の平和憲法のことを考える。これはむろん誓いである。周囲が軍備を強化しようとする国ばかりなのが現実であるとしても、それに追従することによって少しでも何かがましになるのか!)

　許し(forgiveness)は許可(permission)ではない。許しと約束については一度触れたが(75-76頁)、許しは行ってしまった行為にたいしてのものであり、許可は行為する以前に求められる。両方とも共同性を打ち立てるものである。ただし許しは壊された共同性を再建するものである。許可は顧慮(他人のための配慮)に収容されるのによりふさわしい。許しが心の問題であるのに、許可は外面的な行為にかかわる。

　現代が息苦しく感じられるのは、国家の一元的な支配を逃れる場所をどこにも持たないことにあろう。主権在民の体制であろうとも、そのことに変わりはない。IT化が常にからむけれども、国家による個人の把捉

（保護），金融機関や大手デパート・スーパーなどによる把捉，検索サイトによる把捉，いたるところに設置された監視カメラなどがそれを強固にする。それにもかかわらず粗暴な犯罪や情報化を利用する賢い犯罪はなくならない。実際IT化による一元的把捉だけが危険なわけではない。逆方向では，人々の欲求不満が噴出するのか，中傷やいじめ，児童ポルノなどネット上のやりたい放題はアナーキーの様相を呈している。インターネットには別の積極的な可能性が，横の連帯の可能性が育ち，地域主義を支援するのかもしれないが，私にはそれを予想する能力がない。ここで私は網野善彦『無縁・公界・楽——日本中世の自由と平和』[84]を思い起こす。世評の高い研究なので，内容を紹介するまでもなかろうが，実に面白い。

　無縁・公界・楽は，中世において主従関係や親族関係を離れた人々が領主の私的権力を逃れて犯罪や借金などを追及されずに身を寄せることのできる場所であった。無縁の原理は無主・無所有である。勧進の上人，芸能民，職人，遊女，博徒などまで自由な往来を許された人々がいた。貧・飢・蔑みに晒される悲惨な境遇ながら，自主的に潑剌と生きる人々の姿がある。公界はたいてい寺社を背景にしている。山林や河原など人の住まないところは葬地であり，埋葬の世話をする人々がいる（その仕事をする人々は非人である），そこに寺を建てる，門前に市が立つ……そこは穢れと同時に聖なる場所なのである（死が衛生的に処理されるゆえ，現代人はそのようなものに感覚を失っていると私は思う）。無縁の場所は自治都市などもふくめて多様なものがあるが，それらの場所が尊重されるのは，領主の新参の秩序に対して古を（したがって天皇にも結びつく）意味しているからであろう。領主にはむろんそれは好ましくなく，それらの場所・人々を取り込んでいこうとし，それに成功していくが，江戸時代の縁切り寺はその名残である。アジュールは世界中に様々な形で見出される。網野は原始の自由が今も庶民のうちに脈々と流れているという。そして「無縁」の思想によって「有主」「有縁」の原理を克服・吸収していく課題を説く。それは魅力的に響く。しかし封建領主を私的権力と呼べても，割拠した領主の隙間はもはやなく，日本全体を支配するので，

---

84) 増補版，平凡社選書58（増補版第5刷，1990年）

現代の国家は公権力であろう（私物化されていないかという疑念は常にある）。それゆえもしそれが本当に実現したら，つまり決して公権力にならないはずの公界が公になったら，変質しないだろうか？　無縁の人々の闊達なあり方は，失うものを何ももたないひとの強さなのではないのか。領主の権力に抗してこそ，それを背景にしてこそその原理はいきいきと働くのではないのか。しかしネット上の放埓がまさかその原理の現代的な現れというわけではなかろう！

　社会というシステムを考えるとき，「公共性」の議論ははずせないであろう。実際公共性をめぐる議論は花盛りである。法学者たちの見解を知りたくて，井上達夫編『公共性の法哲学』[85]を読んでみる。公共性は中心に公正としての正義がおかれるが，正義が合意の形成や手続きの正しさに還元されるのかという問いがある。価値と利害が分裂・対立する多元的社会を前提にしてのことである。執筆者によって細部の差はあるが，否定する答えの方が多い。公正性に関して井上氏は自分と他者の間に「反転可能性」があることを必要とするというが，これで十分でないことは自ら認める。では何が必要なのか。規制理念として「普遍主義的正義概念」がやはり要るという。正義が容易に見つからないから手続き論であったわけだが，少なくとも正義を求めることは放棄できないということは納得する。正義概念は「等しきは等しく扱うべし」という古典的定式で表現されてきたものに他ならない。人間はすべて人間であるが，それぞれが異なった個性を備えた個人である。すると人間のどの面を等しいと認め，またどの差異を等しくないと特筆し，等しく，あるいは等しくなく扱うべきか議論が生じる。ニーチェのように平等理念を頭から馬鹿にするひとはいず，基本的人権のようなものを尊重するかぎりで，おおむね水平志向のようである。もっともニーチェは異なったものを異なって扱うように主張しているので，正義に反しているのではない。ニーチェ的には平等主義の方が不正義なのである（ニーチェへの言及は私の付加）。経済・教育・医療等々を覆う国法が公共性を表すとすると，それを遵法することを強制されるが，その正当性，またどこまでの範囲

　85）　井上達夫編『公共性の法哲学』ナカニシヤ出版，2006年。法学者ばかりでなく，周辺領域の研究者たちが参加しているが，ただの論文集ではなく，研究会を重ねた共同研究の産物なのだそうである。

なら正当かという重要な問題もある。地域共同体や市場の専制を押さえ，個人の生存を確保するための秩序は不可欠なのであろう。といっても実際にどうすれば公正が実現されるのかは，広い範囲の実践的・具体的な種々の問題があり，私は多くを教えられたが，いちいち立ち入ることはできない[86]。

　平等主義をどう考えればいいのか。貴族主義を擁護するニーチェは不平等主義をあからさまに唱える。平等主義は「社会の根本原理」にはなりえず，「生の否定への意志，解体と退廃─原理」となる（『善悪の彼岸』）[87]と主張する。少数者の貴族の間には平等が成立するが。偉大な者を生み出すには，低い者，弱者を犠牲にするのは当然である。「搾取は生あるものの本質に属する」[88]と断言する。

　イデー（アイディア）は，芸術，科学その他あらゆる分野で，個人の意志の及ばないところで，しかし個にふと訪れてくるものである。その現れを素早く摑むには個人の訓練や努力が必要であり，それを形にするには周囲の協力，さらに大きな環境の支持がなければならない。科学的な研究ではほとんど共同研究が普通であろうが，発想が個人から出るものであることは否定できない。それゆえ創造性にとって平等主義は好都合でないに違いない。銀閣寺のことを考えてみよう。それは一人の将軍（足利義政）が自分の趣味を満足させるためだけに造った。世界的な視野では壮麗でも大規模な建築でもないけれども。彼はそれを造りたいという夢に取り付かれた。庶民の負担や労働者の苦労など気にもしなかったろう。しかし後代の私たちは観光客としてそれを楽しむ。そんな風に，過去の偉大な遺産・事跡は強力な人々の野望と夢と庶民の辛苦のうえに

---

86) 前掲書に奥田純一郎「死の公共性と自己決定権の限界」という論文があり（第16章），奥田氏は「死の自己決定権」を自明であるとする考え方に反対する。その問題意識には賛同する。それを支える哲学者の一人として，レヴィナス，リクールなどとともに，ハイデガーも呼び出される。存在の弱さ（死ぬゆえに）とかけがえのなさを説くからである。詳細なハイデガー研究でないので言葉尻を捉えるようであるが，ハイデガーの死の把握への批判，「他者との交わりを「頽落」とし，死への自覚を契機に，そこから脱出し本来性を取り戻し，自己に場を与える共同体への帰依を以って「死後の生」を得ようとするハイデガー」（同書，337頁）には首を傾げる。その正確さには不満があっても最後の部分以外は主旨は理解できるが，括弧に入った「死後の生」を含む句のところはハイデガー論としては不当である。

87) Nietzsche, Kritishe Studienausgabe（KSA）, V, 207

88) a.a.O.S.207

成立した。人間の平等主義が原則であるところではそれは許されない。今も国家の大事業があるといいたいのか？　個人の恣意性がないから，そして公益のためにという大義があるから，ひどく凡庸なものしかできない。しかし他方で近代の個性尊重をそんなに本気で讃えるつもりはない。たとえばそれぞれが個性的表現を追求する印象派以後の絵画の小粒さは，個性の発揮など狙っていなかったより古い美術の高さと較べられない。しかし人間は歴史的存在であるから，現代人の私は個人主義者であらざるをえないことを認める。どんぐりのような完結した個人を擁護するわけではないが，いろいろな集団主義に身を委ねたいとは思わないかぎりで。

　また男女の平等，フェミニストのいうように，男性も女性と同じように家事・育児・介護を担うべきだという主張は，文化的創造にはマイナスに働くことはありえよう。ニーチェは当然そう考える。これまで創造的な仕事は，寝食を忘れて一心不乱に何かに熱中する子供のような大人，したがって世話のやけるひと（たいてい男性）によって生み出されてきたことが多い。家事・育児・介護の身体的・経済的大変さは問題にしない。そのつらさは，何かの要求が時をかまわずやってきて自分の時間が分断され，自分のリズムで動くことが難しいことにある。創作やものを考えること，哲学の思考などは贅沢なもので，こういう分断にはひどく弱いのである。キルケゴールのように，女性の本質は献身にあるなどと私はいわない[89]。男性でも女性でも本当に自発的なら献身に（誰かの仕事に協力するために，あるいは端的に）生きるというひとがいても悪くはない——ゴッホの弟のように，ハイデガーの弟のように。自発性はしばしば装われた強制に他ならなかったことは忘れてはいけないとしても。私は偉大な事業のためになどというつもりはあまりない。万里の長城，コロッセウム，ヴェルサイユ宮殿のような世界遺産を今後増やしてもらわなくてもかまわない。あるいは人類の事業として世界大戦，アポロ計画は？　それらを粗大な偉大さと私は呼ぼう。地球と人間の歴史は老境にさしかかっている。それゆえ粗大な偉大さを許容する余地はもは

---

　89) キルケゴール『死にいたる病』枡田啓三郎訳（世界の名著40，キルケゴール，483頁注），「弱さの絶望ないし女性の絶望の核を作るものとしての献身」参照。

やないのだ。これまで「偉大」という言葉を偏愛しすぎた。あるとしたら，小さな，静かな，華々しくない何かである。そのときには献身はするかもしれないが，何かの事業のためでもなく，自他の平等・不平等のような考量も突き抜けてしまうに違いない。ハイデガーのいうように，日常性は「隔離性」(今風には格差)を気にかけるものである（本書I，第2章3）。本来的実存的には，唯一性こそ大切である。比較するなどというのは卑しいのだと思う。とはいえ私は平等主義的政策を，つまりあまり経済的格差が広がらないようにする政策を支持する。むろん非根源的倫理学の領分においてのことである。それは人間を卑しくしないためである。一方で思い上がり，他方で嫉妬のような陰湿な感情を醸成させないためである。盗みや強奪への誘惑も生む。

　国家にかかわる諸問題を気がつくままに取り上げてきたが，国家について本格的に論じることはできない。それでも非常にはっきりした自由尊重主義（リバタリアニズム）の代表的著作，ロバート・ノージック，『アナーキー・国家・ユートピア——国家の正当性とその限界』[*90]を読んでみる。結論は端的・明瞭である。「暴力・盗み・詐欺からの保護，契約の執行などに限定される最小国家は正当とみなされる。それ以上の拡張国家はすべて，特定のことを行うよう強制されないという人々の権利を損害し，不当とみなされる……国家は，市民に他者を扶助させることを目的として，また人々の活動を彼ら自身の幸福 good や保護のために禁止することを目的として，その強制装置を使用することができない」（同書，序）。個人の自由をなにより大事にする。干渉しないし，干渉させない，ゆえに人々に他人保護の支払いを強要する再配分を退ける。盗んだ金を返すことや権利侵害に対する賠償は再配分ではない。

　ロールズの公正論は生まれによって得るプラス・マイナスの資産（才能や障害等）を再配分する。それゆえ批判される。二人は友人であるそうだ。ロールズは自然的自由のシステムを拒否する。ロールズは，人間が達成できることは自然の配分と能力の配分，幸運な家庭環境などに大きく依存すると考えるのに，ノージックは自立的な選択と行為によって作っていくことをもっぱら重んじる。しかし自己決定，自立的な自由な

90）　嶋津格訳，木鐸社，1992年，原書は1974年出版。

個人を尊重する近代的人間観に立つことでは二人は違わないと思う。また自分の能力なども含めて，所有ということが絶対視されている。

　人々はよく平等主義の底には嫉妬があると主張してきたとノージックはいう。ノージックは嫉妬の感情に切り込む。嫉妬深い（envious）ひとは，他人がもっている物（才能など）を自分が所有できないなら，相手もそれをもたないほうがよいと思う。羨ましがり（jealous）のひとは，彼がそれをもっているから，自分もそれを欲しいと思うのである。人間心理のえぐい洞察である。人間は一般に他人と比べて自分がどこにいるかによって自分を判定する。自尊心の基礎は差別化できる特徴であるというのである。ひとは自尊心がなくては生きていけない。経済的なものについては平等化をはかることがいくらかは有効なのかと思うが，ノージックはむろんそれに反対である。社会が自尊心の格差を回避するのに最も見込みのある方法は，諸次元の共通のウェイトづけをもたないことであるという。つまり社会が様々の，多様に異なった価値づけのリストをもち，個人はそのどこかで得意をみつけることができればいいのである。これには全く同意する。現代の子供や若者については，学校の成績，それから容姿という二つのスケールしかないのが彼らを不幸にしているように私には思われる。私のいう自己実現文脈の倫理学ではこのような価値多様性が大切である。しかし私にとってこれが全部ではない。ディオゲネスの無所有・無為のようなものはこの次元を突き抜ける。しかしこれは一つの宗教的な境地に類するものとして，国家論，政策的政治の範疇には入らない。

　拡大国家は個人の自由を犯すということのほかに，一部のひとに国家を利用することを，経済的利得や権力欲の満足に機会を与えるという危惧はよく分かる。最小国家にはその魅力が乏しい。ノージックの著書が公刊されてからすでにかなりの年月が経った。世界は大きく変貌した。大量のワーキングプアの出現のようなものは，構造的なものであるから，最小国家，個人の自由では回答にならない。自由な個人は，事実的には成人であり，健康・まずまずの頭脳などがなくてはならず，アパルトヘイトないしそのもう少し露骨でない分断のなかで，不利な側に属していないという条件が必要であろう。実存的には自らの存在に態度をとることはそれにもかかわらずあると認めはするが，事実的な選択は本当に限

られてしまう。貧しい国々の庶民を飢えさせる産業活動のグローバル化などを規制するには，拡大国家による法的規制しかないであろう。国連のようなものも，実際は国家の集まりに過ぎないのであるから。公害のような少しずつ蓄積するものは補償の対象にならない（誰に補償するのかはっきりしないこともある）と述べられているが，環境問題はいまや緊急である。自由な自立した個人でありえない人々の多くは黙って朽ちていくのかもしれないが，テロに訴える者も現れる。それが不正義であると暴力で押さえようとすれば，費用はかさみ，情報と武器の進化によって小さな警察では対処できず強力な拡大国家になるならば，確かに恐ろしい。しかし暴力に怯え，皆が銃を所持するような，最小国家はどうみても自由な国ではありそうもない。

　井上ひさし『吉里吉里人』*91は，生半可な研究書よりも国家論として啓発的であるかもしれない。非常に愉快な，渾身の長編小説である。リバタリアニズムとは正反対な方向をとる。

---

　91)　井上ひさし『吉里吉里人』新潮文庫，昭和60年，平成17年21刷。東北の一寒村が日本から分離し，吉里吉里国を建国した。古橋健二という，品性の少々卑しい五十男の三文小説家がこの独立騒ぎに巻き込まれ，独立を望まない日本国や諸国によってたちまちその国が圧殺され，彼も殺害されるまでの大騒動を描いている。地理的には宮沢賢治の故郷であり，ほぼその言葉をしゃべると思えばよい。それにしても，漢字混じりの和文にルビの表現力はすごい。私のような日本人でも，おおよその発音と意味を一目で理解できる。「吉里吉里人は眼（まなご）は静（ずん）かで……」（国歌の出だし）といった言葉で，エッチな会話やシモネタ満載なので，本当におかしい。しかし日本の国のありようを鋭く抉った作品なのである。それは国語の重視の他，農業立国，医学立国，好色立国を国是とする。食べること，健康と長生き，色欲が人間の最も根本的な欲望なのであるという極めて健康的な人間観に立っている。食料・エネルギーなどが自給可能で自立できるならば，どの地域も住民の合意で独立できるはずだという論理（日本の食糧自給率の低さや減反政策に猛反発。技術的改良には熱心であるが，小さな国であるだけに，大規模な農業・畜産にはならない），金本位制，無税にして外国から企業の支社や代理店を呼び込む政策（先見の明あり。犯罪的だが，現代そうして稼いでいる小さな国々がある。），日本の平和憲法を採用し，徹底的に民主主義的・平等主義志向の国家である。治安・防衛・広報などに前面で活躍する子供たち。木炭バスを改造した「国会議事堂車」が国内を巡回して，国政のあらゆる業務や裁判などを担当する。十人からなるそれは「愚人会議」と呼ばれる。彼らは日本国では廃人として扱われるだろう病人，障害者であるが，しかし一芸に優れた面々である。そして「労働銭（カーピュエー）ッコ制（しぇー）」。時間だけは誰でも平等なので，どんな仕事でも（そこは論じられない。三文文士の執筆も仕事）働いた時間だけ労賃を貰う。医術のような技術の習得に努力が要る労働にはわずかの割り増しをつける。これは誰もがサボったりせず，まじめに働くという性善説を前提する。格差を是正することを主張するひとも通常はここまで平等主義を推し進めないであろう。SF仕立て・奇想天外な医学立国と売春・ストリップ・ショーなどを含むお祭り騒ぎの好色立国についてはもはや触れまい。

国家を破棄することは当面できそうにもない。国家は権力を集中する。国家とその法の強制力について，主権在民であるかぎり自分たちの決定なので当然従わなければならないのかもしれないが，それをどう考えるのかはやはり気になる。とりわけ国家による嘘や犯罪が次々暴露され，それも了承済みといわれても困るというような事態がしばしば起きる現代であるから。アレントの「市民的不服従」についての見解*92を少しばかり見てみよう。政治についての深い洞察を含むと思う。

　アレントによれば，「市民的不服従」はむろん犯罪者の法への不服従ではなく，個人の良心に基づく良心的兵役拒否のようなものでもない。政府の意見が多数派によって支持されているにもかかわらず，「それに反対の立場をとろうという決意で結ばれている，組織された少数派」（同書51-52頁）のことである。それは高次の法（神の法）に訴えることではない。そのような不服従はどのようにして認められるのか。アレントは「市民的不服従の起源も実質もアメリカ産である」（同書76頁）と指摘する。法律がその法律の違反を正当化することは，法の本質から不可能なので，アメリカ法でもそれはできない。しかしアメリカ法の精神とは両立するとアレントはいう。つまりアメリカは「同意」，あるいは「水平型の社会契約」によって創られたからである。それからもともと排除された黒人の問題はあるが。同意は，支配に国民がすすんで，あるいは不承不承黙従するという古い意味ではなく，「公共の利益にかんするすべての事柄を能動的に支援し，継続的に参加するという意味での同意がアメリカ法の精神であるといえるであろう」（同書78-79頁）と。この水平型の社会契約は「人びとが，国民国家におけるような歴史的記憶や民族的同質性をつうじてでなく，また〈かれら全員を威圧し〉そうすることでかれらを統一するホッブズのいうリヴァイアサンをつうじてでもなく，相互の約束をつうじてともに結びつく唯一の統治形態である」（同書79頁）と解説する。約束についてはすでにちらりと触れたが（本書Ⅰ，第5章2），アレントは共同存在を創るものとして約束を重視する。

　世の中に変わらないものはなく，法の秩序も常に正しいと感じられる

---

92) ハンナ・アーレント『暴力について―共和国の危機』山田正行訳，みすず書房，2005年，第4刷，Arendt, Crises of the Republic, 1969

とは限らない。そこで市民的不服従である。「市民的不服従者は自発的結社の最新の型であり、したがってこの国の最古の伝統にぴったり一致しているというのがわたしの論点である」（同書88頁）。この結社は秘密結社ではなく、特定の目的をもったその場かぎりの組織であり、おおっぴらなものである。最近アメリカの横暴を腹立たしく思うことが多いのは私だけではないだろうが、アメリカ社会の風通しのよさを気持ちよく思うこともしばしばある。アレントを読んでその理由を納得する。「市民的不服従」は魅力的であるが、日本はアメリカのような成り立ちの国家ではなく、市民という観念さえ根づいていないようなので、日本人にはおおよそ不向きかもしれない。何らかの不祥事に事柄が何であろうと「お騒がせして申し訳ない」が公式の謝罪の第一声だというのが、今も変わらない日本の習いである。

　残るのは国家を越えた問題である。国家を越えたというとき、二つの異なったことを意味しうる。一つはグローバル化した市場、すなわち企業の国境を越えた輸出・工場移転、投資、さらに多国籍企業の活動のような経済的な問題である。ここで取り上げるのはもう一つのより一般的な問題、国と国、あるいはもう少し広い地域の間の関係という問題である。ハイデガーの哲学を基礎に据え、和辻を参照して共同存在を論じ、ある種の地域主義と故郷を擁護したので、この問題に無関心ではいられない。サミュエル・ハンチントン『文明の衝突』*93は、話題の書である。それにしてもこのハンチントンの書は私をひどく不愉快にする。冷戦後の世界において人々はアイデンティティを求めるようになり、文化にそれを見出す。そこで異なった文明に属するグループ間でフォルト・ライン（断層線）戦争が起きるというのである。文明は文化を拡大したものである。文明は価値観、信仰、規範、生活習慣、制度などのある程度のまとまりをいう。ハンチントンは八つの文明を数える。中国、日本、ヒンドゥー、イスラム、西欧、ロシア、ラテンアメリカ、アフリカ（この最後のものはまだ未確定）がそれである。このアイデンティティを守るため、戦争することもためらわないのである。とりわけ現在はキリスト教世界とイスラム世界の衝突が目立つ。どちらも普遍的で、すべての人

93）サミュエル・ハンチントン『文明の衝突』鈴木主税訳、集英社、1998年、2006年

類が信仰すべき唯一の正しい信仰であるという宗教に基づくからである。しかし主たる対立は西欧と非西欧にある。（日本の文明は非常に孤立しているので，日本はためらいながらやがて中国につくというのが，ハンチントンの予測。）

　ハンチントンは西欧文明の優位を信じる。しかし非西欧が西欧の民主主義を受け容れることはないだろうから，それを前提したうえで，西欧は（アメリカはここに属さなければならない）そのかけがえのない文明（個人の自由，民主政治，法の支配，人権，文化の自由）を保存するため，西欧のなすべきことは次のようなことである。●「政治・経済・軍事面での統合を拡大して政策を調整し，他の文明の国家から政策のちがいにつけこまれないようにすること。●欧州連合とNATOにヴィシェグラードの諸地域，バルト海沿岸の共和国，スロベニア，クロアチアなど，中央ヨーロッパの西側国家を組みこむこと。●ラテンアメリカの「西欧化」をうながし，できるだけすみやかにラテンアメリカ諸国と西欧の緊密な同盟を結ぶこと。●イスラム諸国と中華文明諸国の通常戦力および非通常戦力の発展を抑止すること。●日本が西欧から離れて中国との和解に向かうのを遅らせること。●ロシアを正教会の中核国家として，また南側の国境線の安全について正当な利害関係を地域の主要勢力として認めること。●他の文明にたいして西欧の技術および軍事力の優位を維持すること。●そして，最も重要な点として，西欧が他の文明の問題に介入することは，多文明世界の不安定さと大規模な世界的衝突を引き起こす最も危険な原因になりかねないと認識すること」（同書479頁）。

　文明のなかも決して一枚岩でなく多様であり，争いの核は文化そのものというより何より経済的なものであり，様々な勢力が外の勢力と結んで利益を追求することで戦争が起きると私には思われる。敵をもてば固有の文化はことさらに強調されるが，不変なものでもなく，そのすべてがその圏内の人々に等しく享受されているものでもない。他の文明に干渉しないというのはいいとしても，西欧文明の優位なるものは後進国とみなされた地域の過去の収奪のうえに築かれ，今もその格差を固定して利益を得ている，そのことにハンチントンは全く反省の色がないのである（日本の国家もそれに追従しているが）。西欧の多くの政治家・実業家はそんな意識で働いているのかもしれないが，学者も同じでいいのか。

この方針が平和を促進するとは思えないし，緊急な課題である軍縮も環境問題も全部置き去りである。これが国際政治というものの現実と理論かと思うと，正直にいって暗澹とした気持ちになる。

　ディーター・ゼンクハース『諸文明の内なる衝突』[94]はハンチントン批判の書であるが，こちらの方がずっとまともであると思う。ゼンクハースは，各文明を固定的に捉える文化本質主義的な仮定，すなわち文明的断層線上の「文明の衝突」を批判する。ヨーロッパが経済的競争を社会システムの基本的論理とするとき（すなわち近代化），そして近代化したヨーロッパが植民地主義的な進出に成功すると，非ヨーロッパ世界に様々な反応を引き起こす。外からの圧力によって，それぞれ伝統ある社会は自らの伝統を新しく検討しなおすとか，西欧を模倣することによって西欧を撃退するとか，抗争は文化の内部に，また外にたいして生じる。

　いわゆるアジア的価値，たとえば集団主義などは特にアジア的ではなく，あらゆる伝統にあった。宇宙・社会・人間を全体論的視座の下に有機的統一体として捉えること，階層制の古い秩序にたいして，西欧の価値志向は合理主義，個人主義，多元主義である（これらはハンチントンの見方と変わらない）。その結果秩序は破られる。ゼンクハースによれば，近代的な無秩序の克服に対する近代的解答は次のようなものである。「1. 正当な国家的暴力の独占が制度化されて，政治化した市民たちは非武装化され，言説による思想の伝達と〈討議による政治〉とに参加せざるをえなくなる。2. 法の支配が，暴力の独占を合法化し，とりわけ異なった物質的利害とアイデンティティとをめぐる永続的で避けられない紛争を決着させるためのルールを確定する。3. 伝統的社会から近代的社会への移行により，各個人は，多様な役割を果たすことが期待されるようになる。機能的に分化し，長くつながった一連の諸活動を前にして，各個人には，多岐にわたる役割が提供される。そのことが通常は紛争を耐えられる程度に分解し，また情動を抑えることに役立つ。4. 変革されつつある社会では，社会的な流動性が増大する結果，民主的な参加へ

---

94) ディーター・ゼンクハース『諸文明の内なる衝突』宮田光雄・星野修・本田逸夫訳，岩波書店，2006年

の要求が生まれるのは避けられない。参加を強制的に妨げることによって，問題をはらんだ葛藤が渋滞することを生じさせてはならない。5. さらに，社会的に流動化し，政治化した社会では，配分的正義と公正とをめぐる論争を避けることはできない。それらをめざす努力を欠くならば，公共的論議と葛藤とを規制するルールは，実質的な基礎を欠き，それゆえに正当化されることができない。6. これらの諸要因が一つに組みあわされるならば，ほぼ確実に建設的な紛争処理を行うという政治文化がつくり出され，それが生活のあらゆる領域に影響を及ぼすようになるであろう」（同書26-27頁）。ゼンクハースはこれを「文明化の六角形」と名づける。そしてそれは伝統的なヨーロッパの文化にあらかじめ規定されていたのではなく，「それぞれの要因が形づくられていったのは，みずからの意に反する過程として解釈することができる」（同書27頁）というのである。

それゆえヨーロッパはこの過程を経験してきたゆえに，ヨーロッパには先進性が認められている。これが近代化であるとすれば，現実にはそれが西欧においても十分機能しているとは思わないし，外部にたいするダブルスタンダードも気になるところではあるが，社会の形式的なあり方としては支持しえよう。しかし政策的政治のところで近代主義を受け容れることは，ハイデガー的な住むことと齟齬するのではなかろうか。ハイデガーはもともと個的実存を全体に溶解させてはいない。また「住むこと」は「建てること」を含むので，建物はいろいろでありうる。独裁，家父長制，男女の役割分担のようなものは，たとえ自然発生的であったとしても，特定の者たちの利益のために造りあげられた特殊な建築物でないのかと大いに疑いうる。ハイデガー自身はもっと人倫志向なのだとは思うけれども[95]，政策的政治のところで何も発言していないかぎりで，この空所に近代的政治を置くことを私はためらわない。国家や国家間（地域間）の紛争のような大きな局面ではゼンクハースの提唱するような「政治的文化」しかないのであろう。それでも紛争はいまもあ

---

95) ヘルダーリンの詩句を解釈しながら，ハイデガーは「歴史的人間のすべての営為はあらゆる観点においてポリスにその場所を，所属の場所をもつ……」（HH117）と述べ，近代的な政治的なものの全体性に対置している。ハイデガーは国家を機構として人工的に（技術的に）建てた近代国家に好意的でない。

り，これからも起こる。早期解決にはなりそうにもないが，武断に走りにくくする。

　しかし近代化（主として西欧が推進した）にたいするこれは全面的な肯定ではない。それが人間の解放，人間中心主義，そして事物の対象化・支配（自分が手綱を握っているつもりで，実はシステムに支配されている）路線をいくかぎり，非根源的政治――倫理学に他ならず，根源的倫理学（政治）ではない。西欧文明の最も普遍的なところは，物質的・技術的な側面の達成にあると思うのである。ルソーが見抜いたように，人間は便利，快楽（快適）に弱いのである。発展途上国の国民が少し豊かになると，西欧風の生活（電化製品，車，ファーストフードなど）を取り入れるのは，それゆえである。映画のような娯楽や男女交際のようなものさえ，この面から捉えることができよう。マスメディアによって提供される西欧風の生活はいかにも快適にみえ（一昔前の日本人はテレビにみるアメリカの生活に憧れた），伝統の宗教や規範は窮屈に思われ，厳格な宗教や政治体制が強権でもって禁じなければ，飛びつくのは当然であろう。それを享受するのに，頭も努力もいらない。便利と快適への傾向は民族・文化にかかわらない。欲望と消費のスパイラルは西欧が作り出したが，今では世界中が巻き込まれている*96。その行く末を私たちはよ

96）近代市民社会は欲望と消費を拡大していくものである。欲望を満たすためには労働が不可欠であり，欲望はますます多様なものを欲するようになるので，労働はますます強調された。労働はただ単に必要に仕える苦役であるばかりでなく，達成の喜びや他人を越えてのし上がる快感を含んだ。しかし消費文化が一定の水準になり，生活が快適になったところで，内側から蝕まれることが露呈される。市民社会の原動力であった前向きの姿勢はそのままではいかない。

内田樹『下流志向――学ばない子どもたち　働かない若者たち』（講談社，2007年）は，消費一辺倒の社会に何が起きているのかを洞察した。主題は「学びからの逃走，労働からの逃走」である。その原因は，子供たちは労働主体として自分を確立するまえに，就学以前に，お小遣いをもらい消費主体として自己を確立していることにある。子供たちは家で家事労働をしない。そんな仕事があまりない。以前は手伝いをすることで，家庭のなかで認められたのだが。消費主体は，自分の前に差し出されたものを「商品」として捉える。自分にその用途や有用性が現在理解できない商品は存在しない。学校が提供するものは，そのようなものである。子供たちが交換の場に差し出す貨幣は「不快」である。黙って授業を聞くのが不快なら，聞かないことにする。ニートの若者も，子供のときから消費主体としてのアイデンティティを刷り込まれている。消費社会の原理は等価交換である。現在の快・不快のみが考慮される。少女が売春するのも有利な交換と思うからである。ニートは労働に対して提供されるものに納得できないから労働しない。働いて安い給料を受け取る不快よりは，親に愚痴られたり，近所の目を気にする方がましであると判断して，ニートでいる。不快に耐えられない

く知っている。そのあくなき追求は他を貪らずにはいられないのである。ハンチントンもゼンクハースもその抑制に言及していない。その抑制は，イスラムやアジアの逆襲とは呼ばないけれども（対抗上非西欧がそれを宣伝することはあるが），一種のアルカイズムではある。倫理はもともと文化・慣習に根を下ろしている[97]。ハイデガー風の住むことは，人間の有限性や受動性を重く受けとめるので，近代的人間の拡張主義的な自己主張とは方向が反対である。

荒川修作は「あえて不便にした家で暮らす」というコンセプトの住宅を建てた。やはりこんなことを考えるひとがいたかと興味をそそられた。実はたまたまテレビをつけたとき，NHKでそのようなタイトルの放送が終わろうとしており，建築家の名前，カラフルな住宅の奇抜な外観，球体のなかに体を丸めて寝る部屋が目に飛び込んできたのである[98]。

のはむろん弱者である。自己決定・自己責任論が彼らを後押しする。自己決定なので，制度をいじっても，説教しても無駄であろう。彼らが将来自分で生きていくことは望めない。内田氏はすでに大人であるニートにはあまり期待しない。社会には弱者は（年齢や病気などによっても）どうしても存在するので，彼らも含めて共同で支えるしかない。むろん著者は経済合理性だけという社会を批判するのである。武道の鍛錬を子供たちに与えるつもりであることを告げ，時間をゆっくり過ごす工夫を提案する。

　私たちは生まれを選べないので，生まれた時代の影響を被る。不幸は時代によって同じ顔をしていない。1939年生まれの私は戦後の困窮の時代を知っている。親たちは，食べること――文字どおり食料を得ること，子供を養うことに必死だった。親たちは子供に勉強，勉強という暇などなかった。子供たちは手伝いをさせられた。ときにはふくれっつらをしながらも，働くことの大切さは分かった。若者のひきこもりも考えられない。そもそもほとんどの家庭では子供に個室を与えることなどできなかった。しかし貧しさは不幸ばかりではなかったのであろう。最も貧しい国々の子供たちの方が日本の子供たちより生き生きしているという印象は私だけのものではなかろう。といっても時代を後ろに戻すことはできない。私は生活を幾分昔風に戻すことを主張したが，現代のインフラ全部を放棄することは考えられない。生産する労働の偏重を退けた。無為を讃えても，消費に結びつけることは私には思いもよらない。消費至上主義，人間を消費主体に還元することが，このままでいいわけはない。

　97）　文化・慣習はどこでも人間のふるまいに一定の形を与える。礼儀や身だしなみは何のために？　それは共同存在の最低限の要件なのだ。他人の存在は相当に堪えがたいものなので，共同存在として生きていくことの承認とまあまあ堪えられるものに変えること以外ではないように思われる。文化は自然でないので，文化または慣習の名において様々な不自然が強要されうる。それはそのための代価である。しかし耳学問で世界を知っている現代人は，あまりに堅苦しいか苛酷，身体をひどく毀損するようなものは受け容れないであろう。たとえば女子割礼や纏足。そこには女性差別という問題もある。現代女性が軽度の纏足であるハイヒール（身分社会の名残でもある）を美しいと思って履いているのなど気が知れない。それが文化・慣習の力なのである。むろん強要されているという意識はない。

　98）　大変興味を惹かれたので連絡したところ，学術目的なら内部を見せて貰えるという

ことなので，見学に出かけた。「三鷹天命反転住宅」と名づけられたその建物は，おもちゃ箱をひっくり返したような多色で塗り分けられた四角や丸を側面に飛び出させて，道路に面して立っている。三階建ての集合住宅である。事務所の方，二人が丁寧に案内してくださる。「不便な家」というのはかなり舌足らずな形容なのであった。一戸は大体60平米，丸いスペースの中央をくぼませ，中心で立って調理ができるようにし，調理台やテーブル用の台が取り囲む。丸いスペースに食い込むように，三つの四角い部屋と丸い部屋一つが十字に配置されている。これらが外からでっぱって見えていたのである。飛び出た部屋と部屋のそとの空間はバルコニーである。四角の一つはシャワーとトイレ。一つは一応寝室，もう一つは居間。どこにも扉はない。冷暖房やレンジ，水回りはモダンである。この意味ではこの住宅は不便ではない。

　この住宅は今流行のバリアフリーとは正反対なのである。身体を十分に感じるようにというのが，その主張である。床のコンクリートには一面にぼこぼこした丸い小山が作られていて，足の裏を刺激する。なかなか心地よい。床の一部は斜めである。どこにも段差がある。バルコニーに出るには，かがまなければならない。球形の部屋は鮮やかな黄色で，つるつるして滑る。この住宅では常に気をつけていなければ，転んで怪我をするであろう。それが逆にリハビリになるというのである。ヘレン・ケラーを尊敬するという。つまり極度に乏しい感覚能力の人間が，わずかの身体能力を生かして環境に開かれようとしたことを讃えるのである。マットやクッションなどを好きなところに置いて，寝たり座ったりすればよい。収納設備はほとんどないに近く，天井にたくさん付けたフックにネットやバスケットを下げてものを収納する。取り出しに便利そうではない。通常の家具など置く余地はあまりなく，たくさん置いてしまってはせっかくの空間を台無しにする。部屋を自由に動き回れるように，物をたくさんもたないのが正解なのであろう。部屋の壁，パイプ，窓枠にいたるまで，鮮やかな一四色に塗り分けられているので，自分が場所を変え，姿勢を変えれば違った色に出会える。各住居はすべて違った色彩だそうである。身体能力，感覚を十全に目覚めさせ，発揮させようとする。住居に住むとき，住居は気にならないのがいいという考え方もあろうが，これは気になるようにさせる。身体について考えさせる実験住宅なのである。

　私は「天命反転住宅」という名前の意味を知りたいと思った。荒川修作＋マドリン・ギンズ『建築する身体—人間を超えていくために』(川本秀夫訳，春秋社，2004年)を見つけることができた。「生命の構築」とか，「死に抗する建築」とも主張されているが(それが宿命の反転ということのようだ)，有機体—人間が環境と別のものでなく，環境を拡大した自分自身として，身体的・行為的に構築していくということのようだ。態度は現象学的である。人間論でもあり，建築論でもある。それはおそらく汎生命論的な哲学なのだと私には思える。身体を少し傾けても，手を伸ばしても，環境世界は同じではなく，身体も硬直した同じ物体なのではないことを思えば，分かるように思う。「有機体—人間は，運動とランディング・サイト(降り立つ場)の形態化をつうじて自らと環境を分節する」といわれる。この散文詩のような叙述の思想は人間を生き生きとさせるだろうか。『存在と時間』には身体を前提とする環境的空間の分析はある。しかし人間の身体能力を全開させようとする荒川氏の問題意識は，死すべき者であろうとするハイデガーの倫理学とこれ以上に交わるところはなさそうだ。さてしかし，この住宅はやはり一つのモデル，実験住宅である。おそらく人間の精神と身体のリハビリのための……。というのは，この建物は都会に建っているが，きっともっと似合うところだろう広い芝生のうえに立っていようとも，かっちりと閉じられた空間なのである。ひとが風，雨，悪天候にじかに晒されているものではない。いくつかの古い日本の書院のように，開け放った座敷から庭にそのまま歩いていけるような，そのまま向こうの林に入っていけるように感じさせる，瞑想的な開放感は求められない。同じく環境のなかにいようとするといっても，だいぶ違うのである。この日本の建築についての言及はハイデガーにはかかわらない。

それはハイデガーとは別個の個性的な思想であることを知った。それはそれとして，「不便な家」は再考してよい思想である。便利や快適の追求によって私たちはいろいろな能力を失うのである。文明の皮肉というのか，文明はこれまで営々として便利と快適（そして清潔）の実現に努力してきたが，現代人を身体的・精神的に軟弱にした面のあることは否定できない。チンして食べる食事，またスイッチひとつで冷暖房やお湯の使える生活など文明の恩恵にどっぷり浸かりながら，危惧を感じているのは私だけではないだろう。住むことでなくても，車に乗るので足が弱り，パソコンを使うので漢字が書けなくなったなどと皆が嘆いている。よほどの高齢，病気・障害のひとはいたわられていい。しかしとりわけ子供が誕生以来便利と快適のなかで育てられ，すべての危険から遠ざけられるのは問題であろう。このようなところからすでに人間は滅びに向かいつつあるのかと思う。ハイデガーは直接そう説いてはいないけれども，便利・快適を過度に追求することをよしとしないのは確かである。効率や有用性も同様である。

　制度としての共同存在をめぐる諸問題について特に気になるところを拾って探究してきたけれども，この辺で幕を下ろすべきであろう。私は生産と消費のような活動については抑制（個人的な抑制，またとりわけ多国籍企業による世界市場の支配のようなものの制限）に同意し，簡素で静かな生活を求める。簡素で，しかし欠乏を免れた生活（これは一応許容されるとして）から排除された人々を引き上げることは必要である。その意味で民主主義的・平等主義的政治を支持する。政治を導くのは慎ましい生活者の視点である。とすれば慎ましい生活感覚をもった人々が自ら乗り出す他はなかろう。もともと民主主義は，独裁に抗議するとき以外はひとを感激させるようなものではない。しかしそれでいいのである。もはや粗大な偉大さばかりでなく，政治的感激などはいらない。

　この大地において言葉が話されるようになり（私たちは一つの対話になったとヘルダーリンは表現する），神話が形づくられ，人間のあり方が定められたとき，存在の開明性は確かに生起したのである。そこここでといっておこう（人類の，そして言葉の単一の起源といったような事実問題には関知しないので）。しかしハイデガーはなぜギリシャからドイツ・西

欧へという進路を特権視するのか。ハイデガー（ヘルダーリン）はヨーロッパの人間の歴史的存在を問う。それがハイデガーにとって自らに固有のものであるからである。そしてギリシャからヨーロッパを経てゲシュテルへの展開を世界の歴史の本流とみなすからである。ハイデガーは非拘束的な，鳥瞰的な接近の仕方を非本来的と考えるひとだ。自らに固有なものをめぐる戦いは私たち自身の問題でもある。日本などはその流れに巻き込まれ，また進んでそこに棹差したのである。その進路に寄与したものもあるし，また途上で捨てたり，押さえ込んだものもあるが，それらは無ではない。それゆえそれらを思考において甦らせるともに，ゲシュテルへの展開に思いを潜め，私たちの現実であるゲシュテルの只中で共に苦しむことこそ，現在私たちが立つ境位なのだと思う。

　ハイデガーの「詩人的に住むこと」，すなわち大地のうえに，天の下に，神的なものの前に死すべき者として住むことは――それは確かに暮らし方であって，単に内面性ではない――住むことの現実的な形である制度のようなものに立ち入って提言するものでないゆえに，腐食することがない。ハイデガーの「根源的倫理学」ないし「最高の本質的な意味での〈政治〉」（HHGR 204）はそのようなレベルに屹立する。私はその境地の高さを認める。本書はそれを浮き彫りにすることを試みた。本書の主要部分は完了である。しかし倫理的なものの私の探究はこれで終わりにはできない。その洞察は私たちの現代の生の逼塞と無関係どころか，その根元への洞察に他ならず，それゆえ現実を照らし返すはずのものである。それゆえ通常倫理的とみなされる諸問題に帰ってそれを具体的に証示する必要を私は感じた――ハイデガーにとっては蛇足であろうとも。もちろん事実性の領域を私が十分に踏査できるはずはないが，その一端を報告した。

付　論

1　人間はいずこへ
―― 環境と人間 ――

　それでは，いまご紹介いただきましたように「人間はいずこへ－哲学的考察－」という題で，「環境と人間」のシリーズの最後のお話をいたしたいと思います。
　現在，私たちが直面している環境問題の深刻さは，改めて私が強調する必要もないと思います。例えば，NHKの出版協会から出版された『地球汚染』，ご存じかと思いますが，これは1989年3月19日にテレビで放送されたものです。その『地球汚染』の一巻『大気に異変が起きている』，それから二巻『海はひそやかに警告する』を開いてみても，オゾン・ホールの出現，二酸化炭素増大による温暖化，海洋の汚染によるアザラシの大量死や水鳥の奇形などが報告されています。そして地球の環境破壊は，人間を含むあらゆる生物の生存を脅かし始めているということがよくわかります。
　そして，問題はこれらの現象を巻き起こしたのは，長い間における人間の活動の累積に他ならないということなのです。つまり，人間が森の木を切って農業を行い，地下から鉱物を掘り出し，石炭，石油，原子力をエネルギーとして利用し，工場を建て，自動車を走らせ等々，そしてその上に私たちの今日の文化的生活と環境問題が存在しているのです。私は哲学を専門としていますので，環境破壊の実情の調査とか，その原因の究明と対策とか，そういったことを直接お話しできるわけでもなく，そういうことに直接携わるのが仕事ではないわけです。私がこれから考えてみようとすることは，このいわゆる環境問題の根は「人間自身である」という点なのです。
　つまり，どのような人間の存在仕方から，こうした環境破壊というものが，あるいは環境問題というものが出てきたのか，およそ「人間とはいかなる存在者か」ということ，このことを私は考えてみたいと思っているのです。

環境問題が問われるのも，結局私たちの存在が問われているからにほかなりません。つまり，私たち人間の，もちろん地上のあらゆる生物も巻き込んでしまっておりますけれども，私たち人間の行く末がかかっているからなのです。哲学は，したがってこのように一番基本的なところに帰りますので，一般的で抽象的であるかのように思われます。しかし，このような根源的な反省もまた必要なのです。そしてこれが哲学の役目でもあるわけです。

　ただいまご紹介いただきましたように，私は，哲学のうちでも，特にマルティン・ハイデガーの哲学を中心に研究いたしております。ハイデガーという人は1889年に生まれて1976年に亡くなっておりますので，今年ちょうど生誕100年に当たります。それで今年は世界中で記念の会議がありました。ですから，今年は特別な年なのです。

　さて，そこでハイデガーの思索に依拠しながら人間の問題を考えてみたい。環境問題の根に当たるような人間の問題を考えてみたいと思います。

　ある講義で，「ある講義」と申しますのは，1929・30年の『形而上学の根本諸概念——世界・有限性・孤独』[1]と題する講義ですけれども，ハイデガーは，「世界とは何か」という問いを提出しております。世界の所有ということが人間の存在の特質だと思われるからなんです。ただし，最初は世界はハイデガー固有に規定されなくて，西洋の伝統的な哲学と神学に従った，ごく一般的な世界概念から出発します。その伝統的な哲学と神学に従って，世界は神と区別されて，神でなく神以外の存在者の全体を意味しております。

　キリスト教的には，世界は「創造されたもの」でありますが，創造云々は，今，度外視いたします。すると人間は，このように理解された世界の一断片であります。

　しかし人間は，単に世界の一断片として世界の地に現れるというのでなくて，世界に対して立つ。この世界に対して立つ「対立」が，「世界の所有」ということなのです。世界とは，その内で人間が活動し，それ

---

1) Heidegger, Die Grundbegriffe der Metaphysik—Welt-Endlichkeit-Einsamkeit. Gesamtausgabe, Bd.29/30, 1983, Vittorio Klostermann

と対決し，それを支配し，また同時に奉仕し，同時にそれにゆだねられているものです。したがって，世界の一断片として世界の主人であり，奴隷でもあります。人間の世界に対するこの二重の位置が人間を特色づけております。

そこでハイデガーは，人間の世界の所有ということを明らかにするために比較の方法をとります。そこで三つのテーゼを出します。1. 石は世界を欠く。2. 動物は世界貧困である。3. 人間は世界形成的である。これが三つのテーゼです。

まず，「石は世界を欠く」ですが，石は道に転がっています。取って投げれば投げられた所に留まっております。堀の水の中に落せば沈んでそこに横たわっております。石はさまざまに他のものの傍らに，他のものとともに存在します。しかし石には，他のものに対して，他の存在者に対して立ち入る通路ということはないのです。他の存在者に対して立ち入る通路ということを欠いております。つまり，この石に「とって」ということは問題にならないわけです。これが石の存在様式であって，物質的，物理的自然の存在連関や法則性を可能にしております。石は簡単なんですが，眼目は動物と人間の比較なんです。

他方，トカゲが，太陽に温められた石の上にいます。トカゲは石の上にただ現れたというのでなくて，トカゲがその石を探したのです。そして日向ぼっこしています。トカゲが太陽として太陽に通路を持つとか，石を石として経験している，というふうに言うつもりはありません。しかし，石が太陽の下で温められたというのとは違います。トカゲは石への固有の関係を持っています。

あるいは甲虫が草の茎の上を歩いて行くとき，甲虫はそれが，お百姓が牛に与える牧草の束だというようなことは知らないでしょうし，その甲虫には，その茎はただ餌を探しに行く道路なのです。それでも動物は一般にほかの存在者に通路を持っています。動物は，餌や獲物，敵やつがいへの関係を持ちますし，また生存のための固有な媒体，つまり水とか空気とか云々というものを持っています。すなわち動物あるいは広く生物は環境世界を持っております。

ここで注意しなければならないことがあります。すでに甲虫について，「餌を探しに行く」と言わざるを得なかったわけです。擬人化はもちろ

ん許されません。しかし，何らかにこの動物に私たちが同行していくことができて，その動物がそれ自身にとってどういう状態にあるか理解できるのでなければなりません。もちろん，「感情移入」という言葉は適切ではありません。感情が問題ではないからです。しかし，人間の本質には他の存在者，他人，動物，生物の立場において考えうるということが帰属しております。もちろんある範囲でですが。これが，後に明らかにされるように，「人間は世界を所有する」ということと同じなのです。

　そこで，動物の世界貧困についてさらに申し述べていきます。動物の特色は何か，動物は組織体，つまりオルガニズムであります。つまり器官を持っています。例えば視覚器官，目ですけれども，目を持っています。目は見るためのものです。ところで他方道具というものがあります。ペンは書くためのものです。両方，器官も道具も何かのために役立ちます。器官は使用者の内につくりつけの道具です。さらに器官と道具はどこが違うのか。器官は特定の能力を持っています。目は見る能力，手は摑む能力を。しかしペンは書く能力を持つのではありません。器官は動物に属します。逆ではありません。そして動物，つまりオルガニズムは何かへの能力を持つのです。ハンマーは打つ機能を持ちますが，ハンマーは打つことへと駆り立てられること，つまり衝動を持ってはおりません。器官は，動物の内にただ存在しているというのではなくて，もろもろの能力に仕えています。動物は何かへの能力へ衝動的に自ら身を置きます。今「自ら」といったように動物にはとにかく，自分というものがあります。自己運動とか，さらに自己保存とか，自己再生とか，そういう意味で何らかに自分，自己ということがあります。もちろんそれは自我とか自己意識というふうなものではないでしょうけれども。そして動物は，多くの器官，能力を持ちますが，ただその集まりではなくて統一を持ちます。自分の統一を持ちます。

　さて，器官と諸能力を持つという限りで人間も同じです。しかし本質的な違いがあります。両者を区別するために，人間については「態度」ないし「行為」というふうに呼びます。動物については「振る舞い」と呼ぶことにします。これはつまり，かなり恣意的でありますけれども，区別するためにあえてこういうふうに言います。

　動物は何かに能力があります。走る，あるいは見る，そういう能力が

あります。それがあって衝動的に駆り立てられて振る舞うわけです。すなわち振る舞いへの能力があります。こうして動物は環境を持ちます。しかし世界は持たない。環境世界は持つけれども世界は持たない。なぜか，ということがこれから問われます。

　その前に考慮されるべきことがあります。ハイデガーが指摘するには，現代における生物学の歴史で二つの決定的な歩みがあった，と申します。一つには，有機体つまり生物は部分の寄せ集めでなくて，その全体によって導かれているということです。それは，ハンス・ドリーシュという人による『ウニの発生学』についての研究などが典型的なものです。それから二番目に，動物が環境に結ばれていることを研究するようになった，ということです。これについてはフォン・ユクスキュルの仕事を挙げます。そしてハイデガーはたくさん引用しております。私も後で，これについてはもう少し触れるようにします。

　生物には環境が本質的ですが，このことはダーウィニズムによって誤って解釈されて，様々な動物が一つの存在している環境世界に適応するというふうに解されたわけです。しかし，本当はそうではなくて，動物は特定の環境にだけ適応するのです。さらに，これまで動物を「オルガニズム」と語ってきたわけですが，これだけでは十分でなく，また本質的に過程，運動なのです。生命の過程，すなわち誕生，成長，成熟，老化，死です。動物の衝動，振る舞いをこの過程が規定します。ここから人間との二つの重要な差異が見えます。

　すなわち，生命をこのように「過程」というふうに言うと，生物を歴史的存在と考えるべきか，というふうに問わなければなりませんが，人間が歴史的であるという意味ではそうは言えないと思います。つまり，人間のような意味で，生物が歴史的存在とは言えないということです。それからもう一つは死，死ぬということです。死とのかかわりで人間と動物は区別されます。人間は死ぬことを考えます。死者を埋葬し，祭ります。

　さて，動物の振る舞いに戻ります。それぞれの動物は種に応じて一つの区域に取り巻かれていて，そこにはめ込まれています。一定の環境に一つの囲みを獲得しています。それぞれの鳥，獣，昆虫は，特定の環境に一つの囲みというものを獲得しています。しかしこれらはただ並んで

いるのではないわけです。カシの幹に木喰い虫が住んでいます。この虫は彼の種の固有な囲みを持っています。しかし、これはこのまま、この虫を食べるキツツキの囲みに属します。こうして動物界の連関が存在します。もちろんこの関連は動物界だけには限られません。そこで動物の振る舞いはこの囲みの中で行われます。ある動物はおなかがすきます。餌のほうに行きます。そのように強迫されて他者、ドングリでもネズミでも何でもいいのですけれども、他者にこの衝動の解消者、強迫からの脱抑制、としてかかわるのです。その限りで他者、つまり他の存在者に開かれているわけです。これが先ほど申した石とは違うわけですね、石にはこんなことはありません。

　もう少し具体的に動物の環境世界の中に入り込むことにします。先ほど名前を申し上げたフォン・ユクスキュルは、動物の環境世界ということを語るばかりでなくて内的世界について語ります。ハイデガーは、動物の振る舞いを語るのに、ユクスキュルから蜜蜂の例を引いておりますが、私はダニの例を引くことにします。これはハイデガーが引用しているのではないのですが、それのほうがおもしろく思われたからです。

　生物界というのは全体の中に織り込まれています。しかしユクスキュルの洞察によると、一つの環境世界というものがあらかじめあって、様々な動物が違った適応の仕方をするのではないのです。それはどういう意味でしょうか。さて、森の中にダニがいます。木の枝先などについていて、人間や動物が下を通ると落下して生き血を吸ってエンドウマメぐらいの大きさになります。ダニは八本の足を持っております。視覚、聴覚、味覚は持ちません。メスは交尾を済ませると灌木の枝先によじ登ります。その道筋を、皮膚全体に備わった全身光覚によって見出します。光の感覚です、目は見えないわけですから。嗅覚によって獲物の近づくのを嗅ぎ分けると、すなわち哺乳類の皮膚線から流れ出る酪酸の臭いが、ダニにとって「下へ落ちる」という信号として作用します。温度感覚によって動物の上に落ちたことがわかれば、皮膚に頭を突っ込んで血液を吸えばいいわけです。もしも冷たい所に落ちた場合は、獲物を取り逃がしたのでもう一度見張り台へ登らなければなりません。血を吸った後は地面に落ちて卵を産み、死ぬわけです。

　ダニの環境世界というのは三つの知覚標識、つまり信号と三つの作用

1 人間はいずこへ

標識からなっています。酪酸の知覚，それは何を意味するかというと「落下」だと。それから接触知覚，それは何を意味するかというと「這い回る」ということです。それから温かさの知覚，それは何を意味するかというと「穴を開ける」からなっているんです。世界はダニにおいては収縮して，この貧しいダニの環境世界になったのです。ダニのとまっている枝の下を動物が通るという出来事はもちろんめったには起こりません。18年間食物なしに生きたダニの例が報告されております。枝先にいたのでなくて室内かどこかに保存しておいたのだと思いますが，それは存じませんけれどもね。ダニはこれだけ長く待てるわけです。したがって私たちとは時間の感じ方もまた違うのだと思われます。ダニの環境世界はダニを中心とした主体的世界なのです。このダニの振る舞いは，彼の一生の過程を通じて一つの囲みに閉じられているわけです。これはヤコブ・フォン・ユクスキュル『生物から見た世界』[2]からとっております。

　さて，ところでハイデガーのこういう比較的考察は動物を理解するのに役立つのでしょうか，確かに幾らかは役立ちます。しかし，より多く人間を理解するためのものです。一般に西洋の哲学，文化は人間中心主義的です。ハイデガーでさえもそうです。ハイデガーはかなり，西洋の哲学者としてはそうでない部分がありますけれどもね。日本人は伝統的にそんなに人間中心主義的でなくて，動物に同類としての共感を持っています。これは若いドイツ人の友人が教えてくれたのですが，ドイツ語で口は，人間のは「ムント」（Mund）と申します。動物のは「マウル」（Maul）と言います。人間の足は「フス」（Fuß）です。動物のは「プォテ」（Pfote）です。人間が飲むのは「トゥリンケン」（trinken）です。動物が飲むのは「ザウフェン」（saufen）です。人間が食べるのは「エッセン」（essen）です。動物が食べるのは「フレッセン」（fressen）です。例はもっと無数にあります。区別された動詞を，あるいは言葉を使うわけです。もし動物用のを人間に使うともちろん悪口になります。ここにも西洋の人間中心主義というのは非常に濃厚にあらわれているかと思います。

2）　ヤコブ・フォン・ユクスキュル『生物から見た世界』日高敏隆・野田保之訳，思索社

しかしながら，西洋の生んだ科学と技術を受け入れ，肉食もまた当たり前になって私たちの生活様式は西洋人に近くなっています。しかし他方私たちは，ヒューマニズムもまた無条件的でないと思い始めているわけです。ヒューマニズム，あるいは人間中心主義も，無条件的ではないというふうに思い始めています。幾らかの西洋人たちもまた，今日そう思い始めているわけです。

さて，「人間は世界形成的である」に移ります。世界を所有するということは，（ここからハイデガー哲学っぽくなりますけれど）存在者が存在者として露にされているということです。動物にはこれが閉ざされているというわけなのです。存在者としての存在者の露さが生じる時に初めて，「これ」または「あれ」という特定の存在者をはっきりと経験することができます。存在者というのは存在するものすべてです。机でもマイクでもあるいは人間でも，何でもすべて，存在するもの，在るものが存在者です。

動物の振る舞うことに対して人間は「態度をとる」と呼ぶことに先ほど決めたわけですが，態度をとる存在者，つまり私たちは，自己という性格をはっきり持っております。このことに必要なことは何か，もう一度まとめてみますと，第一に「存在者としての存在者の露さ」です。第二に「として」。第三に「態度をとる」こと。このことが全体として世界を所有するということを意味しているわけです。すなわち成り立たせています。

この二番目の「として」だけは今まで説明しなかったので注釈が要るかと思います。「として」というのは，石を私がつまずくものとして，とか，あるいは石を石としてとか，イヌをイヌとしてとか，赤いを赤いとしてとらえるという，その「として」です。この「として」というのは，言葉の，言語の基礎であるような能力に他ならないわけです。「として」というふうに摑まえることが言葉の基礎をなしています。なぜならこのことによって世界の分節，世界がはっきり区別をもって認識され，とらえられることが可能となるからです。「として見る」「として摑まえる」ということによって，私たちは私たちの前に存在者を持ちます。しかも私たちは特定の「として」として摑まえるわけですが，存在者というのは多様です。また多様でありますけれども，ただ無限に多様なので

1 人間はいずこへ

はなくて種類があります。それはまた大まかに区分されます。つまり物質的な事物であるとか生物であるとか，歴史であるとか，人工物であるとか，人間であるとか云々というふうに区別されます。そして私たちはそれらに違った態度をとるわけです。もちろんそのように区別することと違った態度をとることは同時的です。一つのことです。

　さてここで，人間は世界形成的であるについて一つの根本的な訂正が必要です。これまで世界を通常の概念に従って存在者，つまり存在するものの全体というふうに考えたわけです。しかし実際はそうではなくて，世界形成とは存在者全体の露さという出来事が生起するということです。人間は神のような意味で世界を創造するわけではありませんから，世界形成というのは世界を創造するという意味ではあり得ないわけです。人間が存在者のただ中に存在することによって，根源的な出来事が生じています。人間とは存在者があるという出来事が現れるところという意味で，ハイデガーによって「現―存在」というふうに述語されたのでした。

　それですから，世界自身は存在者ではないんです。そしてこのように存在者全体の露さに立ち会っているということが人間に本質的です。このことはもちろん人間が意志してつくり出した状態ではありません。むしろ贈られた状態です。贈り物なんです。ところがこのことは同時に，存在者に対して人間が支配を確立していく能力を授けるところのものでもあります。人間は存在者に様々にかかわり，存在者を様々に利用することができるようになります。

　もちろん，自然的には人間の感覚は限界を持っています。体力も知力も制限されています。しかし他の動物のように，その衝動がその囲みにあらかじめ閉じられているということはありません。食べ物一つをとってみてもそのようなことが言えます。

　さてハイデガーは，人間の存在の根本体制を（ちょっとややこしいのですが），「この存在者は，その存在において，この存在そのものにかかわる」（ハイデガー『存在と時間』）[*3]というふうに言いあらわしております。存在そのものにかかわる，問題にする。つまり私たちは存在してい

---

3) Heidegger, Sein und Zeit, 16.Aufl. S.12, Max Niemeyer, 1986

る，そしてその存在していることにおいて，自分が存在しているということが何か気になる。存在そのものにかかわる，こういうあり方をするのが人間の存在だという意味なのです。存在そのものにかかわる，問題にするということを，それとして理論的に追究する営みは哲学と呼ばれます。したがって理論的な問いを別とすれば，自分の存在，つまり人間にあってはそれは生死ということでもありますので，自分の存在，自分の生死を気にかけるという点で，素質としてはすべての人が哲学者であるわけです。

　さて，自分の存在そのものにかかわる，問題にするということが人間の存在の仕方だ，というふうにいま言いましたが，自分の存在にかかわるということは，「行為」ということでもあるので，行為ということを少し主題化してみる必要があります。さて，人間の行為には自分の存在のために行うということがあります。これを「自分のため」と呼ぶことにします。ところで行為にはもう一つ，「何かのため」ということがあります。自分の存在にかかわる行為ということは，「自分のため」という契機を持っています。それからもう一つ，「何かのため」という契機を持っています。

　もう少し具体的に説明いたします。私がタマネギを切るのはカレーをつくるためです。その前に包丁を取り出すのは，もちろんタマネギを切るためです。私は今，一つの行為を意図します。カレーライスをつくって食べようとしています。すると，そのために必要なことを考えて，一番身近なある行為を開始することになります。例えば立ち上がって台所に行くというようなことになります。私たち人間は，何ほどか意識的に目的を立てて手段を講じます。カレーをつくって食べるというような簡単な目的ももちろんありますし，時間的に長くかかる複雑な行為もあります。種をまいて作物を収穫するとか，大学に入学するとか，そういう複雑な，時間的に長くかかる行為もあります。ですが，あることを目的として立てますと，さかのぼってそのことを実現するために，今ここで必要なことをするという段取りになります。もちろん，自分のためという目的というのは，これらのもろもろの目的，つまり人が持ったり持たなかったりできる目的とは身分が違います。自分のためという目的というのは，何かその目的に向かっていく先にあるものではありません。い

つもすでに前提にされているようなものです。

　さて，物事，事物というのはこうした行為の枠の中でまずは出会われます。物，事物は何かのためのものです。包丁は切るための物です。包丁を使うにはまな板が要ります。切るためには材料の野菜が要ります。肉が要ります。鍋やガスの火が要ります。物は，行為においてはこういう連関の中で出会われますから，物は孤立しているのではないわけです。今，カレーをつくって食べることが問題なので，台所という一つの場所で，台所仕事にふさわしく物はそれぞれに所を得て存在します。つまり事物は，何かのための連関をなして存在しているわけです。包丁は切るためにあり，切るためにはまな板が必要です。まな板は材料をのせるためにあります。そこにはまた野菜がなければなりません云々というふうになって，物は何かのための連関をなして存在しています。

　この，何かのための連関は，台所，家，街，東京，日本列島，地球というところまで広げられていきます。いわゆる自然というものも，この連関の中で真っ先にはとらえられます。太陽は光と熱の源，河は水路や水力，森は木材を供給する所であります。自然も，何かのため，というところから真っ先には出会われてくるわけです。

　人間はもちろん物ではない，事物ではないんですけれども，人間もまた，まずはこの連関の中で出会われてきます。何かの製作者，所有者，販売者云々というふうに。ここでは本来の人間関係，役割等の考察は省くことにいたします。今ここでハイデガーが「人間には存在者が存在者として露にされている」と述べたことを思い出すことにします。この「として」というのは，真っ先には行為連関における「として」です。厚いドイツ語の辞書は私の仕事の連関に属します。しかし小学生は彼の行為連関の中で，この辞書を押し花の重し「として」使用するかもしれません。私は，他人がその人の行為の連関から物を彼のために役立てることを理解します。他人の意図，必要をこうして理解します。その人を起点として，彼のために物を役立てるということを理解します。

　動物についてもある程度はその意図（意図という言葉が適当かどうかわかりませんが），必要を理解するわけです。したがって私たちは人のために物をつくり畑を耕し，魚を捕り，店を開き，工場をつくり，道路をつくり，車を走らせ，病院や学校を建てるわけです。こうしてつまり私た

ちの今日の社会のもろもろの営業，設備，施設というものが存在しているわけです。こういうふうに，存在者を存在者としてと言うときに，まずはこういうふうに行為連関における「として」が理解されてきます。けれども，もう一つ，別の「として」があります。

　つまり，存在者が存在者それ自身「として」何であるかを言う「として」があります。これを「理論的〈として〉」と呼ぶことにします。前のは「行為連関における〈として〉」であったわけです。つまり，理論的〈として〉はこれは何であるか，どんな性質であるか，ということをいうものです。これは観察，それからさらには科学，あるいは学問が始まるような「として」です。こうして理論的な「として」によって，物あるいは現象は領域に区別されることになります。これは動物である，植物である，鉱物である，云々というふうになります。理論的な「として」がここで働いています。それに応じて専門的な学問が成立します。生物学，化学，物理学，言語学，法学，経済学等々。

　今度は，物，現象は，直接行為の連関においてつかまれるのではなくて，普遍的な因果関係の中で統一的に理解されます。そこに法則が見出されます。そして計量される時間，空間のうちに，物，出来事は置かれます。これが科学の世界像です。こうして物が客観的にそれ自体として把握されると，もちろん再び行為の中で有用な性質などが発見されることにもなります。こうして理論的学問と実践が相互に依存して増大して，巨大化して，今日の私たちの世界，環境破壊を含む私たちの今日の世界というものが成立しているわけです。

　すでに見ましたように，これらの根本にあるのは，人間は自分の存在が問題であるということです。自分の存在にかかわるということなんです。つまり，石のようにただごろんとあるわけではないわけです。あるいは動物のように自分の囲みの中に閉じられて存在するのではないんですね。人間は自分の存在が問題である，存在にかかわるという，そういう存在者であります。ここには，存在することの意欲といったものが原動力としてあります。そして意欲というのは最も基本的には欲望です。

　欲望というのが何かと申しますと，私に何かが欠如している，欠けているというふうに感じられて（例えば空腹），充足を求める動きです。これが欲望です。こうして私たちは存在することができます。ただし，

1　人間はいずこへ

　人間にあってはただ存在すればよいのではなくて，人間は生まれつき快楽主義者です。この辺からだんだんハイデガー哲学から離れますが，人間は生まれつき快楽主義者です。快楽というのはもちろん何か積極的な瞬間的な激しい快楽というふうに考えてももちろんいいですし，そうじゃなくて，静かな苦痛のない状態というふうに考えてもよろしいのです。これは伝統的に哲学の中ではいろいろに考えられて，両方の傾向がありますけれども，とにかく人間は生まれつき快楽主義者であります。

　つまり，快適，安楽は好ましいので，苦痛，不快適は避けたいのです。しかも，人間は今のこの快，それから苦だけを考えるわけではもちろんありません。将来の大きな快のために現在のより小さな快を放棄するとか，将来の快適のために現在の苦を受容する，我慢するということも含めております。

　人間の文明というものはこれまで，人間のこの傾向に応じて，つまり不快を減らし，快適，快を増すように，これを目指して進んできたというふうに言うことができると思います。しかしまた，文明とともに欲望は増大し多様化します。ただ二本の足で歩くしかなかった人間が，より早く安楽に移動することを求めてジェット機を発明するというふうに。あるいは真冬に部屋を暖かくしてアイスクリームを食べるという，こういうのは昔は王様でも無理であったわけです。この論理を推し進めたところに私たちの今日の文明，文化生活，そしてその結果の環境問題があることになります。

　もう一度振り返りますと，存在者が存在者として露になるという出来事が人間の存在に与えられたわけですが，先ほど申しましたように，それは同時に人間が存在者を自分の目的のために従わせ，それを支配して意のままにしていくということに道を開くものであったわけです。環境問題は根源的にはそこまで辿られることになります。

　そして今日私たちは，全体として人間が，より幸福になったかどうかわからないと考え始めているわけです。ここでジャン・ジャック・ルソー（1712年-94年）の『人間不平等起原論』[*4]をひもといてみることにし

　4）　ジャン・ジャック・ルソー『人間不平等起原論』小林善彦訳，世界の名著36，中央公論社

ます。ルソーは自然状態とか自然人ということを考えます。もちろんこの自然人とか自然状態は歴史的事実であったと言っているわけではありません。事柄を考えるための理論的な構成物です。それではとにかくルソーの自然人をみてみましょう。

　自然人の欲求というのは，最初は食べ物と異性と休息だけです。ルソーは，完全に自立した，他に依存しない個人というものを考えます。自然人をそうしたものとして考えます。家族や国家もまだありません。したがって自然人は全く自由だし平等です。もちろん自然的な不平等というのは存在しています。体力，知力，美しさ，才能などは，決して平等に配分されてはなくて，自然的には不平等です。しかしながら，社会がないならこれらはほとんど問題にはならないでしょう。食べ物でも異性でも選り好みはしませんし，明日のことも考えませんし，何も蓄えないからです。ですからほとんど平等のようなものです。

　本当の不平等は社会とともに始まります。他人より富んでいる。尊敬されている。権力を持っている。これは社会的不平等です。先ほどのは自然的な不平等ですけれど。人間の特性としてルソーは，安楽を好むことと自己を完成していく能力を挙げております。動物のように決まった本能を持っていないということをそれは意味しているのです。そのかわりつまり自己を完成していく能力を持っているというわけです。

　ルソーは，文明というものは，楽しみ，安楽を得たいという情念から生まれたと考えています。知性はそのために使われ発達します。衣服と住居，これが最初の安楽です。安楽になれば当然身体的には柔弱になります。こうするうちに社会状態が始まってきます。協力の必要が生ずるから，人はそう一人で孤立しているわけにはいかなくて，社会状態が始まります。そして知恵のある者は工夫をこらし，体力のある者はより多く働きます。歌や踊りのうまい人は尊敬される。これはいかにもルソー的ですね。それで土地の所有が始まります。自分の労働の成果が自分の物にならなければ人は耕そうとするはずがない，というふうにルソーは申します。こうして人々の間に差別，上下，権力が生じます。文明の進歩は人間の生活の便利，安楽をつくり出します。素質や運等の配分は自然的には公平ではなかったのです。したがってそうするうちにその不平等はますます大きくなっていって，社会状態とともに累積して，制度と

して社会，国において固定することになります。

　さて，人間の欲望と安楽，あるいは快適に戻ります。ルソーは次のように，始まりつつある社会状態の人間を描写しております。それでも，この始まりつつある社会状態の人間というのは，相対的には一番幸福な時期であったと言うことができます。こういうふうに言っております。「この新しい状態に置かれ，簡素で孤独な生活と，非常に限られた欲望と，それを満たすために発明した道具とを持った人々は，極めて多くの余暇を楽しみ，自分たちの父祖には知られなかったいろいろの種類の安楽を手に入れるためにこの余暇を使った。そしてここに，彼らが自分では考えつかずに自分自身に課した最初の束縛があり，また彼らがその子孫のために準備した不幸の最初の源があった。なぜなら，彼らはそのようにして自分の肉体と精神とを軟弱にし続けた上に，それらの安楽が習慣となることによって，その魅力をほとんどすべて失い，同時にその安楽が真の欲求に変質してしまったので，それを奪われる苦しみは，それを持つことが心地よかっただけに一層激しいものとなったからである。そして人々は，それを所有しても幸福でないのに，それを失えば不幸だったのである」（ルソー『人間不平等起原論』157頁）。全くこのとおりだと思います。

　つまり，文明は同時に多様な欲望をつくり出すわけです。これが習慣になってしまうと，それは確かにもう安楽でも快楽でもない。けれども，それを奪われると本当に苦痛だ，不幸だということになります。全くルソーは正しいと思います。

　特に，今日の日本の東京のような大都会の生活を振り返ってみれば，この傾向は極限に達しているのがわかります。つまり電化製品，ハイテク製品に囲まれ，数年でそれをどんどん買い替えてゴミにします。暖房，冷房は常識ですし，車をもつのも常識，ファッションは季節ごとに変わり，深夜まで盛り場は明るく，世界中のグルメを集め，日本中ゴルフ場だらけ。一晩で数百万円のパーティや結婚式が毎日ある。大変なエネルギーと資源の浪費とゴミの山。これが私たちの生活です。これを内需拡大と呼ぶわけです。もちろんこうしたものはたくさんの仕事をつくり出しています。もしも，これらを控え目にしたとしたならば，失業と不景気が日本を襲うのかもしれません。しかしながらとにかく世界中に，こ

れほど極端に軽薄な消費の国というのはどこにもないように思われます。そうして他方住宅だとか公園だとかいったものは，あるいは余暇というようなものは，いわゆる先進国といわれている国のうちでは比べたらすごくお粗末なんです。たまたまこのところ外国に行くことが多くなりましたので，本当にそう思いますね。

　今，仮にこうした文明生活，快適というものを全面的に否定してみることにします。古代ギリシャにディオゲネスという乞食哲学者がいました。紀元前400年から325年の人と伝えられておりますけれども，ディオゲネスと言う哲学者がいたわけです。彼の言葉ですが，「何物も必要としないのは神々のみなし得ることであるが，わずかな物しか欲しないのは神々に似た人々のなし得ることである」と，こういうふうにいいまして，彼は飢えをしのぐだけの食べ物，夏用の薄いマントだけを用い，お酒の空いた甕をねぐらにしていたということです*5。

　もしもこういう生活ができるとしたら，これは大変な思考の力です。でも，振り返ってみますと，こうした態度においては文明が発達するということはなかったわけです。私たちはディオゲネスになれるでしょうか，もしディオゲネスのように生きることができたとしても，みんながそうしたら地球上の人々は飢え，人々は確かに生存できないだろうと思われます。彼は大体，何も生産しないのです。

　それでは，私たちは人間の欲望と快適の追求をこのままどんどん推し進めていって，科学と技術をもって解決を図っていけばよいというふうに考えることができるものでしょうか，私にはそうは思われません。もちろん科学者や技術者の努力を，つまり，より空気を汚さない車をつくるとか，きれいなエネルギーを見つけるとか，多収量の作物をつくるというような努力を否定しようとは思いません。これは一方では必要なことです。けれども，もちろんこうした技術というのは決して価値に中立なものではありません。いかなる技術を開発するかとか，どういう技術を実地へ適用するかというようなことは，世界観的に中立ではなくて社会的な政治的な意味を含んでおります。それは別として，こういう技術の開発というものはもちろん高度に専門家的な仕事です。私たちのよ

　5）『後期ギリシャ哲学資料集』山本光雄・戸塚七郎編，岩波書店

うに普通の人間は，何が残るかと言えば，あとはモラルの，あるいはライフスタイルの問題だけです。

　日本のようないわゆる先進国の国民というのは，したがって恐らくもう少し非享楽的な，質素な，より非快適な生活様式へと，むしろ少し後戻りするということが必要なのではないのかと思われます。もちろん，それでも環境破壊の速度が幾らか緩められるだけがせいぜいなのかもしれませんけれど。

　こう言う私も「快適」には弱いわけです。今では確かにコーヒーや冷房なしには暮らせません。最近ようやくワープロを使うようになったのですが，コピー機やワープロの普及以来，紙のむだ遣いというものは大変なものです。紙屑の山ですね，これはもちろん割り箸どころの騒ぎではなさそうです。こういうふうに私もまた環境破壊に加担しております。そして他方，国内でも，あるいはまた特に先進国と貧しい国々の間の人間の間に，必要の充足と安楽の配分というものがあまりに不平等だということがあります。これはもちろんそのままにはしておかれないわけです。発展途上国の人々が生活向上を求めて経済開発を行うのを，「滅びの道だからやめなさい」などと言う権利は私たちにはありません。人類は，しかも地上のすべての生物を巻き込んで，やはり滅亡の道を歩んでいくのかもしれません。

　さて，ハイデガーに戻りますが，ハイデガーは，人間が，存在者が存在者として露にされるという出来事にとどまることがなくて（これこそつまり人間の特権だったわけです），その出来事によってゆだねられた存在者を対象化し支配していった，これがつまり私たちの文明と，その文明が内に含んでいるところの環境破壊の根であるわけですが，その歩みを必然的なものとみなしています。この中心が言うまでもなく現代の科学と技術であるわけです。

　したがって，環境破壊をもたらしたその同じ態度によって，その害を克服することはできないと考えています。したがって行くところまで行くしかない，というふうに考えています。そしてハイデガーは，ドイツの詩人，ヘルダーリンの詩句を引いてこう言います。「しかし危険のある所には救うものもまた育つ」と。これは『技術への問い』という，1953年のハイデガーの講演[*6]のなかに出てくる言葉です。結論はこうい

うことです.さて,しかし私たちは,あるいは私は,そこで「さてしかし」というふうに言って,そこでクエッションマークをつけまして「人間はいずこへ」という講演の結びとすることにいたします.

---

6) Heidegger, Die Frage nach der Technik（Vorträge und Aufsätze, Teil 1, Neske, 1967）

2　醜, あるいは「フランケンシュタイン」考

『フランケンシュタイン』とは, その醜さゆえに, 自らの創造者によってさえその存在を否認された被造者の物語である。

(一)「醜い」と言うとき, 私たちは価値評価をしているのであり, 醜（さ）はひとつの価値（反価値）である。まず準備作業として, 醜を価値（評価）の領野のうちに位置づけることから始めよう。通常, 価値や価値判断〔評価〕は, 事実や事実判断から区別され, 価値語によって言い表される。価値語には様々なものがあるが, もっとも重要なものとして, 「よい」「正しい」「美しい」を選び出すことができると思われる。たとえばそれらは次のように使用されよう。

(a)「これはレモンである」「それは黄色い」：「それはよい, よいレモンである」「それは美しい」（「それは悪い, 悪いレモンである」「それは醜い」）

(b)「彼は父親を看病した」：「彼の行為はよい」「彼の行為は正しい」「彼の行為は美しい」（「彼は賄賂を取った」：「彼の行為は悪い」「彼の行為は不正である」「それは醜い」）

(c)「それは風景画である」「それは水彩である」：「その絵はよい, よい絵である」「それは美しい」（「その絵は悪い, 悪い絵である」「それは醜い」）

正・不正は行為のみにかかわるとはいえないだろうが, (a)や(c)には使用することはできない。その点で他のふたつとは異なるし, 醜という主題にかかわることは少なかろうから, とりあえず傍らにおく。すると, 一方によさ（善）と美, 他方に悪と醜が得られる。「よい」は用法がひろくて, 利用価値のある事物にも, いわゆる道徳的よさにも, 美的なものにもいえる。それで, 日本語なら, 「良い」「善い」「好い」「佳い」と書きわけたりする。美は美的対象に言われるのが本来だと思われるが,

道徳的な（倫理的な）領域にも適用される。

　さて，「よいものは美しい」とか，「美しいものはよい」，あるいはまた「悪いものは醜い」とか，「醜いものは悪い」といえるものだろうか。「よい」や「わるい」の様々な意味を考えないで全称命題としてこんな主張ができないのは当然だが，それが今焦点なのではない。善と美，悪と醜を一体に考える強い傾向が私たちにはあるということを指摘したいのである。誰かの道徳的によいとされている行為は「美談」として語られるし，道徳の規範や習俗に反する行為は「醜行」とよばれる。芝居の善人はイイ男で，悪人はひどいご面相と決まったものであるというのも，この一体感の素朴な表現に他ならない。しかしこの「健全な」把握には危険が含まれていないだろうか。小論が以下で考えてみようとしているのは，この問いなのである。それは醜という特殊な問題の省察であるとともに，ささやかな価値論なのでもある。

　価値語と価値語でないものの区別はそんなにはっきりしたものではないかもしれないし，価値的な事柄は常に価値語でもって表すかは疑わしい。天気予報が「今日は暖かいでしょう」というのは，事実について述べている。（未来の予想については事実とは言えないというような論点は考慮しない。）しかし寒い日外出から帰って暖房のきいた部屋に入って，「暖かい」といえば，価値がこもっていないだろうか。あるいは「花色は普通は紫で，白色は珍しい」は，植物学的記述。しかし「珍しいランですね」は，価値表現（誉め言葉）。これらの科学的言表は，価値評価から自由なものと想定されている。

　価値の存在論的身分を論じたいわけではない。ただ黄色いが（性）質であるとすれば，それによさをなぞらえて，価値を，たとえばよさをある種の質と，しかしまったく別種の，非感性的質と考えるひとはいる[1]。今それを支持するか決定する必要はない。また黄色が事物，たとえばレモンに実在的に属そうと，主観的なもの（といっても多様な仕方で考えられよう）とみなされようと，これも決めないでおく。価値についても同様である。では事実と価値の関係はどうなっているのか。事実による価値の基づけを考えるべきだろうか。何もないところに，なんらかの性質

---

1) G.E. Moore, Principia Ethica, Cambridge, 1971

もないところに，価値もなかろうからである。しかしこの基づけ関係なるものは，少しも明らかではない。ただ次のことは承認されてよいと思う。私たちの振る舞いを見れば，まず中立的に事実を認知し，それからおもむろにその価値を認めることはない。よほど例外的な場合でなければ。事実はただ無関心的に認知されるだけだが，価値では情緒的に自分が取り込まれるし，しばしば行動に誘われることも多い。まっさきにはまさに価値的態度に包まれて，事実の認知はあるのである。もちろん後者は引き離して，自立化させられうる。なお，私は，物事をただ認知することと価値評価することは同じ態度であるとは思わないが，価値は感得される（感情の相関者）という主張に賛同しているわけではない。

　さて，価値の存在論的身分を問わないことにしても，価値に本質的に属することは何か。ふたつある。まず価値には価値と反価値（積極的価値と消極的価値）があることである。よい・わるい（善悪），正・不正，美醜，といった対がある。さらに高低があることである。価値は多数・多種であったが，高低はまず諸価値のあいだに認められる。たとえば，道徳的価値は有用という価値より高いとか，精神的価値は物質的価値より高い，等の主張がなされる。また，同じ価値のあいだに高低がある。これはよい，それはもっとよい，しかしあれはそれよりさらによいとか，これが最高であるとか，まあ同じようなものだとか，比較を許す。「美しい」についても同様である。何かが価値があるかどうか，また物事の価値の高低について人々の間で争いがあっても，価値と反価値の対立，価値の高低が認められることは動かない。価値は価値の差別なのである。事実の領域では，区別があるのである。しばしば区別は差別になりもするけれども。

　事実はただ（そうで）あるか，（そうで）ないかであり，それについての思いや言表は，真あるいは偽である。ほぼそうであるとか，そうかもしれないとか，疑わしいというような様相を考慮しなければ。価値は多様であるから，価値の種類とそれらのあいだの序列について，またそれへの態度についてどんなことが考えられるだろうか。

　価値の種類と序列はたとえば，市場価値（欲望の対象），感情価値（趣味にかなうもの，美しいもの），道徳的価値，すなわち尊厳（カント）である[*2]。シェラーならば，快適，生命価値，精神的価値，聖価値（そ

れぞれにその反価値がある）が，価値の種類と序列である。いうまでもなく後のものほど高い。それらの内部は複雑であるが，美醜は精神的価値に属する。倫理的共同体の基礎となる正義・不正義も同様である。有用性は自体的価値ではなく，快適に従属する価値である。つまり快適なものを生み出す手段となるものである。価値には価値と反価値（積極的価値と消極的価値）があり，諸価値のあいだに高低の序列がそれ自体的に定まっているならば（シェラーはもちろんそう考える），そして私たちがそれを認識できるならば（もちろんシェラーはそれを信じる）私たちがどう行為するのが道徳的によいかは容易に導き出せる。簡単にいえば，価値を実現し，反価値を排除すべく努めることになる。またより高い価値を優先し，より低い価値を後置するというように行為しなければならない。そのように行為することはよく，倫理的である。それに反するように行為することは悪であり，倫理的に間違っている。

　結局，シェラーにおいて善悪はこう規定される。「絶対的な意味における〈善〉とは，〔価値を実現する存在者の認識段階にとって〕最高の価値であるような価値の実現作用に本質法則的に現出する価値であり，他方絶対的な意味における〈悪〉とは，最低の価値の実現作用に現出する価値である。そして相対的な善悪は，そのつどの価値基点からみて，より高い，ないしはより低い価値の実現に向けられている作用に現出する価値である」[3]。シェラーの実質的価値倫理学に立ち入るつもりはないが，善悪を基本的にどこで押さえようとしているのか了解しておきたかったのである。実現の作用に，ないし作用にそくして現出するというのは，作用そのものの性質だという意味ではなくて，価値は客観的なものだという意味なのである。善悪は特定の感得作用と相関する他の諸価値と同じ扱いではなくて，それらの価値の実現との関係において規定されている。諸価値が多様であるのにしたがって，「よい」は広い範囲に用いうる。ある人間を道徳的な意味でよいといえるのは，たった今述べたような仕方で行為する人間だからである。

　なお，真理自身は価値ではない。というのは，シェラーが指摘するよ

---

2) Immanuel, Kant, Grundlegung zur Metaphysik der Sitten, Felix Meiner, 1965, S.58

3) Max Scheler, Der Formalismus in der Ethik und die materiale Wertethik, Francke Verlag, Gesammelte Werke, Bd.2, 1966, S.47

うに，ある木について，または人間について「美しい」とか，「よい」というのと同じ意味で「真」であるというのは無意味であるからである。この場合，「黄色い」がそうであるように，価値は対象的質であるからである。「真理そのものは価値ではなく，すべての価値とは異なる理念である。すなわちそれは，判断の命題的に形成された意義内容が事態の存立と一致し，この一致自身が明証的に与えられたとき充実されるという理念である。この意味では，私たちの価値言表も〈真〉でありうるし，〈偽〉でありうるのでなければならない」[*4]。このことは，真理の認識に価値があるということとは別である。真なる認識（認識されたもの）と真理の認識・探求に価値が帰せられるのはおかしくない。真なる情報は有用であるし，人間についての洞察は倫理的な価値があるであろうし，真理の探求がそれ自体喜びだということだってある。しかしこの標準的な，現象学的真理観についてここでこれ以上議論するつもりはない。真理が価値でないことを確認すれば足りる。

　㈡　私たちの主題は「醜」である。それは「美」の反価値である。ひとはあるものを美しいと思う。またあるものを美しくない（醜い）と思う。美意識は個人，また時代や文化によって異なるとしても，常にそんな評価をして日々私たちは生きている。さて，美しくないということは，必ずしも醜いということではない。日常接するものごとの多くは美しくはないが，さりとて醜いわけでもなく，気にもとめず見過ごすようなものである。醜いことは，単に美しくないというのではなく，何か衝撃的で，目を奪う独自な質をもっていると認められる。私はかつて水族館でオオカミウオを見たことがある。オオカミウオは，北の海の底に棲む大きな魚である。私は息を呑んだ。それがあまりに醜かったからである。暗色の，でこぼこの，ほとんど形をなしてない塊のような巨体，大きく裂けた口と鋭い歯，ギロリと剥いた目。私は声もなく立ちすくんで，しばらく動くことができなかった。ほとんど感動させられたといっていい。
　美と醜にたいする態度はまさに対照的なものである。美に出会うとき，

---

4) a.a.O.S.198

私たちは感嘆する。それはうっとりさせ，ときには激しくゆさぶる。そのうちに浸され，私たちは喜びを感じる。美は私たちを惹きつける。私たちはそれに愛着する。それが得られる類のものならば，得たいと思う。醜に出会うとき，私たちはぎょっとする。それは嫌悪感を与える。それが極度に醜くければ，ほとんど生理的苦痛を感じる。私たちはそれから目をそらす。それができる類のものならば，それから逃れたいと思う。大抵美には愛着的に，醜には排斥的にふるまうものである。（価値・反価値は，それらの態度の相関者であるとまでは主張しないけれども。）もしひとが，普通ひとが感嘆するようなものに感嘆しなかったり，嫌悪するものを好むなら，軽くは「悪趣味」と，ひどいときには「倒錯」という言葉が投げつけられる。ここで心に留めておかなければならないのは，美にはその存在の肯定が，醜にはその存在の拒絶（否認）が結びつくということである。

『フランケンシュタイン』とは，その醜さゆえに，自らの創造者によってさえその存在を否認された被造者の物語である。

すでに長らく劇場で映画を観る習慣を失ってしまった私は，もうだいぶ前の話になるが，ある日たまたまテレビの映画劇場でケネス・ブラナー監督なるひとの映画「フランケンシュタイン」を観た。なんの予備知識も期待もなかった。シェリー夫人の原作はよほど映画人の創作意欲をそそるものであるらしく，これまで多くの映画が作られたようだが，いわゆる怪奇映画の類だったのだろう。しかしその映画はそのような類のものではなかった。映像美にあふれた非常に優れた作品で，名作といってよい。そのうえそれは日ごろ私が考えていた事柄を熟考させるようなものでもあった。私はその物語のテクストと翻訳を買い求めた[*5]。
原題は，『フランケンシュタイン——現代のプロメテウス』となっている。私はメアリー・シェリーについてはそんなことさえ知らなかった

---

5) Mary Schelley, Frankenstein, or The Modern Prometheus, The 1818 Text, Oxford. (Introduction, Marilyn Butler)『フランケンシュタイン』山本政喜訳，角川文庫，平成7年。翻訳は，1931年版にしたがっていて，1818年版とはかなり異なるが，ストーリーの細部は小論の主題には関係がない。

が，彼女は高名な革命思想家・文学者である父とフェミニスト思想家の母のあいだに生まれ，幼少から作家になることを期待され，17歳のとき妻帯者であった詩人シェリーと駆け落ちするという大変興味ある女性なのであった。身近なひとたちの死と恋愛沙汰に色取られた，その波瀾に満ちた生涯を省みる暇はない。時代に敏感な文学者として彼女も夫も生成しつつある科学，とりわけ化学や医学に素人ながら興味をもったし，科学者たちとの交際もあった。物語は科学とイギリス名物のゴースト物語から生まれたのである。すなわち科学によって墓場から甦らされた新趣向のゴーストの物語に他ならない。それは，「彼女の最初にして最良の小説」であるとのこと。さて，添えられた文献から判断するかぎり，やはり多くはプロメテウス物語として問題にされたようである。人造人間を造るというフランケンシュタイン博士の「偉業」は，現在シェリー夫人の時代にはなかった現実味を帯びている。臓器移植やクローニングの話題にことかかない今日こそその生命倫理的問題性は切実であるが，それは私の主題ではない。

　さて，物語では，フランケンシュタインは少年時代から自然哲学（アグリッパ，パラケルスス，マグヌス）に熱中し——これは当時彼の父親も時代遅れとして肩をすくめたものだ——長じて大学で近代科学（とりわけ化学，生理学，解剖学など）を学び，生命の原理について研究を続けたということになっている。その研究や実験の詳細が語られるわけもないが。しかしとにかく，若く優秀な科学者フランケンシュタイン博士は，死者たちから様々な部分を寄せ集めてついに人間を造りだすことに成功した。それは理想の人間であるはずであった。しかし博士はとんでもないものを造りだしてしまったことに気づく。甦らされたミイラだって彼よりは醜くはなかろうというから物凄い。博士は彼を抹殺しなければならないと決意する。彼の方は博士の意図を察知して逃げ出す。存在するものはその存在に固執するという本能にしたがって。彼は名前さえ与えられず（ということはその存在を認知されないことを意味する），以後ただ怪物と呼ばれる。もっとも，映画の「怪物」は深い，憂いを帯びた目をして，そんなに醜かったわけではない。少なくとも悲劇性を損なわない程度にしか。

　その創造者さえもが愛せないものを，他の人間たちがどうして愛する

ことができようか。彼は自分にはまったく責任のない存在のために理不尽な迫害と孤独に苦しみ，創造者にたいして復讐心を燃え立たせる——おなじみの神学的主題というわけだ。愛する者を奪われることこそ最大の悲しみであることを学び知った彼は，復讐鬼となって，フランケンシュタインの家族をつぎつぎ殺害し，最後には己の創造者を亡き者にしようとする。博士の方も殺人鬼と成り果てた彼を抹殺しようと躍起となる。創造者としての責任に苦悩する。

繰り返せば，彼の罪は醜く造られたということだけである。現代の科学も死者を甦らせることには成功していないが（その可能性を信じて自分の遺体を冷凍保存する人々がアメリカには本当にいるのである，しかも商売として成り立っているというから驚く），美容整形外科の技術では格段の進歩をしているから，現代ならこちらの方面はもっとうまくやれたかもしれない。それはともかく，こちらの方こそ奇跡なのだが，怪物の心は非常に立派にできあがったのである。知能はたかく，優しい性格であった。彼が最初に隠れ住んで生活を助ける貧しい農家で，彼らの生活を覗き見するだけで，言葉を習得してしまうばかりか，教養まで身につける。彼はひそかに農作業をして彼らの窮乏を救う。善良な彼らは姿の見えない守護者に感謝し，優しい思いを抱く。彼らが彼の姿を見てしまうまでは。しかし彼を一瞥するや，彼らは迫害者に変わる。そんな経験が重なるうちに，彼の心も荒んでいく。

実際顔面のひどいひきつれや病的アブノマリティーはやはり醜いと感じられるのは，事実である。容貌の極度の醜さは，異性の愛を得るという点ではほとんど致命的である。大抵恋は目から始まると決まったものである。フランケンシュタインの怪物は，孤独に耐えかねて，配偶者を，彼のエヴァを造ってくれるよう博士に約束させたりする。しかし同類ならば愛しあえるというのは本当なのか。原作とは異なって，映画はそんな女性を本当に登場させる。しかし醜女として甦らせられた彼女は，それを知って，彼の愛を拒んで，焼身自殺を遂げる。つまり悲劇の上塗りである。容貌は，女性にとっての方が一層問題だというのは，フェミニストを憤慨させるだろうが。

カントもいうとおり，感性的愛は命令することができない[*6]。「好きになれ」という命令は無効である。命令されたからといって，努力した

2　醜，あるいは「フランケンシュタイン」考

からといって，好きになれるような事柄ではないのである。醜く生まれついたり，なにかの事情で醜くなった者についての倫理的問題というものがあろう。それが自分自身のことであれば，神を呪う以外にはない。しかし呪っても仕方がないから，ひたすら耐え忍ぶしかなかろう。性格のよさや，そんな不運に耐えてガンバッているひとの方が好ましいと思うひとに出会うことを願うだけである。

　他者の醜さへの態度ということもある。精神障害や身体障害ゆえに差別や排除があるのならば，醜いゆえに排除するというのは立派な差別である。気軽に「ブス」などという言葉が，どんなにひとを傷つけるだろうか。しかし他方，健康はよい，美しいことは価値があるということを否定することはできない。少なくとも，誰もがそれらを好ましく思い，欲するかぎりでの自証性をもつ。それゆえ，たまたま自分が健康や美に恵まれないゆえに，健康や美しさにケチをつけるとしたら，それこそニーチェのいう「ルサンチマン」に他ならないだろう。

　同時に，多くのひとは性格や行為のよさ，つまり道徳的価値の方が容姿の美しさなどより高いという「健全な」倫理的判断に同意するであろう。しかしながら，ひとへの待遇では，それはあまり役立たない。実際極度の醜さは人目を惹く。顔面のひどい火傷あとのようなものにはつい視線がむいてしまう。そして，それは失礼だと恥じる。なにか緊張が生じる。醜く感じないようにせよというのは無理である。したがって醜いひとは平然と醜い顔面を晒し，周囲はそれに見慣れることが必要なのである。いくらかは気にならなくなるだろう。そして必要がないかぎり，なにも言及しなければよいのである。病人にむかって「今日はお元気そうですね」といい，老人にむかって「いつまでも長生きしてください」とお愛想をいうのとはわけが違う。そんな社交的「嘘」はここでは侮辱になるばかりであろう。しかし近頃の風潮，つまり美人OL，美人教師，美人看護婦，美人女優，美人なんとかという際限のない通俗ジャーナリズムの見出しは，ばかばかしいかぎりである。美人でなければ女性の価値がないみたいではないか。しかしまた，こんなことにあまり神経質になるのも，大人気ないし，味気ない人生をますます味気なくする。しか

---

6)　Kant, a.a. O.S. 17.

しその陰には生きづらい思いをしている者も，確かにいるのである。

　(三)　私はもちろん「よいものはよい」，「美しいものはよい」，「醜いより美しい方がよい」ということを否定しない。価値の差別は人間にとって人間であるための要件でさえある。事実と価値の区別にもう一度帰ろう。自然的質，たとえば黄色をまったく感覚しないようになったとすればどうであろうか。私たちのあり方に影響を及ぼすことは非常にすくないと思われる。もはやレモンを黄色いとは感じないで，灰色か緑かまたは何か別の色をそこに知覚するが，はやくいえば，「黄色色盲」になったと思えばよい。すべての感覚的質を取り去るならば，いわゆる植物人間であろう。もはや人間として行為をしていくことはできない。しかし視覚か，聴覚か，五感のひとつやふたつ失っても，多少活動の範囲は狭まるとしても，十分人間として生きていけるであろう。

　もしも完全な「価値盲」になれば，私たちはこれまであったような人間であることはできない。行為するには，何らかの価値の差別を認めて，選ぶということが必要なのである。今，本来の選択といえるような次元ではなく，ほとんど無意識に近いような瑣末な選択を考えてみる。昼食のこのラーメンは，若干の可能性のうちから何らかのよさゆえに選んだのである。おいしい，安い，手っ取り早い，あるいは空腹を我慢するよりまし，というようないくつか，またはひとつのよさを認めて決めたのだった。積極的にも，消極的にも，一切の価値評価をしないとすれば，私たちはおそらく動物でさえもありえず，事物に等しいのではなかろうか。動物も明らかに，食べ物やパートナーの選択では価値評価をおこなっていると思われる。異性の好ましさの基準は私たちのとは，ずいぶん異なるとしても。価値を評価することがまったくなければ，高度に知的でも，磨かれた鏡に物事が映るようなもので，それによって行為に踏み出すことはなかろう。行為が成り立つためには，自分の存在のために，なにかを図るということがなくてはならない。自己関心がなくてはならない[7]。さもなければ，動くとしても，機械がそうプログラムされてい

---

　7)　Heidegger, Sein und Zeit, Max Niemeyer, 16. Aufl. 参照。ただしハイデガーはそれを価値論的に解釈することを拒むが。

るからそう動くというのか，玉突きの玉のように外から突かれて動くだけなのである。これでは行為とは呼べない。価値は行為の原理になっている。完全な価値盲は，価値についての錯誤（それはしばしば起こる）などとは全然違ったことなのである。錯誤は評価するからこそある。

　一体道徳的価値としての「よさ」〔善〕と美とはどこが最も異なるのだろうか。実質的価値倫理学を採用しようと，それが気に入らなければ，義務論の立場をとろうと，あるいは別の倫理学を擁護しようがかまわない。しかしいずれにしても，道徳的よさは要求がましくて，その要求には際限がないのである。世の中から悪と不正と悲惨がなくなるとは思われなくても，善を実現し，悪を取り除き，人間のあいだに正義を打ち立てるよう努力すべきであると倫理は命じる。自分の行為について，「これでよかったのだ」とか，「他に仕方がなかった」などと自分を納得させ，ときには「良心に恥じるところはない」などと胸を張ることがあるとしても，自分自身の行為と存在の全体をいちいち吟味して，「私は道徳的によい」などといえる人間がいるだろうか。そんなひとがいれば，よほどノーテンキなのである。真面目であればあるほど，そんな満足には遠いであろう。ひとでなしでないためには道徳的であろうとすることが必要だが，それで幸せになれるものではない，そのことをカントは痛いほど理解していたのだと思われる。それにたいして，美は私たちに届いている。美は本質的に満足させるものだからである。そこには救いがある。

　美しいものを美しいと感嘆することはすばらしい。しかしさらには美しいものを美しいというのがなにほどのことであろうかということが存在しうる。ということは価値の立場を超える境地に立つことを意味する。美においては存在は肯定され，それは私たちにとってオアシスのようなものである。しかし美がなお醜との対立において見られるならば，価値差別の次元において考えられているということなのである。フランケンシュタインの怪物的存在は拒絶されるしかない。醜いゆえに迫害された者の怒りや悲しみを思いやれという倫理的主張をしたいのではない。価値の立場は基本的に差別を旨としていると確認しているのである。

　倫理は日常のものである。しかし祭りの日というものがある。普通は労苦の日常の日の幕間に祭りの日は挟まれる。美に触れて慰められ，精

神が浄化されるのは，つかの間の祭りの日のようなものである。しかし，すべての日を祭りの日にしようとする壮絶な営みがある。それを自分の道であると思い定めるひとがいる。

芭蕉は，

　蚤虱(のみしらみ)　馬の尿(しと)する枕もと

と，詠んだ*8。これはかなり有名な句である。美しいものを美しいと詠むのではない。どんなつまらないものも，汚い，醜いものも，そういう理由で排除されない。そのような対象の差別は意味を失う。もちろん相変わらず菫は菫，雀は雀，緑は緑，苦いものは苦く，悲しみは悲しみである。それがどんなささやかなものでもよい，五七五の詩句はこの瞬間にその存在を刺し止める。そして私〔作者〕をもその存在のうちに遊ばせる。旅先で難儀はしているのだけれど，この句にはどこかユーモアが漂う。『奥の細道』で尿前(しとまえ)の関というところをとおった後のことで，その地名が重ねられている。そんなことを知らなくても，この句は面白いけれども，詠まれた状況（ときには句によっては故事，同朋への気づかいなど）が重層的に折りこまれて，趣を添える。歴史的実存の表現なのである。たとえただの叙景歌とみえるものであっても。

私が祭りと呼んだ境地は，たとえば次のような句に最もよく示される。

　鳴海(なるみ)眺望
　初秋や海も青田の一(ひと)みどり

「一読爽快な初秋の展望である。何の巧みもなく，初秋の鳴海潟の大景に感合したものであって，その流動的，直線的な声調に，初秋の景に惹(ひ)かれた感動の明るさが溢あふれている。対象に身を寄せて，そのものになり入ってゆく芭蕉の態度がよく生かされている句といえよう。「や」・「も」・「の」の助詞も極めて的確な生かし方である」*9と，楸邨は見事な注解を加えている。現代の私たちがこんな風景に出会うことは稀になってしまったが，往時はありふれた風景に違いない。特に絶景・美景などではないのである。

---

8) 加藤楸邨『芭蕉全句』上，中，下，ちくま学芸文庫，1998年，中268頁
9) 同書，129頁

私はこうした境地を存在の聖化と呼ぼう。私はこれを今まで価値の立場と呼んできたものよりいっそう高い価値の立場であるとは決していいたくはない。それは価値の「彼岸」である。もちろんもっぱら詩作に生きる芭蕉にも生活の心配はあったし，病にもさんざん苦しめられた。けっこう用心深く振る舞いもしたようだし，世渡りが下手だったのでもなかったかもしれないけれども，どうにもならないときにはならないでもよいという腹のくくりかたが底にはある。それでなければ漂泊の生を選ぶことなどできない。生の一瞬一瞬を詩に救い上げること，毎日を祭りにするというのは只事ではないのである。
　『野ざらし紀行』によると，芭蕉が富士川のほとりをとおりかかったとき，三歳ぐらいの捨て子が泣いているのに出会い，食べ物を投げ与えて通り過ぎる。芭蕉は次のような句と言葉を書き記す。
　　　猿を聞く人捨子に秋の風いかに
いかにぞ汝ちゝに悪まれたるか，母にうとまれたるか。ちゝはなんじを悪にあらじ，母は汝をうとむにあらじ。唯これ天にして，汝が性のつたなきを泣け*10。
　子供というのは誰にとっても一番の泣きどころで（これは哲学・神学的な周知の主題なのでもある，子供の受難ほど神への告発に値するものはないだろうから），芭蕉も胸を衝かれずにはいられなかったのだけれども，存在の聖化は非情を含むものなのでもある。

　さてしかし，お前は俳諧といった現実逃避の遊びに逃げ込み，それを称揚するのかという声が聞こえてくるようだ。それにたいしては苦労の多い，雑駁な日常からひととき脱出することはどんなに貴重なことかと言い返すことができる。それは詩や芸術に通常割り当てられる効能なのでもある。しかし決して本来それに過ぎないものではない。そのうえ現実逃避どころか，とりわけ現代的な，切実な意義を有するのでさえもある。
　現代は地球の小ささに気づいてしまった時代なのである。人間が欲望をどんどん拡張し，肥大させ，あらゆる人知と技術を動員してそれを充

10）日本古典文学全集，松尾芭蕉集，井本農一校注，小学館

足していくことによって幸福が得られるはずであるという，これまでのような，そんな攻撃的なあり方を容れることはもはやできないのである。環境や資源問題ひとつとってみても，私がそれを強調するまでもなく，多くのひとはそれを理解していると思う。（いまさらそんな説教たれるのかという，貧しい国の人々の反発は一応別としておこう。）それゆえ生活を簡素にすること，少なく働くこと，ものを少なく造ること，少なく消費すること，これからはこういうライフ・スタイルに変えるしかないであろう。それで，なにが残るのか。遊ぶこと，詩的に生きることができある。ところで，このそれ自体はまったく非政治的な存在様式は，じつは高度に政治的なのである。詩人という特殊な人種が突発的に出現したり，詩を享受するひとがところどころにいるというだけならかまわない。しかしそれを人間の一般的あり方と言明するということは，様々な政策を導く最高の政治理念は，たとえば，経済成長とか，社会福祉といったものではないと宣言することだからである。しかし理念は理念として，政策の実現の場はあくまで日常であるが，それは破産の清算や破壊の修復の性格を多くはもつので，若い人たちにはあまり面白い未来ではなかろう（人間の方が変わるのでなければ）。といって片付けなければならない問題は山積しているのである（言うまでもなく，これは通常の政治の次元）。しかしその具体的方策などは，詩人や哲学者に期待はできなかろう。

3 〈私〉と〈他者〉の遠近法
―― ハイデガーと佐久間鼎 ――

　ハイデガーは『存在と時間』で,「存在の問い」という課題の要求にしたがって,まず「現存在の日常性の構造全体」を取り出そうと努める。本論で私は,「存在の問い」といった大上段の問題は棚上げにして,もっと身近な,手前の問題に携わりたいと思う。現存在は世界内存在として存在者のもとに他人とともに存在するが,問題はこの日常的存在に含まれる〈私〉と〈他者〉[*1]の遠近法的構造なのである。私がここで遠近法と呼ぶものは,私たちの生そのものに根ざす近さと遠さへの関心なのである。以下においてまず㈠『存在と時間』におけるその構造を解明する。それから㈡その構造を佐久間鼎による日本語の言語理論のうちに具体的に例証する。佐久間の言語理論への展開が決して唐突でないことは,叙述のなかで明らかになるはずである。日本語は,遠近法的構造の非常に顕著な言語なのである。

　本論の関心は,倫理学的なものである。(倫理学を超えたものへの関心とともに……というのは私は倫理学に或る限定された場所を指定するからである。)周知のように,ハイデガーは『存在と時間』を倫理学とはみなしていないし,「人」の分析などを倫理的(道徳的)に理解したりしたら,憤るにちがいない。たしかに実存論的分析論は倫理学ではないが,〈私〉と共同存在の形式的構造の解明がなされるばかりでなく,本当の自己や共同存在への志向を匿っているかぎりで,根源的に倫理的であるのは疑えない。まして,形式的構造に留まるのではなく,その「現象学的構成」[*2]ということになれば,事実的な,歴史的な,私たちの共同的

---

　1) 表題の「他者」は,簡便のため,自分でないもの,すなわち他の現存在的でない存在者と他の現存在(他人)の両方を表す。「他人」は多くは複数形(die Anderen)であるが,日本語としてはわずらわしいので,単数・複数の区別は無視する。神も他者である。
　2) 『存在と時間』Heidegger, Sein und Zeit, 16. Aufl., Max Niemeyer, 1986(以下略号SZ)。『存在と時間』の探求は,現存在の存在をその根拠,時間性へ連れ戻したのち,現存在の歴史性を「時間性のより具体的な仕上げ」(SZ382)と呼び,「現象学的構成の方途」(SZ375)によっ

な世界内存在に再び戻ることになる。辞書によれば,「倫理」とは,仲間の理法なのだそうだから,私たちの共同世界はまさしく倫理の生きられる領域に他ならないであろう。しかし実のところ,私は今回はハイデガーの倫理学への態度がどうであるか追求するつもりはない。またもちろん言語学者として佐久間には倫理学的意図は無縁であって,言語現象を解明しているばかりである。本論にとってさしあたり〈私〉と他人の共同存在それ自身が問題なのである。以下の考察もなお倫理学の理論などではない。しかし〈私〉と他人の共同存在の解明として,そのための基礎的な洞察を少しばかり得ることができればそれで満足なのである。

　㈠　「現存在の日常性の構造全体」の結論は,次のようなものである。「根源的に用在者のもとでの存在が他人との共同存在と同様に属する世界内存在は,そのつど彼自身のために存在する。しかし自己はさしあたり大抵は,非自己本来的である,すなわち人─自身である。世界内存在は,常にすでに頽落している。現存在の平均的日常性はしたがって,〈世界〉のもとでの彼の存在と他人との共同存在において最自己的存在可能そのものにかかわっている,頽落的に──開示された,投げられつつ──投企する世界内存在として規定されうる」(SZ181)。(傍点原文。引用文中の強調は,特に断らないかぎり,原文のものである。)

　ここにはどのようなことが読み取れるだろうか。現存在は日常性においては,「〈世界〉と人という他人の共同存在によって完全に奪いとられている」(SZ176)ということである。こうして現存在は自己自身でない(自己を喪失している)が,これが頽落である。それにもかかわらず現存在は「彼自身のために」存在するとされるのである。そればかりでなく現存在の存在は決して日常性のみに限られるのではなく,「最自己的な存在可能へのかかわり」が,その欠如的あり方においてもなお潜在することが仄示されている。今はとりあえず日常性が主題であるが。そしてこの日常の世界内存在が遠近法的なのである。

　さて,『存在と時間』の分析の特色でもあるが,他人は〈世界〉(事物)

て導き出す。時間性が形式的な時熟の構造であるのにたいして,歴史性においては現存在は,より具体的に誕生と死の間を生きる事実的実存者として主題化される。

とのかかわりの方から出会われるということがある。「現存在は自らをさしあたり大抵彼の世界から了解する。そして他人の共同現存在は, 多様な仕方で内世界的に用在するものから出会われる」(SZ120)。しかも他人を「物在する人物 Persondinge」(SZ120) として見出すのではなく,「〈仕事中〉に」発見するのである。というのは, 存在するとはまっさきには生きるために必要な諸々の実践だからであろう。しかし他人は用在者ではなく, 他の現存在であるから, その交渉は別のあり方をもつ。それゆえ他人への「配慮」は, 区別して「顧慮」と呼ばれる。

そこで遠近法的構造は, まず(1)道具(用在者)との交渉のうちに看取される。そして(2)『存在と時間』の超越論的構想にしたがって, それは現存在の存在仕方に基づけられる。(3) 他人は, 道具との交渉の連関のうちに登場する。しかし他人は用在者ではないので, 他人とのかかわりに特有な遠近法が見定められなければならない。

実際にこれらの解明に取りかかるまえに, ここで獲得される世界内存在の遠近法とはどのような身分のものか, 予告的に触れておく。第一には, 最初に述べたように, 日常性が主題なので, 自己本来性にこの構造がどこまで属するのかは, それへの示唆が関連して入ってくることはあっても, それとしては論じていないということである。ハイデガーにおける自己本来的自己という問題は, 佐久間の言語理論の検討を含む今回の考察にはふさわしくないのである。

第二には, 現存在はいわば存在の解明性一般といったものであり, その存在が各自的なもの (je meines) であるという性格づけは除けないものの (SZ42), 特有の「中立性 Neutralität」*3 を与えられていることである。つまり, 性別, 年齢, 民族性などは捨象されている。もちろん役割(親子, 兄弟, 夫婦, 友人, 師弟, 上司と部下等の関係)が扱われることはない。事物の所有, 物やサービスの供給, 贈与等のなかで, 非個人的な他人がわずかに姿を見せる。『存在と時間』で現存在の空間性は論じられるが(それをこれから見ていく), 事実性に属して現存在の「分散

---

3) Metaphysische Anfangsgründe der Logik im Ausgang von Leibniz, S.171-177を見よ。Gesamtausgabe, Bd. 26. Vittorio Klostermann, 1984

Zerstreuung」（MAL173f.）に数えられている。それゆえ論じられるのは日常性における空間性に限られ、自己本来性におけるそれが問題にされることはない。周知のことではあるが、時間性の扱いとの違いは大きい[4]。身体性は、主題化されないが、方向定位の原点としては考慮される。人称も或るレベルにおいては問題とされる。というのは、『存在と時間』は言葉についての独特な省察を含むが、現存在は語り合う存在なので、話し手、聞き手、第三者（自称、対称、他称）といった区別は、そのような術語で言及されなくても、やはり存在するからである。後ほど㈡において私が「〈私〉と〈他者〉の遠近法」の具体的展開として取り上げる佐久間の言語理論は、特に有名な「こそあど」と待遇表現の変遷という問題であるが、実際に人々が日常話している日本語の分析なのであるから、〈私〉と他人の上述の具体相は当然前面に出てくる。それが、佐久間の言語理論に注目する理由なのでもある。

(1) 遠近法は道具との配慮的交渉のなかでまず見出される。それは『存在と時間』では、第1編第3章c「環境世界の廻り性と現存在の〈空間性〉Das Umhafte der Umwelt und die〈Räumlichkeit〉des Daseins」に現れる。遠近法は確かに空間にかかわる。しかしこの表題がすでに示唆するように、純粋に視覚的遠近の処理法が問題なのではないし、その空間は環境世界的空間であって、いまだただの三次元空間といったものでは

---

4) 時間性について一言。『存在と時間』においては現存在のあらゆる存在仕方は時間性の時熟に基づくゆえに、「現存在の特殊的空間性も時間性に基づかなければならない」(SZ367)。ただその部分の論及のはなはだ粗略なのが困るが、すぐに触れるように、現存在の空間性とは方向づけと距離—取りによる現存在的空間の開示というものであるが、時間性を明示すれば、そこにはあちらへの予期からこちらへの帰来という脱自的動きがあることになる。その場において生じる存在者の近づけは現前化である。この空間は配慮と同道するので、その時間性は構造的には配慮のそれ（「予期的—保持的現前化 das gewärtigend-behaltende Gegenwärtigen SZ354」）に等しい。ただし道具の使用の場合には、それが適所する「何のため」を予期し、適所性の「何でもって」（するのがふさわしい道具なのか）を保持することによって、道具を適切に操作する現前化が行われる（SZ353）。また、『存在と時間』には空間性を頽落と直結する傾向が見られる。それはそこに横たわる現前化の支配に関係する。それは、言葉の意味の分節における「空間的なものの優位」の理由の次のような説明に最も明白に看取される。「本質的に頽落しつつ、時間性は現前化のうちに自らを失い、自らを配慮される用在者から配視的に了解するばかりでなく、現前化が用在者のもとに現成するものとして絶えず出くわすものから、すなわち空間的関係から、了解作用において一般に了解されるものや解釈可能なものの分節を取り出す」(SZ369)。

ない。
　　遠近法は用在者（道具）の空間性に見て取れる。では用在者の空間性はどうなっているのか。用在者とは，「〈近くに in der Nähe〉存在するもの」（SZ102）のことである。用在性（Zuhandenheit）という術語がすでに暗示するように，それは「〈手許に〉存在するもの」のことである。それは「そのつど異なった近さをもつが，この近さは隔たりの近さを計ることによって確定されはしない。この近さは配視的に〈計算する〉操作や使用から規制される」（SZ102）。また，配視は，「道具がそのつど接近される方向」を決める。さらに道具は空間のうちに位置を占めるというのではなく，「彼の場所 Platz」をもつ。道具は何かのためのものであったから，この場所は任意なものではなく，環境世界を構成するあの道具連関のなかでそれが属すべき場所である「道具の所属する〈あそこ〉Dort と〈そこ〉Da」（SZ102）なのである。道具の所属する「行き所 Wohin」が方域 Gegend と呼ばれる。方域は〈への方向〉ばかりでなく，或る広がり，つまりその方向にあるものの廻りをも含む。方域は道具の属する諸々の場所をつつむ。方域は，三次元の一様な空間ではなく，凸凹のある配慮の廻り的空間を表そうとしたものであることが分かる。方域のうちで近さ，あるいはまた遠さが，現れる。「方向 Richtung と距離 Entferntheit……近さは後者の一つの様相にすぎない……によって構成された場所は，すでに方域へ，また方域の内部で定位されている」（SZ103）。この空間は道具を捜し求めたり，操作したりする現存在がいて成立しているにちがいないが，現存在の方はいまだ分析の焦点ではない。遠近法もまだ目立たないが，この空間のうちで配慮的関心にしたがう存在者の配置，方向，距離（近さと遠さ）の差別がすでに仄示されている。
　　この空間はいまだ存在者そのものに付着しているのであって，三次元空間といったものではない。「〈上〉は〈天井に〉，〈下〉は〈床に〉，〈後〉は〈扉のところに〉ということである。すべてのどこは日常的交渉の過程によって発見され，解釈されているのであって，観察する空間測定によって確定され，記録されているのではない」（SZ103）とハイデガーはいう。ここには注意すべきことがある。上下，前後……の区別があるためには，身体とその構造が前提されることである。こう記述される空

間は，おそらく書斎で机の前に座っているハイデガーのみる風景なのであろう。「現存在の〈身体性〉における空間化」は「固有のここでは取り扱えない問題性を含む」（SZ108）と宣言して，『存在と時間』では取り扱いが保留されているし，「肉体をしょいこんだ自我事物 körperbehaftetes Ichding」（SZ107）を方向定位の中心におくことは厳しく拒否される。しかし後の考察にとって，身体の空間性は，重要である。先ほどの例でなぜ〈前〉が出てこないのか理由は不明であるが，〈前〉こそが方向定位の基準ではなかろうか。〈前〉は身体に付いている目の位置によって決まっている*5。といって純粋に知覚する目なのではなく，ハイデガー的にいえば，配視の目である。物事に対処するのは，前方でである。存在者に手を伸ばし，摑み，持ちあげ，運ぶ。あるいは追って走り出し，または避ける。それが知人ならば，挨拶のために身を屈める。しかしこの問題は今はこれぐらいにしておこう。

　(2)　用在者の近さと内世界的に用在するものの空間性が（1）において

---

　　5)　森田良行『基礎日本語辞典』（角川書店，平成元年）は面白い辞典である。その「まえ（前）」の項から。|歴史的かなづかいでは「まへ」，すなわち「目方」，すなわち（目の方）の意。視線の向かう方向ならびにそのあたりを指すが，対象と状況に応じてさまざまの意味に転化した。主体を中心にした方向概念は「前／うしろ，上／下，左／右，横……」など多いが，「前／うしろ」は水平方向となるのが普通である|（同1041頁）。森田は，目のイラストつきで，次のように考察を開始する。|事物・方向・場所を「前」ととらえるためには，とらえる主体の視点の位置，視線の方向がまず定まらねばならない。場合によっては，これにさらに対象が設定され，主体の視点との方向関係が問題となる|（同1041-42頁）。そこで㈠として「視線の方向を中心にしたとらえ方」がまず分析される。それによると，(1) 主体の視線の向かう方向が「前」，その逆方向は「うしろ」。その際，必ずしも体の方向と一致しなくてもよい。首を回したときの目の方向も「前」である。古代語では，「まへ」に対する逆方向は「尻方」である。（語源には不案内だけれど，ドイツ語の後 hinten は尻を意味しうるから，似た発想と思われる。）ところで，(2) 相手の視線の方向が次に基準になる。すなわち，この「視線の方向」は主体以外の場合にも転用される。相手（聞き手や三人称の人物）の視線の向かう方向を「前」ととらえ，その反対方向を「うしろ」と見るのである。さらに(3)その発展として，対象が目や視力をもつものでなくても，対象の正面（たとえば建物の正面）を「前」ととらえる。さらには(4)対象のすぐ近くの場所，つまり対象の手前側が前（机の前のように）とみなされる（同，1041-43頁）。主体の視線の方向を基点とする「前」の発生論的考察になっていることが興味を惹く。ただもちろん発生論的前後といっても，論理的性格のものだと思われる。その順序は，現存在の関心がまずは存在者の方を向いてしまうというハイデガーの分析と齟齬すると思われるかもしれないが，決してそんなことはない。ここではいまだ遠近について触れてはいず，遠近があるための視点の位置や方向が解明されているだけなのである。そのうえハイデガーのいう「距離─取りと方向づけ」は実存的・行為的になっているが，やはり主体の視点の位置や方向を基点に据えているのでもある。

示された。それがここでは超越論的に現存在の存在仕方に基づけられる。「用在者をその環境世界的空間において出会わせることは，現存在自身が彼の世界内存在にかんして〈空間的〉であるがゆえにのみ存在的に可能である」(SZ104)。用在者の空間（方域）に属する方向 Richtung と距離 Entferntheit は，現存在の側に返されて，「方向づけ Ausrichtung と距離—取り Ent-fernung」(SZ105) と捉えかえされる。つまりそれ自体として距離（遠隔性，またその様相としての近さ）があるのではない。もちろん Ent-fernung は普通は距離のあること，隔たりのあることを意味するが，ハイフンをいれることによって，距離を取り去るという意味を引き出す。したがってそれは「能動的・他動詞的意味」(SZ105) を表し，「近づけ Näherung」(SZ105) なのである。「現存在は本質的に距離を取りつつ，そのような存在者として，そのつど存在者を近さにおいて出会わせる」(SZ105)。日常私たちが供給したり，準備したり，手元にもってくるというのは，存在者を近づけているのである。

「現存在には，近さへの本質的傾向がある」(SZ105) とハイデガーは喝破する。そしてその証拠としてラジオを挙げる。ラジオは環境世界の「拡張と破壊をとおして」(SZ105) 世界の距離取りを推し進める。世界中のニュースは即刻小さな村の暮らしにも遠慮会釈なく侵入してくる。世界は縮小する。距離の克服の傾向はますます加速し，ハイデガーが「見渡しがたい」と嘆息した以上に，今日の私たちには見渡しがたい。

距離を取る（取り去る）ことは，「現存在との関係において用在者の遠さを明確に見積る」(SZ105) ということでは必ずしもない。距離はメートルで計られるような客観的隔たりなどではない。それゆえ距離は，客観的測定という観点からは無規定で不確定に見えるかもしれない。しかし日常的には「固有の，全く了解可能な正確さ」(SZ105) を具える，とハイデガーは指摘する。「そこまではほんの散歩だ，猫のひと跳びだ，一服の間だ」(SZ106) といえば，ひとつの共同存在のうちでは改めて問い返す必要のないものである。メートルで計れば，そのつどかなり異なった距離であろうが，それは「配慮しつつ配視的に出向いていく存在者に属する，見積もられた距離」(SZ105f.) なのである。それがもしもいやいやの訪問ならば，その家までの距離が長くなるのは確かである。しかしそれを主観的と呼ぶことをハイデガーは断固拒否する。「〈それ自体〉

別な存在者の主観主義的〈把握〉などとは無関係」(SZ106) なのである。むしろ「現存在の日常性の配視的な距離―取りが,〈真の世界〉の,すなわち現存在が実存者として常にすでにそのもとにある存在者の自体存在を発見する」(SZ106) とされる。しかし真理論的考察は本論の範囲外なので,この点にはこれ以上立ち入らない。

　ここに現れた距離は独特なものである。「いわゆる〈最も近いもの〉は,〈私たちから〉最小の隔たりをもつものでは全然ない」(SZ106)。ハイデガーによれば,たとえば鼻にかかっている眼鏡は,彼が見ている前面の絵よりずっと距離があるし,歩行のとき足で踏んでいる道路は,二十歩先に出会う知人よりもずっと距離が遠い (SZ107)。眼鏡や道路は身体に接しているという意味では最も近いが,それらはほとんど気にも留められていない。一方の眼鏡と道路,他方の絵と知人は,同じ観点から遠近がいわれていないのは明らかである。ハイデガーは後者の近さをより根源的とみなす。なぜなら近さと遠さを決めるのは,配視的配慮だからである。

　したがって近さは「身体の或る点からの最も少なく隔たる空間の位置」(SZ107) によって定められない。「近づけば,身体をしょいこんだ自我事物に定位されるのではなく,配慮する世界内存在に定位される,すなわち世界内存在においてそのつどさしあたり出会われるものに定位する」(SZ107)。このことは,世界内存在はまずは存在者(世界)の方へ向いている,すなわち現存在はさしあたり大抵頽落しているという,『存在と時間』の基本的洞察にそった言い方である。それゆえ「現存在は彼の空間性にしたがってさしあたり決してここ hier ではなく,あそこ dort であって,このあそこから彼のここへ帰来するが,ただそれも彼の……への配慮的存在をあそこに用在するものから解釈するという仕方において彼のここへ帰来するという風になのである」(SZ107f.)。ハイデガーの日常性における「あそこ」の優位はどう理解されるのか。配慮は「彼の存在可能のため」なされるが,注意が向けられるのは通常目的となる物事の方であって,彼の存在は主題的に把握されないということなのである。しかし「あそこ」からする「ここ」の規定がいわれているにしても,引用文の「彼のここ」の言及からみても,遠近法の基点としての「ここ」が否定されているわけではない。

この辺の分析は，後の佐久間による「こそあど」の体系との絡みからも重要である。「こそあど」の遠近法は，自分の身体を原点（ここ）としてそれとの純然とした空間的隔たりの大小によって成立してはいない。ハイデガー的世界内存在としての現存在に基づけられていると言いたいところだ。

　配慮は適所性（Bewandtnis），すなわち「……でもっては mit……のもとに bei」（SZ 84）の連関（たとえばハンマーでもっては打つことのもとに適所をもつ）という存在論的構造によって可能にされる。しかしこれは実は「空間の共開示性」（SZ 110）を含む。或る道具を使用するときには，道具は使用連関のうちでふさわしい場所になければならないからである。「配慮的配視の可能的な透視性にしたがって，現存在の事実的存在とともに内世界的存在者は距離を取られ，方向づけられる」（SZ 111）。当然この距離―取りと方向づけは遠近を含む。もし何かを造ろうとするなら，まず必要なものは何か，次に……と手順を考えて存在者を手繰り寄せなければならない。それは必要な行為をつぎつぎになすということでもあるので，ここには時間的順序，したがって何らかの時間的遠近のごときものも含まれることになろう。この点の分析は乏しいので，ハイデガーにそくして直接それを遠近法的に扱うのはむずかしそうではあるが。

　ハイデガーは，用在者をその空間性へと切り開くことを，現存在の超越論的体制にしたがって空間付与と捉え，「空間のあけ渡し Einräumen」（SZ 111）と名づける。なおハイデガーは，用在性から物在性への変容に対応して，配慮の廻り的空間から三次元空間の派生を説く。すなわち道具の場所や適所性の喪失によって環境世界が「自然世界となる」（SZ 111）ことによってである。しかし，この変容は本論の主題ではない。

　(3)　さて，事物ばかりでなく，他人が登場する遠近法の考察に進もう。これまで用在者とのかかわりに専ら照明が当てられたが，他人たちはすでに居合わせている。というのは，「他人たちなしの孤立した自我」（SZ 116）などがまず存在するのではなく，〈他人〉はそのつど常に世界内存在とともに現に存在する mit da sind」（SZ 116）からである。それゆえこれからの探求の領野は「共同存在と自己存在としての世界内存在」（『存在と時間』第25-27節）である。ところで二つの異なった遠近が問題

になる。第一にここでは人称の区別が現れる。ハイデガーはそれを正面きって詳細に論じてはいないが、当然人称の区別には遠近の差別が横たわる。日常において私たちは他人のためでなく、自己関心から行為をなし（それゆえ私ほど近しいものはない）、また人称の区別をわきまえて言葉を話す。しかしながら第二に私は本当に自己自身として存在するのかと問えば、その意味では自己は遠いものであり、逆に他人は私と区別されない、したがって全く近いということなのかもしれない。ハイデガーにとっては後者が本来の存在論的問題である。無論佐久間には本当の自己云々といった問題意識は無縁である。ひとが日常実際におこなう人称表現やそこに含まれる自己了解、また他者了解を解明しているので、ハイデガーとの接点もそこにある。

現存在の「世界における没頭 Aufgehen in der Welt」が明らかにされたのち、共同存在と自己存在は「日常性において現存在であるのは誰 Wer であるか」（SZ114）という問いでもって改めて探求の主題とされる。最初からハイデガーは現存在とは「そのつど私である存在者であり、そのつどその存在は私のものである」（SZ114、またSZ42参照）と宣言していた。私であることさらに言うことは、他人との区別を申し立てているゆえに、「現存在の話当ては、この存在者の各自性 Jemeinigkeit の性格にしたがって絶えず人称代名詞を共に言わなければならない、〈私がある〉、〈君がある〉、と」（SZ42）と述べた。しかしひとは日常「私、私」と発言し、私と語るひとが私であることは形式的には常に正しいとしても、「日常的現存在の誰はまさしくそのつど私ではないということでありうる」（SZ115）というのが真相である。そのうえ「そのつど私のものであるという体制が、現存在がさしあたり大抵自分自身でないことの根拠であるとしたら？」（SZ115f.）という疑問を投げかける。いうまでもなくこれは肯定の言明である。自己は実存の規定として（それだから現存在は誰かであって、何かとは問わない）、自己の自立性と非自立性に開かれている。ハイデガーの日常性の分析にしたがえば、非自立性、すなわち自己喪失というこれも一つの自己であるあり方が証示される。これが意味するものは、さらに検討しなければならない。

環境世界における道具との交渉に帰る。それはたとえば靴造りの職人の仕事場である（SZ70f.）。そこでは製作に必要な道具（ハンマー、釘、

3 〈私〉と〈他者〉の遠近法

鋏……）や材料（皮など）に出会うばかりでなく，これらを供給する者やその製品を履く顧客がちらりと顔を覗かせた。それを引き継いで，その製品は「可能的着用者」の「〈身体に裁ち合わされた〉」（SZ117）と指摘する。再び材料の「製造者や供給者」への言及。さらに戸外で私たちがそれにそって歩く畑は誰かの所有物であり，誰かによってきちんと手入れされている。利用している本は誰かのところで買われ，あるいは誰かによって贈られた。係留された舟はそれに乗って渡る知人を指示する（SZ117f.）といった描写が続く。南ドイツの田舎町での暮しを思わせる，かなりのどかな風景である。ハイデガーは，かつて言及が非現存在的性格の存在者に限られたのは，説明の単純化という目的ばかりでなく，他人の現存在は「用在者や物在者から区別される」（SZ118）からだと改めて告げる。ハイデガーの分析の特異さは，他人の共同存在はまっさきには「内世界的に用在するものから」（SZ120）出会われるばかりでなく，「〈仕事中に〉」（SZ120）出会われるとすることにある。まるで経済学のテクストでもあるかのように……たとえば愛情関係が優先するというのではないのである。自らの存在可能（それも生存という意味で）が問題であるというのが日常性というものの真実であるということなのかもしれないが。

　他人は配慮の世界から出会ってくると言われていたが，それは単に他人がそこに現れてくるという意味ではない。この世界は他人のために存在するのでもある。たとえば商店も交通機関もみなそうである。他人とはどういう意味か。他人とは「私を取り除けた私以外の残り全部」のことではなく，「むしろひとが自分自身を彼らから区別せず，そのあいだに自分もまた立ち混じっている」（SZ118），それが他人だとハイデガーは言う。他人は〈共に〉そして〈また〉実存する。私は他人と世界をいつもすでに分け合っている。「現存在の世界は，共同世界である。内―存在は他人との共同存在である」（SZ118）。実存する存在者の名称としては「共同現存在」と呼ばれる。

　「現存在は，〈自分自身〉をさしあたり彼が営み，用い，待ち受け，防止するもののうちに見出す，すなわちさしあたり配慮される環境世界的世界のうちに見出す」（SZ119），つまり用在する世界の「あそこ」からであるというのが，日常的な現存在というものである。他人も同じであ

る。それゆえまっさきには「作用中心」という把握などはない。現存在が,「ここの私 Ich-hier」(SZ119) として自分を言い表すときも,「自我事物という際立った点」を意味するのではない。「場所的人称規定は現存在の実存論的空間性から理解されねばならない」(SZ119) とハイデガーは主張して, フンボルトの研究を引き合いに出す。

フンボルトは,「〈私〉を〈ここ hier〉によって,〈君〉を〈そこ da〉によって,〈彼〉を〈あそこ dort〉[*6]によって表現する言語」(SZ119) を紹介した[*7]。文法的に言えば, 人称代名詞を場所副詞で再現している。両者のうちでどちらの意味が根源的であるかという論争が生じるわけだが, ハイデガーは次のように争いを裁定した。「……場所副詞は現存在としての私に関係する。〈ここ〉〈あそこ〉〈そこ〉は, 第一義には空間の位置に物在する存在者にそくした内世界的存在者の, 純粋な場所規定ではなく, 現存在の根源的空間性の性格である。いわゆる場所副詞は現存在規定である。それらは第一義的には実存論的意味をもち, 範疇的意味をもたない。しかしまたそれらは代名詞ではない。それは場所副詞と人称代名詞の分化以前にある」(SZ119)。ところで, 日本語は「私をここ, 君をそこ, 彼をあそこ」と表現する言語のひとつである (むろん正確には「ここ」ではなく,「ここ」の類の言葉という意味であるが。なにしろ場所副詞と人称代名詞の分化以前がまさしく問題なのだから。)『存在と時間』と佐久間とのそれが注目に値する接点に他ならない。ヨーロッパ語の文法から由来する人称代名詞と場所副詞といった区別が日本語にはしっくりしないという佐久間の指摘も含めて, 後に「こそあど」を取りあげる。

さて, 共同存在は, 実存論的な規定である。それゆえ事実上「多数の〈主体〉が一所に出現する」(SZ121) ことによって成立するのではない。それゆえまた事実上ひとりであるかどうかに依存するわけではない。「現存在は共同存在として他人の現存在を彼の世界において出会わせる」

---

6) ここでの訳は一応これでよかろう。しかし他言語との間に語彙の一対一対応がないのは当然であるが, ドイツ語に整然としたコソアドの体系のようなものがあるわけではないので, hier・da・dort の対立はやや微妙である。これについては注(8)を参照のこと。

7) W. v. Humboldt, Über die Verwandtschaft der Ortsadverbien mit dem Pronomen in einigen Sprachen (1829). Ges. Schriften (herausg. von. Preuß. Akad. der Wiss. Bd. Vl, 1. Abs., S. 304-330)

3 〈私〉と〈他者〉の遠近法

（SZ121）ゆえに，そして「共同存在はそのつど固有の現存在の規定性である」（SZ121）ゆえに，実存論的なのである。そのつど固有の現存在からといわれるが，それは，存在の明るみは各自的現存在に属するという本質的事情から来る。したがってそれは，現存在が日常性においては他人と区別されないと先ほど言われたこととはレベルが異なるのであって，少しも矛盾しているわけではない。

　さらにこれから，他人との共同存在に固有の遠近法が明らかにされなければならない。他人は用在者ではなく，他の現存在である。それゆえ配慮されるのでなく，「顧慮 Fürsorge」（SZ121）される。「衣食の〈配慮〉や病体の看護」（SZ121）も顧慮であると，ハイデガーは言う。しかしたとえば靴や楽器の手入れではなく，なぜ他人についてだけ顧慮が言われるのか。『存在と時間』の核心といえるが，現存在の存在は適所性（何かのため）の性格をもつのではなく，現存在が「そのために現に存在するもの」，すなわち究極目的性（Worumwillen）である。そして現存在の存在は共同存在であるゆえに，「共同存在としてそれゆえ現存在は本質的に他人のために umwillen〈存在する〉」（SZ123）ということができる。病体の看護は，病人の気持ちにそって，その要求に応えなければならない。そうでなければロクでもない看護である。またハイデガーはここで「事実的社会的制度としての〈顧慮〉」（SZ121）に触れる。Fürsorge というドイツ語は普通は福祉事業を意味する。そしてハイデガーは「そうしたものの事実的緊急性は，現存在がさしあたり大抵顧慮の欠如的様相に身をおいていることに動機づけられている」（SZ121）と指摘する。大規模な福祉事業が近代的理念であるのもまさにその現れなのだろう。そうしてみると，共同存在についてもはや通常の意味では空間的ではない遠近が目に入る。「互いのための相互存在，反目的相互存在，無関心的相互存在，互いに通り過ぎること，互いにかかわらないこと（das Für-, Wider-, Ohne-einandersein, das Aneinandervorbeigehen, das Einander-nichts-angehen）が，顧慮の可能的あり方である」（SZ121）とその様相が列挙される。確かにここには親疎の区別，遠近が含まれているのではなかろうか。その詳細が語られることはないが，近しさの変移のようなものがみえて，そこには反目することは無関心より近いというような実存の遠近が見出されるであろう。

ハイデガーは顧慮について積極的な「ふたつの極端な可能性」（SZ122）を挙げる。積極的とは無関心といったものではなくという意味である。この解明は，他人との自己本来的かかわりばかりでなく，自己存在へのかかわりの遠近に示唆を与えるゆえにも重要である。しかも人称性が覗く。したがって自己本来性における人称という問題にもわずかながら光を投げると思われる。

　その第一のものは，「跳び入って〈関心〉を取り去る顧慮 einspringende, die〈Sorge〉abnehmende Fürsorge」（SZ122）である。それは配慮において他人の代わりを引き受けてやり，他人が出来あがって使用可能になったものを受け取るようにするというものである。このような顧慮においては，他人は知らず知らず「依存者や被支配者」（SZ122）になる。関心を奪い去る顧慮は「相互存在を広い範囲で規定する」（SZ122）。日常の顧慮が大抵支配・非支配であるというのは，鋭い指摘であると思う。日常の顧慮が大抵はこのようなものであることは否定できないが，それは共同存在の必要事でもある。このような顧慮は，福祉政策などとして皆に行き渡るはずの，三人称的なものでもありうるが，二人称的価値を帯びるものでもありえよう（親子や友人などの間において）。

　第二のものは，「前に跳ぶ（模範を示す）―解放する顧慮 vorspringend-befreiende Fürsorge」（SZ122）である。こちらは他人に代わって跳び入ったりしない。「彼から〈関心（心配）〉を取り去るのではなく，関心として本来的に返しあたえる」（SZ122）。この顧慮は「他人の実存にかかわるのであって，彼が配慮する何かにかかわる」のでなく，「関心において自分自身に透視的になり，関心にたいして自由になるよう他人を助ける」（SZ122）というものである。『存在と時間』には本格的な人称についての議論はないが，ここには明らかに人称性が含まれるように思う。しかも自己本来性における二人称の関係を指示するようにみえる。前に跳ぶ者の側からいえば，相手をそのひと自身へ突き返すという意味で，距離を持ち込む。模範として受け取る側もその距離を見る。自覚にかんして先に行く者と後に続く者の格差が存在する。しかし配慮にかかわるような諸々の関心は背後に退いて，このかかわりのみが浮かび上がるゆえに，或る親しさは出来するであろう。事実的にそのひとが身近なひとであるかどうかにかかわらず，その関係は二人称で呼びかけるようなも

のであろう。ただし、実存の相互存在は、「愛」ではなく、むしろ「敬」なのであろう。馴れ馴れしさのごときものは許されない。自己自身を獲得してしまったなどということではありえないとしても、配慮的没頭による「分散」から身を退くゆえに、自己自身への近さもまた存在するようになろう。

　表現は別として、ここには「私たち、われわれ」という人称も見出されるように思う。相互存在は日常においては、共に仕事をするときがそれであるように、「共通に配慮されるものに基づく」(SZ122)。もしもそこで発言するとすれば、当然「私たち」と語るのでなかろうか。しかしそうした相互存在は大抵は「外面的限界」にとどまるばかりでなく、「隔たりや打ち解けなさの様相」(SZ122)にある。では、本当の相互存在はどこに成立するのか。「同じ事柄に雇われた者の相互存在は、しばしば不信によってのみ養われる。逆に同じ事柄にたいする共通の自己投入はそのつど自ら摑み取られた現存在によって規定されている」(SZ122)。共通の仕事はかりそめの連帯を与えるとしても、大抵はみかけだけのものにすぎない。引用文の後半が述べるように、「私たち」の成立は自己自身を摑むことを経由すること、しかしまた「同じ事柄にたいして」という契機なしには可能でないこと、それは全く正しい洞察だと思われる。

　配慮に配視が属したように、顧慮は固有の視（顧視 Rücksicht）に導かれる（SZ123）。それは他人への気遣いの視であるが、深い気遣いから無視のような様相とその様々な程度を示すであろう。

　以上で、「自らの現存在は、他人との共同現存在と同様、さしあたり大抵環境世界的に配慮された共同世界から出会われる」(SZ125)という主張が何をいうのか、一応見渡した。この配慮された共同世界からの自己存在と他人の規定という事態そのものが、日常において現存在は「自分自身でない」(SZ125)ということを招来しているのである。これまで見てきた『存在と時間』の「現存在の予備的基礎分析」の段階では、むろん自己本来性はまだ主題ではない。自己本来的相互存在の可能性はちらりと姿を覗かせても、あくまで可能性であるにすぎない。それでは、日常的共同世界における「現存在とは誰であるのか」という問いはどう答えられるのか。「人 das Man」というのが、ハイデガーの答えである。

それでは「人」における遠近を問おう。ハイデガーは，私たちの日常的存在に特有の隔離性（Abständigkeit）を抉り出す。「ひとが他人とともに，他人のために，他人に抗して摑み取ったものの配慮には，絶えず他人にたいする差別をめぐる関心が横たわる。他人にたいする差異を均そうというにすぎないのであれ，他人に後れをとっているので，自らの現存在を彼らと比べて高めようというのであれ，彼らを引き摺り下ろして他人にたいする優位を保とうというのであれ……相互存在は，自分には隠されているが，この隔たりを巡る関心によって不安にされている。実存論的に表現すれば，それは隔離性の性格をもつ」(SZ126)。摑み取ったものとは，富や地位が考えられるであろうが，名声や人気や様々でありえよう。他人との隔たりを巡る日常の現存在の闘争の有りようが浮かび上がっている。しかしこれは日々私たちが生きている人間模様に他ならず，これ以上説明は不要であろう。

　日常的共同存在に属するこの隔離性には，「他人の統括 Botmäßigkeit」(SZ126) が隠されている。隔たりへの関心がそれを成立させているという指摘は鋭い。ところで，この他人とは「特定の他人」ではない。他人とは「日常的共同存在にさしあたり大抵〈現に存在する〉者」(SZ126) のことであり，自分もその一員である。それを言い表すのが，ハイデガーの鋳造による「中性詞，人 das Man」(SZ126) である。

　人の世界は，公共的環境世界である。それを支えるのが，公共の交通機関と報道（ただしハイデガーの挙げるのはラジオと新聞！）である。そこでは，「相互存在は固有の現存在を完全に〈他人〉の存在仕方に解消し」，「差異性や目立ち」を取り払って，「人がそれ本来の独裁をほしいままにする」(SZ126)。

　すなわち「私たちは人が楽しむように楽しみ，人が文学や芸術を鑑賞し，批評するように，読み，鑑賞し，批評する。しかしまた私たちは，人がするように〈大衆〉から身を引く。人が腹立たしいと思うものを〈腹立たしい〉と思う。特定の者でなく，しかも合計ではないが皆である人が日常性の存在仕方に指令を与える」(SZ126f.)。大衆から身を引くのも人だという指摘が加わっているのは面白い。「違いが分かる」のも，ファッションで個性を発揮するのも，お釈迦様ならぬ人の手のうちと続けることも出来よう。そして人は，隔離性の配慮故に，「平均性

Durchschnittlichkeit を配慮する」（SZ127）。平均性の配慮は「優位」や「例外」を抑圧し,「あらゆる存在可能性の平坦化 Einebnung」（SZ127）を志向する。したがって隔離性，平均性，平坦化が人の存在仕方を構成する。「人」は，20世紀に顕著になった大衆社会の活写になっているが,「人」が現代社会のみに妥当するとは思わない。身分制度の壁が厚い前近代的社会でも，全然別の形であっても，つまり大衆社会の均一性や匿名性は欠いても，他人の支配ということでは変わらないに違いない。それがハイデガーの見解かどうかは判断を控える。

　それでは日常性において自己はどうなっているのか。「人はどこにも居合わせ」（SZ127），現存在から「決断」や「責任」を免じてやる。それが意味するのは，人は誰でもないので，誰もが決断したり，責任を負ったりしないということである。したがって日常において「さしあたり〈私〉は固有の自己の意味で〈存在する〉のではなく，人のあり方での他人である。人から人として私は私〈自身〉にさしあたり〈与えられる〉」（SZ129）。換言すれば,「日常的現存在の自己は，人―自身であり，私たちはそれを自己本来の，すなわち自ら摑み取られた自己から区別する」（SZ129）。日常における自己喪失が証示された。しかし忘れてならないのは，人が誰でもないと言われても，強固なリアリティをもつということである。「現存在の最も近い〈恒常性〉Ständigkeit」（SZ128）をなしている。しかしそれは自己本来的自己から見れば，自己の「非自立性，非恒常性 Unselbständigkeit」（SZ128）以外ではない。

　日常的現存在の分析の結論は,「私たちがそのつど自分自身である存在者は，存在論的には最も遠いものである」（SZ311）というものである。つまり本来近いものは遠く，最も近いものは近いものではなかったのだ。しかも「その根拠は関心そのものに横たわる」（SZ311）ということになる。それゆえ『存在と時間』は,「彼の固有の隠蔽傾向」（SZ311）に逆らって，つまり頽落に逆らってということであるが，自己自身を見出すための長い道程を必要とする。ハイデガーにおける自己本来的自己の問題にはこれ以上立ち入ることができないが，そのためには「予備的分析」では扱われない「私の死」の問題に沈潜しなければならないということのみを言い添えておく。

(二) 佐久間鼎の言語理論[*8]への興味は私にとって非常に古くからのも

8) 佐久間鼎のテクストは、『日本語の言語理論』恒星社厚生閣、昭和41年（昭和34年初版）。以下では『理論』と略記。『現代日本語の表現と語法』恒星社厚生閣、昭和41年。略号は『語法』。佐久間は根っからの言語学者ではない。「場」という考え方からも知られるように、ゲシュタルト心理学者であり、言語学の分野でも多面的な業績をあげている。「コソアド」の理論は、Karl Bühler（Sprachtheorie. Die Darstellungsfunktion der Sprache, 1934）の「二つの場の理論」（Zweifeldertheorie）から影響を受けて成立したことを表明している（「追記 コソアドの生いたち」『語法』310・22）。しかしビューラーの理論の内容に触れてはいないので、補足すると、「二つの場」とは、「記号の場」（Symbolfeld）と「指示の場」（Zeigfeld）である（Karl Bühler〉Sprachtheorie. Die Darstellungsfunktion der Sprache, 2. Aufl., Gustav Fischer, 1965, S.80f. 以下頁のみ記す）。前者には名詞（Nennwort）が、後者には指示詞（Zeigwort）、デイクシスが属する。この区別自体、すなわち指示の語を独立のクラスとして立てること自体をなお戦いとられなければならなかった。「遠近法」というテーマを逸脱しないように努めながら、佐久間との接点である指示詞について若干言及したい。しかも話し手と相手が現場で遣り取りしているような指示詞の使用に限定する。というのは、現在の目的にはそれで十分であるし、離れたところの出来事についての、語られた、または書かれた長い報告やフィクションのなかでも指示詞は用いられるが、現場の用法に基づくだろうからである。さて、指示の仕方は四種に分けられる。(1) der-Deixis、(2) 私の、または私の場所のデイクシス（hic-Deixis）、(3) 君の、または君の場所のデイクシス（istic-Deixis）、(4) jener-Deixisである（83）。(1)は最も身近なデイクシスであって、腕と指を伸ばして指すのに伴う、または代わるものである。「この〔その〕スズラン」、「あの木」のようなものである。指示語は名詞で呼ばれたものを「個別化する」（89）。「あれ」と指されたものは、「いくらかより遠いもの、ある限界の別の側にあるもの」（100）を言う。「da」と「dort」は「語っている者の周りの領域を、そこに指示されたものが見出されうる領域」（90）を表すのだが、ビューラーによると、それらは時おり対立して用いられる。私がたまたま思いついた例（272頁をみよ）と同じであるが、病人が医者に体の痛む箇所を教える場合、自分で届くところなら「da」と触るが、届かないときには「dort」あるいは「jener Fleck dort」（日本語なら「ソコのそのしみ」と訳すであろう）で指示するという。また、全地球が「ここ領域」（Hier-Bereich）なら、彼岸は「dort」である。「私自身の言語感覚を信頼してよければ」と言い添えつつ、現在の日常語で「da」で言われるのは、「ただちに手で、数歩で、あるいは距離の隔たりを克服して到達できるもの」である。「dort」は「daから目下摑むことのできる領域にない」（100f.）ものを際立てているという。このあたりは、佐久間の「勢力圏」という考えに示唆を与えたにちがいない（272頁をみよ）。ところで、「ich」は、「すべての可能的送り手」、「du は受け手」（91）を指すのはむろんだが、「言語行為の役割の担い手」（113）ということに尽きるのではない。「ich-Deixis」、「du-Deixis」は、送り手の場所、受け手の場所への指示を含む。見えないところで（暗い、または閉じた扉によって）、「君はどこにいるのか」という問いにはしばしば「ここ」と答え、「誰だ」には「わたし」と答える（91）。聞き手は、一方ではこの声のでどころの性格を、他方では声の個別性格を聞く。つまり純粋な「ここ」は「言語的使節の送り手の位置のシグナルとして、純粋な〈わたし〉は個別シグナルとして機能する」（95f.）。もちろん相手が声を認知すると思わなければ、「わたし」とは答えない。そして「du」についてはといえば、まず「純粋な呼びかけ語」として働く。「君（注意してくれ）、わたしは君に言いたいことがある」（115）のように。あるいは「君」の「純粋な指示機能は、送り手がその語を指す仕草ではっきりさせたいと感じるとき現れる」、「そこの君」（du da, du dort）の場合のように。このドイツ語の語感が正しいとすると、なぜ日本語では対称の人代名詞を端的に使いにくいのかが理解できる。

3 〈私〉と〈他者〉の遠近法

のであるが*9，長いあいだ放置した宿題を片付けようという次第なのである。取り上げるのは，密接に結びつくふたつの問題である。第一は「こそあど」である。第二は，待遇表現の変遷という問題である。前者には実際には待遇表現が入り込むのだけれども，その詳細は省いて「自称，対称，他称」等に標準化して，佐久間自身がそうしているよりも一層そう努めて，共時的に分析を行う。第二については，たとえば英語で育った人間ならば目を回すだろうが，自称だけを取ってみても，「私，わたし，ぼく，おれ」等の多数の語彙が使い分けられて，しかも時代によってどんどん交代してしまうという不思議な現象に佐久間が注目したのである。歴史的変遷が扱われるので，通時的考察である。待遇の表現は変わるけれども，「こそあど」の体系は維持される。そこにはどんな存在了解が働いているのだろうか。〈私〉と他人との共同存在のあり方が，とりわけ日本的それが露にされるはずである。

さて，待遇表現に関しては歴史的考察が入るが，ハイデガーの歴史性と歴史の議論を扱うことができないので，両者の突き合わせが唐突に思

さらに，ビューラーは，Rudolf Langeというひとの日本語の教本をひいて，ごく簡単に注の扱いではあるが，日本語の指示詞について取り上げている（147f.）。彼はそこで，日本語がラテン語の「hic・iste・ille」に対応する「コソア」の体系をもつことを指摘する。また対話者にたいする第一義的人称代名詞はなくて，「前指示代名詞」（Prodemonstrativa）が用いられるという。すなわち，それは，人物の社会的地位や話し手の相手にたいする丁寧さを顧慮する名詞である。一人称には，「無価値な，言うに足りないひと（小生），僕」（wertlose, nichtssagende Person, Diener），二人称には「君，御前，貴殿」（Herr, Fürst, geehrter "Zustand"）が用いられる。したがって，人物は指示詞で指されるのではなくて，名づけられる（genannt）という。それゆえ前指示代名詞と規定されたのである。それから「別種の，場所的な，暗黙的人称体系」が並存する。すなわち，「ホー」（方，側 seite）を付加する。「コノホー」（diese〔hic〕Seite），すなわち，「私」，「ソノホー」（diese〔iste〕Seite），すなわち「君」。「テマエ」は文字どおり「手の前」で，へりくだった「私」，また見下す「お前」を表すが，この注目すべき現象は，「場所的原理と社会的原理の混交」として理解される。最初は単に場所的に規定された意味に社会的に下位にある相手の意義が加わるが，状況によっては語られたひとそのものを表すとされる。「ワタクシ」（公にたいする私）と「ワレ」はこの体系の外にある。ビューラーによるコソアドと待遇表現についての議論はこれだけにすぎなくて，かなり断片的であるが，佐久間には具体的事例ではなく，考え方だけが重要だったろう。

9) 1977年，若くして逝った同僚の久保元彦さんが，画期的論文「形式としての空間……「超越論的感性論」第二節，第二および第二論証の検討……」を書いた。論評をしようという気運が高まり，同僚有志がそれぞれ短いエッセイを書いて，同時に掲載することにした。私も「〈現存在〉への途上」を寄せた。そのなかで私は，ハイデガーに依拠したのはむろんだが，佐久間の「コソアド」を用いて久保さんの空間論に一撃を加えようと試みた。（「人文学報」122号，1977年）

われないように，少しばかり準備をする。現存在は世界内存在として存在者のもとに他人とともに存在するが，その構造はすでにこれまでの解明が明らかにした。その構造は時間性と歴史性に基づく。最も一般的，形式的には，時間性は「既在的—現前化的将来」（SZ 326）という統一である。平たく言えば，何らかに（つまり自己本来的，非自己本来的の区別を問わないとして）自分の存在を可能性から了解し（つまり将来的），自らの過去を背負いつつ（つまり既在的），様々な存在者と他人にかかわって現在に生きる（現前化的）。しかもこの時間性は有限的である。というのは，ひとは死ぬものだからである。時間性を歴史性のレベルに具体化すれば，自分に先立つ歴史的共同存在のうちに誕生し，そこで育ち，諸々の存在可能性を引き継ぎ，そこから自らの可能性を汲み出し，投企し，このようにして自分の存在を形づくるとともに，共同存在を形づくることに大いに，あるいはわずかに（肯定的，あるいは否定的に）寄与するということになる。こうした大雑把な把握では，私たちが歴史的存在であるということの一般的表象に反するところは何もないと思う。ハイデガーだって特別風変わりなことを述べているわけではないのだ。以上のような日常の，歴史的共同存在の実存者，それが私たちのこれからの主人公なのである。

　佐久間はいわゆる「代名詞」（この名称がすでに怪しいのだが）という独特な機能をもつ単語に注目する。「いわゆる代名詞の職能を〈指示〉あるいはオリエンティションに認めるとすれば，自己を中心として〈もの〉または〈こと〉がどういう位置をとり，どの方向にあり，どういう有様を呈しているかについての立言が，直接にこれによって指されるのは当然で，こうして話相手との関係における，いわゆる人代名詞の称格，すなわち自称・対称・他称・および不定称が分かれ，いわゆる指示代名詞（または事所代名詞）について近称・中称・遠称および不定称が分かれる次第です。が，なお事物のありさまや進行についても，同様な区別が立てられることを注意したいと思います」（『語法』6）。一つのもの，あるいはもののクラスを表示する普通の名詞とは異なる，オリエンティションの語が「こそあど」であって，現代日本語では次のような整然とした体系をなしている（『語法』7）。

3 〈私〉と〈他者〉の遠近法

	"近称"	"中称"	"遠称"	"不定称"
もの	コレ	ソレ	アレ	ドレ
方角	コチラ / コッチ	ソチラ / ソッチ	アチラ / アッチ	ドチラ / ドッチ
場所	ココ	ソコ	アスコ	ドコ
もの / 人(卑)	コイツ	ソイツ	アイツ	ドイツ
性状	コンナ	ソンナ	アンナ	ドンナ
指定	コノ	ソノ	アノ	ドノ
容子	コー	ソー	アー	ドー

いろいろの品詞にまたがってしまうので，これらはとても代名詞に収まりはしない。ところで，この近称・中称・遠称の区別であるが，「近・中・遠の距離……それも自分を中心としての」(『語法』19) と考えられるかもしれないが，決してそうではないと，佐久間は指摘する。(もちろん空間の遠近に近いこともあろう。ハイキングの途中で小高い丘のうえで小休止して，「ここから，その道をとおって，あの村に出る」などと言うかもしれない。ただし環境世界の空間。これは私による補足。) さて，例によって説明すると (山本有三『兄弟』からの引用)，

「にいさん，これそうだろう？」

「どれ？」

兄はそばにいる弟の方をふり向いた。そして弟のさしだしたキノコを見た。しかし，すぐいった。

「それは違うヨ。こういうんでなくっちゃ」

彼は，自分で今とったばかりのハツタケを，弟に示した。

「これ，だめ？」

弟は残り惜しそうに，とったキノコをながめていた。

その続き……

「真ちゃん，そこにあるヨ。……ソラ，そこにサ。真ちゃんの足もとのところに。」

「どこに？」

「これサ」と兄は弟のそばに寄って来て指した (『語法』19・20)。

佐久間が指摘するように，これらの「これ」と「それ」を入れ替えることはできない。また，「花さかじじい」の話で，「ここほれワンワン」と犬が鳴いたので，「そこ」を掘るのであり，「アッチの水は苦いぞ，コッチの水は甘いぞ」と囃す。これらの語を入れ替えることはできない。また遠近が問題でないのは，明らかである。
　とすると，一体どういうことなのか。「かのいわゆる近称・中称・遠称の差別〔は〕，この自称・対称・他称という，対話の場における対立関係に対して，内面的な交渉を持つものだということが，その発言事態を考察するに及んで，わかってきます。単に話手からの距離の近い遠いというのではないのです。もちろん，これらの単語は，人をさす人代名詞ではなくて，物事をさすのに相違ありませんが，〈これ〉という場合の物や事は，発言者・話手の自分の手の届く範囲，いわばその勢力圏内にあるものなのです。また，〈それ〉は，話し相手の手の届く範囲，自由に取れる区域内のものをさすのです。こうした勢力範囲外にあるものが，すべて「あれ」に属します。前の例で，「これ，そうだろう？」というのは，自分のとったキノコを見せているので〈これ〉なのですが，見せられた方からは相手の手の中のものなので同じものが〈それ〉になり，「それ，ちがうョ」というわけです。〈あれ〉とはこのばあいいえないわけです」（『語法』22・23）。見事な分析というべきだろう。「手のとどく範囲」，「勢力圏」という言葉は，日常的共同存在において配慮が「自分のため umwillen」という動因からなされるというハイデガーの解明とぴったり符号する。さらに，幼い兄弟の茸がりよりももっと極端な例を想定すれば，単に遠近が問題でなく，まさに勢力圏なのだということ，またオリエンテーションの中心が「自我事物という際立った点」（SZ119）などではないというハイデガーの強調の意味を解き明かしてくれる。たとえば，私は背中に痛みを覚えて，病院に行く。医者が私の背中の一点を指で押さえて，「ここですか」と問う。「そこです」と，私。「ここ」も「そこ」も私の背中の同じ箇所である。私にとっても私の身体の一点は「そこ」と呼びうるのである。「こそあど」の空間を生きる私たちは，あの「空間的な，すなわち距離を取り去りつつ—方向づける，配慮される世界〈のもとでの存在〉ent-fernend-ausrichtendes〈Sein-bei〉der besorgten Welt」（SZ120）に他ならないのである。ただし〈私〉

が受け入れる他人のパースペクティブに『存在と時間』は言及していないが，それが鮮明に浮かぶのは日本語だからではないのか。

　日本語の「こそあど」の体系は非常に整然としていて，二とおりだけの区別をもつ「ヨーロッパの近世語」(『語法』15・16)とは著しく相違する。言葉は「世界観」[*10]だなどと言ってみたくもなろう。遠近ではないが，日本語のエゴセントリックな性格は動詞にも見出される。佐久間が触れているわけではないが，動詞「行く・来る」がそれである。話し手の位置が基準になる。話し手が「来てください」と言うとき，相手は「行きます」と答える。「私の方へ来る」と「あなたの方へ行く」の対立がある。(ドイツ語を習ったとき，「行きます」に当たる返事が「Ich komme」なのを面白く思った経験がある。) また話し手と聞き手が両方南大沢にいるとして，「新宿A会場に行ってください」と「新宿A会場に来てください」の違いを私たちは意識する。後者では，自分もそこにいるからとか，自分が主催者の一人だなど，何らかに話し手の場所なのである。

　人代名詞の人称は，自称・対称・他称・不定称に区別される。(人称はヨーロッパ語の文法からきて動詞の変化形に照応するものだが，日本語はそうではないので，佐久間は人称代名詞ではなく，「人代名詞」と呼ぶ。) では，人代名詞と「こそあど」の関係はどのようなものか。「話し手とその相手との相対して立つところに，現実のはなしの場ができます。その場は，まず話し手と相手との両極によって分節して，いわば〈なわばり〉ができ，その分界も自然にきまって来ます」(『語法』34・35)。この「話の現場」は「指示の場」に他ならないので，「対人関係の〈対話者の層〉と対事物関係の〈所属事物の層〉とは，それぞれ別個の体系を形づくっていますが，それらの間に対応がみとめられるという次第です」(『語法』35・36)。次のとおりである。

---

10)　フンボルトの思想。それについてはハイデガーの『言葉への途上』参照 (Unterwegs zur Sprache Gesamtausgabe, Bd.12, S.246-249, 1985)

	指示されるもの	
	対話者の層	所属事物の層
話し手	（話し手自身）ワタクシ／ワタシ	（話し手所属のもの）コ系
相手	（話しかけの目標）アナタ／オマエ	（相手所属のもの）ソ系
はたの人もの	（第三者）（アノヒト）	（はたのもの）ア系
不定	ドナタ／ダレ	ド系

　人代名詞は，古い形では，「われ」・「なれ」・「たれ」で示され，事物の方は同じく「れ」で終わって，次のような対応になる（『語法』36）。
　　　　わ　　な　　×　　た
　　　　コ　　ソ　　ア　　ド
　ところで，コソアドの方は古くからあまり形を変えないのに，人代名詞の方は古い形を留めないまでに，変化が激しい。それからすでに目につくが，本来の三人称の人代名詞は存在しない。両者は別個の体系ではあるが，密接な関係がある。人称の転換には実は「コソアドが適用される」（『語法』36）」のである。どのような意味か……
　　　自称……こなた　こち　この方（ホー）　こちとら
　　　対称……そち　そこもと　（こち）　そなた　（こなた）　（こなた衆）
　　　　　　　そこなひと　そこなもの　（ここなもの）　そなたさま　そちら　そなたども　（あなた）　（あなたたち）　その方
　　　他称……あれ　あれら　（これ）　（これら）　（それら）　あいつ　彼奴　あいつめ　あれめ　かいつめ　（このひと）　かのひと　（のもの）　あのひと　（こなた）　（この方）　（そなた）　あなた　あの方
　時代は室町時代だそうである。この一覧表のうちで，「括弧をつけたもの以外は，自称にはいわゆる〈近称〉から出たものを，対称には〈中称〉から出たものを，他称には〈遠称〉から来たものを当てているのです……括弧に入れられた分こそ，第二段の転用として正当に理解され

るものでしょう」(『語法』37)。それにしても途方もない混乱にみえるが，この転用には「社会心理的事由」(『語法』38)があることを佐久間は解き明かす（後述）。

　さて，待遇の問題に改めて考察を進めるときが来たようだ。「こそあど」は基本的にはハイデガーのいう中立性（253頁を見よ）のもとで扱われうるものであるが（日本語の分析であることは別として），待遇は本来の人間関係である。人間関係や役割など，中立性ということで一旦捨象したものは再登場する。

　まず現代における人代名詞を拾いあげてみると，「同輩間」では次のようになる（『理論』110）。

	自　称	対　称	不定称
I	ワタクシ ワタシ（ワシ） アタシ	アナタ アンタ	ドナタ
II	ボク	キミ	ダレ
III	オレ	オマエ キサマ （テメエ）	ダレ ドイツ

　同輩とは，階級，上下の差がないという意味である。自称・対称・不定称は水準を合わせて用いる。「ワタクシはオマエと同級生」などとは言うまい。しかしまた「親疎の関係」が加味される。親しみとぞんざいはかなり共通性があり，普通は罵詈の語であるものを親しみを込めて使うこともある，という佐久間の指摘。

　次に階級（上下）のある場合。たとえば，主人と召使の場合には，主→従では自称III・II→対称II・IIIであって，従→主では自称I→対称Iが標準的となろう。もちろん属する階層にもよるし，「オレ」や「キサマ」などを使わないひともいよう。女性は一般により丁寧な物言いをするし（元来階級差別だが），特殊な語を使うことも多い。「一個人が種々の場合に用いることのある対人的語詞」は次のように図示される（『理論』111）。

276　　　　　　　　　　付　論

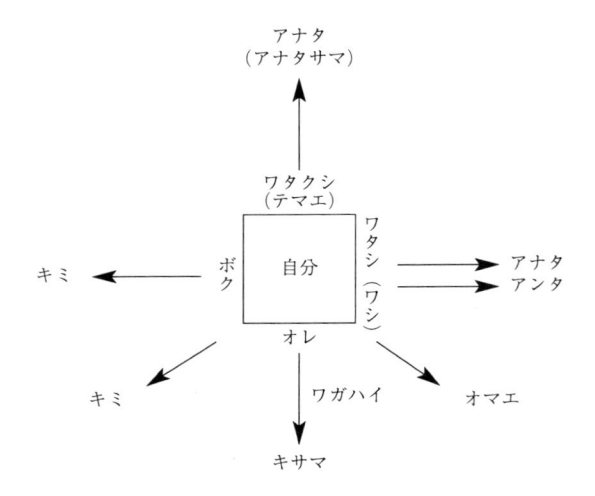

```
              アナタ
             (アナタサマ)
                ↑
                │
             ワタクシ
             (テマエ)        ワタシ        アナタ
                           (ワシ)  →   
     キミ ← ボク │ 自分 │        →   アンタ
                    オレ
              ↙      ↓      ↘
           キミ    ワガハイ    オマエ
                    ↓
                  キサマ
```

　つまり他人に対してそのつど自分の位置を表示する（身分などにとどまらず，そのときの気持ち，たとえば相手に腹を立てている，等を思わず表出する場合も含めて）ことなしには，発言することができない。ところで，時代を遡るならば，語彙は異なるが，人代名詞の使い分けの仕方は変わらない。事例は省くが，上古以降使用された人代名詞の一覧のみを掲げる（『理論』116）。（この表がどれだけ正確か私には判断できないが，今後の哲学的考察のためには細部は必要がない。）

	自　称	対　称	他　称	不定称
（上古）	あ あれ わ われ （おの） （おのれ） マロ	な なれ マシ イマシ ミマシ	シ（？）	た たれ
（中古）	わ［が］ われ	キミ ナムジ キムジ マシ		たれ

3 〈私〉と〈他者〉の遠近法　　277

| （近古） | われ
われら（＝われ）
わ［が］
ワタクシ
ソレガシ
おれ
ミ
ミドモ
コノ方（コノホウ）
コナタ
コチ
わがミ
ミヅカラ　（女）
ワラワ
愚老, 愚僧
愚拙　　（文）
拙者, 拙夫
拙子 | なんぢ
なんぢら
なんだち
ソノ方（ホウ）
ソナタ
コナタ
コナタ衆
貴所, 貴殿
貴方, 貴辺
御辺（ゴヘン）
コナタサマ
貴殿様
ソレ, ソレニ
アレ, アレニ
ソチ
オノレ
ワレ
ワゴリョ（等）
ヌシ
オヌシ
オノシ
オマヘ
ソコモト
ソコナ　人／モノ
ココナモノ
オコト
オノオノ | カレ
アレ
ソレ
コレ | たれ
だれ（室町末？）
アノ
カノ　ヒト
コノ
　　モノ
シャツ
キャツ
アイツ
コイツ |

　人に対して用いる語であるには違いないが，人・もの・場所の区別を跳び超えるところも見える。室町時代に対称が著しく増加すること，上古に用いられた語が消えるのが目につく。それにしても，自称・対称とも，その数の途方もない多さ，同じ語が自称にも対称にも現れるなど，支離滅裂ではないか！ しかし佐久間は，「人代名詞の変遷が単に偶然に無方向に生じたのではなくて，そこにおのずからこれを招いた内面的事由」（『理論』117）があることを見抜く。そしてその「社会心理学的事由」（『理論』121）を次のように解き明かす。

　対称の人代名詞は，「上向的なものから下向的なものへ用法を転じる」（『理論』118）（この現象は目立つので，古くから文法史家に注意されてきたということだが），つまり「品等の遁降」（『理論』119）の現象がある。たとえば，「おまへ」（オマエ）は現代では下向的（目下にたいして）だが，徳川末期には，上向的に用いられたり，同輩に丁寧に言うのに用いられたが，室町時代では専ら上向的であった。「貴様」はもともと尊称であ

った(『語法』40)。自称の方は,対称とは反対の動きをする。つまり競りあがるのである。「わたくし」は,近世でも自分を卑下する場合に用いられたのであり,近古では主人に対する下僕の自称であった。こうした転化の結果,語の交代が必要となる。敬意を表すために対称にはより間接的表現を,自称にはよりへりくだった語をもってくる。さて,対称について特に転化が著しかったが,「品等の低下によって生じた空位を,どういう方法で補充」(『理論』120)するかといえば,「事所代名詞の転用」という次第になる。こうして,コは元来自称に用いられて自然なので,「対称の欠を補充するコソアドのうち,ソがもっとも対称にふさわしいものになる……中にも〝そなた〟はひろく使用されたが,使用の度数が重なるにつれ,また本格的人代名詞として用いられれば用いられるほど,親しみが増して敬意がうすれるのを免れず,品等の低下を生じて,一層間接的な指示を本旨とする〝あなた〟に席をゆずるに至った」(『理論』120)。辞書によれば,「あなた」はもともと「かなた」と同じであって,「山のあなたの空遠く」のように,漠然とした遠方を意味するのが,敬意をもって相手を指す語になったというのは全く興味深い。また,「もと自称の語詞」は親しみをこめた対称・「卑称」,さらには「罵倒的代名詞となる」(『理論』120)。以上が,佐久間鼎の「言語における水準転移」の結論である。

　ここで思いつくままに,少々補足を加える。まず,佐久間が触れてはいないが,人代名詞の使い方には微妙な心理的遠近とでもいうべきものが見出されるように思われる。たとえば,訪問者が「御主人は御在宅ですか」と奥さんに問う。「主人(夫)はいません」という答えなら普通だが,もし「あの人はいません」という返事が返ってきたら,奥さんの,夫にたいする腹立ちやよそよそしさなど,何か穏やかでない気持ちが感じとれるように思う。或る夫婦が友人と談笑しているとき,友人が奥さんにかんする心配かお見舞いを口にする。「家内(妻,花子＝その名前)は大丈夫です」と夫が言えば何の変哲もないが,「このひとは大丈夫です」と言うとすれば,保護者的であるとともに,どこか突き放した感じがある。これはまた別の話題だが,人代名詞を特に必要がないかぎり用いない(敬譲語があるので,なくて分かるし,省略しているのではないと思う。ヨーロッパ語の文法を基準にするからそう見える)傾向も,あまり直接的

指示は避けるという同じ思想であろう。目の前の相手をわざわざ特定する必要はないし，また自称を繰り返すのは，自分を押し出しすぎる。(「ビールを飲みますか」,「いただきます」,あるいは「ウン，飲みたいな」などと言うのが普通。)「あなた」や「私」をつけるのは，強調でなければ，日本語としては不自然。さらに，佐久間の考察からすでに相当の年月が経過したが，人代名詞の用法にもすでに変化が見られる。佐久間は，室町時代の或る夫の妻に対する言葉使いを「ほぼ同輩の待遇で，現代の夫婦間に普通行われているような差別が見られない」(『理論』114)と述べている。確かにごく最近まで，少なくとも都会の，中流以上のサラリーマン家庭では夫は妻に目下の，妻は夫に目上の言葉使いをしていたと思うが，今日急速に廃れつつある。

さらに，歴史を遡ることによって，専ら上向的に捉えられた「あなた」は，今日水準をひどく低下させているように見える。『基礎日本語辞典』から「上位者に対する〈あなた〉」(というのは，〈あなた〉の用法はそれだけに限られないから)のところを参考にすれば，面白い分析が見出される。まず，特定の相手に対して「あなた」は目上でも近い関係の他人には用いないという。役職名や姓に「さん」をつけて呼ぶ。上位者に「あなた」呼ばわりをするのは，失礼になる。先生に「あなた」と言ったりするのは，腹を立てたりする場合であって(「先生，あなたはそれでも教師として恥ずかしいと思わないのですか！」)，普通の平静なときはそんなことは言わないというのは，的確。しかし，「不特定多数の相手」に対しては「あなた」は可。広告の場合など。「皆さん」に相当する「あなた」であるが，一人一人に語りかけると言う態度の表れでもある。不特定の相手に対しては，上位・同等・下位という扱いの差を設けることをせず，無色透明の「あなた」が多用される。(同，66・67)。私の経験にも合致する。

さて，私が佐久間鼎の日本語の言語理論を取り上げたのは，私たちの共同存在において，他人とのかかわりのなかで〈私〉というものがどのような存在仕方を示すのか，明らかにするためであった。コソアドと人(称)代名詞の用法こそ，何にもましてそのような問題への優れた通路と思われたのだ。私たちは，佐久間の言語理論をとおして，日本語にお

ける人代名詞の途方もない，分化と転化を見た。〈私〉という問題にとってそれはどのような意味をもつのか，最後の考察に取りかかろう。

　日本語の特異な待遇表現の発達は，身分制の厳しかった閉鎖社会のなかで，廻りを見まわして自分の位置を定め，ひととまっすぐ対面せず，摩擦を避け，平和と自分の安寧を確保しようとする人々の存在仕方を語る。自己のあり方としては，これは何というべきなのか。この自己（端的に〈私〉という呼称をもたない）は，そのつど廻りの他人を見て，そちらの方から自分自身のふるまいを決める。他人からという姿勢は，『存在と時間』の自己本来性の規定を思い出してみれば，まさに「自己の非自立性」，自己喪失に他ならない。それはどうみても，ハイデガーのいう「人」以外の何者でもない。コソアドと待遇表現は，独特の遠近法の構造を含んでいた。いうまでもなく遠近法は，オリエンテーションの基点なしにはないから，エゴセントリックである。しかし，遠近法は自分を中心とする遠近の眺めだということから，ひょっとしたら想像させたかもしれないが，この中心である〈私〉は周囲に独裁的に振る舞うものでは全然ない。それとは正反対だったのだ。

　しかし自己喪失であるからといって，存在するかぎり，ひとは自分のために（umwillen）存在することを止めることはない。ハイデガーのいう，現存在に属する「自分のために」や「究極目的性」という性格は利己主義といったものではなく，より根源的なものであるが，いわばその頽落形態としてはエゴイズムとなるのだろうと思われる。さて，このような，他人を常に顧みる待遇表現を身につけた日本人が利他的であるかといえば，むろんそんなことはない。ただ人間関係において利他的風にふるまうとはいえる。その気風も失われつつあるかもしれないが，相手の要求を察知して先回りして配慮するのは，日本の共同存在には染み渡っている習性になっている[*11]。また，この待遇表現を生きる者は，な

---

　11) それは結構，それ以上何を望もうという反応が返ってきうることは承知しているが。たとえば，典型的には，谷崎潤一郎の『細雪』。『細雪』は，時代は昭和の初め，大阪船場の旧家の四人姉妹の物語である。婚期を逸した（現代これは死語）三女の縁談をめぐる周囲の気遣いを中心に話は展開する。姉妹やその連れ合いは，愛情からには違いないけれども，本人を差し置いて，まるで腫れ物に触るように配慮をめぐらし，陰で相談し，しかもそれにそれぞれのエゴ（作家の筆はそれをも的確に描く）や体面や家の格式が絡まってくる。物語はそれに四季の美しい風物をも折り込んで，隠微な世界を作り上げている。『細雪』が名作なこ

かなか「利口」でもある。「利口 Klugheit」とは，カントによれば，「人間の巧みさ」のこと，すなわち「他人に影響を与えて，自分の意図のために利用する，人間の巧みさ」[*12]のことである。これがカント的に言って，自己愛に属することはいうまでもない。

ところで，自分「のために umwillen」には，意志（Wille）が，存在しようとすることの意志が隠されている。ハイデガーは『存在と時間』でそう表明してはいないが，現存在がそのために存在するもの，究極目的性が「する―ため um-zu」の連関，それとともに方向と距離の差別を含む有意義性としての世界を成立させるのだから，そこに存在しようとすることの意志の働きをみるのは不当ではないであろう。そして，存在しようとすることの意志には，「権力意志」が隠されている。これも『存在と時間』に直接証言を見出すことはできないとしても。私はここでニーチェの「権力意志」を引き合いに出さずにはいられない。

権力意志は，あらゆる生（存在するもの）の根本性格である。権力意志は，その遠近法を所有する。八十年代の遺稿からピック・アップしてみる。次のとおりである。「すべての力の中心は残り全体にたいして自分の遠近法をもつ。すなわち自分の特定の価値づけ，自分の作用仕方，自分の抵抗仕方をもつ。したがって仮象の〈世界〉は，ひとつの中心から発する，世界にたいする作用の特殊的仕方に還元される。ところで，他の仕方の作用は一切ない。それゆえ〈世界〉は，これらの作用の全遊動をいう語にすぎない」[*13]。この作用は，また「解釈すること」と言い換えられよう。「権力意志は解釈する（機関の形成に際して問題なのは解釈である。）権力意志は権力の度合い，権力の差異を限定し，規定する。単なる権力の差異はなおそういうものとして感じとられえないだろう。

とは認めるが，そして谷崎自身元来この世界で育ったひとでないからそれが書けているのでもあるが，こういう人間関係は，私には鬱陶しい。もっともたとえどんなに愛惜しようが，それは階層としては遠く過ぎ去ったものではある。それに女性的世界への固執は，作家としては武張った時代への抵抗の意味もあったであろう。またこの裕福な家族には欧米人への偏見など全くないのも，そうだろうなと思わせる。

12) Immanuel Kant, Grundlegung zur Metaphysik der Sitten, Felix Meiner, 1965, S.36. この利口は，カントが「世間的利口」と呼んでいるものの方である。

13) Friedrich Nietzsche, aus dem Nachlaß der Achtziger Jahre, Hg. Schlechta, Bd. 3, S. 705f., Hanser, 1956

成長しようと欲する何かがそこにあって，すべての他の成長を欲する何かを自分の価値にもとづいて解釈するのでなければならない。その点において等しい……実際，解釈は，何者かの主人となるための手段そのものである」[14]。この権力意志の解釈する働きから世界の仮象性が帰結するが，私はこの仮象の世界をハイデガーの有意義性としての世界と重ねたのである（ただしハイデガーの世界は現存在規定であって，存在者全体に言及するものではない）。無論ハイデガーはそれを仮象の世界とは呼ばず，すでに引用したように（125頁），「真の世界」と呼ぶであろう。しかしニーチェにおいて「仮象の世界」は「真の世界」と対立してそう呼ばれてはいない。そんな対立は廃棄されている。したがって二人の距離は見かけほど大きくはない。（ただし最初から断っておいたように，真理論に立ちいることはできない。）確かにハイデガーはいつまでもニーチェと同行はしない。しかし後に，他ならぬ『ニーチェ書』で『存在と時間』の中絶を「主観性の固定」[15]ゆえと認めて反省しているのは，『存在と時間』とニーチェとの近さを証すのである。

　このニーチェの引用文の言葉のレベルは抽象度が高く，すべての存在者についての把握，すなわち形而上学的であるが，そのようなものとして，具体的事象の説明に役立つ。このニーチェの遠近法は，日本語のコソアドと待遇表現を用いる人々の存在仕方を照射する。さて，価値の観点とは，自己保存や権力上昇にとって有用かどうかである。このような規定はもともと人間界にこそぴったりするのは疑いない（ニーチェ解釈はおくとして）。ひとは自分の生存のため（さらには幸福や生きがいのため），物事や他人を利用する「利口な」人間である。利用可能なものか，ちょっと手を伸ばせば簡単に得られるものか，どんな策を弄さねばならないのか，自分を押し通すことができるのか，それは他者の権力に対する自分の権力の大きさに依存するであろう。それゆえそれを計算してふるまわなければならない。日本語の待遇表現を用いる者も権力の増大を図る。しかし秩序は予め与えられてあって，創るものではなく，基本的に維持されるべきであるという了解が支配するところでは，権力意志は剥き出

14）A. a. O. S. 489
15）Heidegger, Nietzsche, Bd.2, S.194, Neske, 1961

しに攻撃的であることは少ないかもしれない（擬似家族的あり方において）。しかし，そのなかで地位の向上を狙うにしても，分に甘んじるにしても，生存をめぐる闘いは止まない。ニーチェの立場からすれば，そうした共同存在のあり方が何と呼ばれるのかは察しがつく。すなわち「畜群」がその名前である。

「最も恐ろしく，根本的な人間の希求，権力への衝動は……ひとはこの衝動を〈自由〉と呼ぶ……最も長く抑制されていなければならない。それゆえこれまで倫理学は，その無意識的な教育・育成本能をもって権力欲を抑止することを目指した。それは暴君的個人を誹謗し，公徳心や祖国愛を賛美しつつ，畜群・権力本能を強調する」[*16]。ニーチェは畜群のうちにも矯められた権力意志を見た。このような描写は日本の共同体にぴったり合う。とすれば，キリスト教の教化のせいでないのははっきりしているが，それがどんな倫理学であったにしても，倫理学が立派に仕事を果たした国だということになろう。むしろ，自己主張や抵抗の伝統がある西欧よりも，日本の共同存在には一層畜群という形容が似合うのではないか。そのコソアドと待遇表現をもつ日本語のような言葉を話すゆえに，ヨーロッパ的自立は困難なのか，自立を喜ばない共同存在だから，日本語のような言葉を話すのか，おそらく両方なのであろう。この日本語の共同存在は相当抑圧を含む。事挙げをしないことの，婉曲でなければならないことの抑圧である。少なくても，事挙げは風通しをよくする。（おおよそ文化は形を与えるものであるゆえに抑圧を含むものだし，私は抑圧は常にネガティブに評価すべきだなどと考えてはいないけれども。ニーチェはそのことを十分に知っていた，克服されるべき抵抗をもつことの重要さを。）

最近若いひとの「ぼかし」言葉が話題になっている。意味論的には不要なはずの「とか」や，「的」を多用するのである。「パソコンとか習っています」（それが習っている当のものであるのに），「わたし的にはびっくりです」などというものである。ところで若者たちは，ひとの呼び方や敬語の使い方が乱れていると大人から非難を浴びている。しかし彼らは身分制社会の遺物である言葉遣いをそのまま踏襲するのを好しとはし

---

16) Nietzsche, a.a.O.S.857

ていないのである。ハイデガーによれば,「言葉は存在の家」だそうだが,その家は現代の日本人が住むにはかなり窮屈になったようだ。「ぼかし」言葉はある種の代替なのだと私は睨む。我慢と束縛を嫌う自由人である彼らも,対決は苦手で,他人や自分を狙って指すのを回避するという,日本の伝統を知らず知らずのうちに受け入れているのである。相手を間接的に,しかもピン・ポイントでなく,ぽやっとその「あたり」を指す(……辺,……方,そちら,あなた等,元来みなそうだ)のが,礼儀にかなうという態度をである。佐久間もその時代にすでに過度の敬語法などを批判していて,「敬語の節約・整理ということが,この際むしろ必要」(『語法』42)と述べている。しかし心配しなくても必ず簡素化はするであろう。習俗の変化は若い人に始まり,たちまち消えるものも多いけれど,やがてかなりの部分は年配者に及ぶ。(音節を短く切って最後を長く伸ばす発音から耳のピアスまで,今ではかなりの数の中年女性もやっている。)しかも現代は社会の締め付けは緩い。むしろ若い人たちの不幸は,優しい親,もの分かりのよい教師,少なくても建前として人権を尊重する社会のもとで,抵抗に値する硬い壁のようなものが存在せず,しかもそこそこに快適な環境にあることだ。といって,昔はよかったなどという話にはならない。

　ハイデガーの説く対象化を本性とする近世的主観主義への反省は(それならば私だって十分共感をもっているが),少なくとも私には,以上のような意味での伝統的共同体への回帰ではありえない。といって,私は,自分については常に〈私〉といい,相手は誰にでもいわば親称の二人称を用いるのがよいといった,民主派・平等派でもない。(今,政治体制のことは触れない。)このような無理は嘘っぽさを増大させるばかりである。言葉狩が大抵そうであるように。親疎と尊敬の差別はあって当然である。誰にたいしても話し手は「アイ」,相手は「ユー」で済ませる英語は,日本語とは対照的である。確かに日本語のような人代名詞の使い分けはない[17]。そのかぎりで,確かに平等主義的社会である。し

---

17) それゆえ翻訳問題が生じる。言語による人代名詞の用法の違いは翻訳を困難にする。あるとき日本語を勉強している若いドイツ人の友人が「神は Du だと思う」と言った。それがドイツ語の慣用なのでもあるが,日本語の口語訳の聖書が神に「あなた」および敬語を用いているのに戸惑ったようである。人代名詞の翻訳は共同存在を変造してしまう。この例に

かしすべての共同存在になくなることのない上下・力関係の差を英語のような言葉も別の手段で表現する。アメリカのインタビュー番組で、ジャーナリストが「ミスター・プレジデント」と呼びかけ、相手が「サム」と名で返すのをしばしば耳にする。私的場面ではまた別であろう。上下関係があっても、親しければ、アメリカ人やイギリス人が名（ファースト・ネーム）を呼び合うことが多いのは周知の事実だが、最初はボスが「ビルと呼んでくれ」などと申し出る、通過儀礼があったはずである。呼称の問題も言語論的には興味深いが、深入りは無用であろう。

結　び

　自己本来性には立ち入らないことは最初からの予定であった。しかし終わりに一言だけ付け加えたい。めいめい（そのつど）私のものである現存在とは、以上のような、他人との対立において存在するものなのであろうか。恐らくそうではない。各自性の属する現存在は比類のないものである。現存在という境地を獲得するためには死の問題を通路としたが、それは〈私〉の死でなくてはならず、それゆえハイデガーは他人の死を「代理主題」（SZ238）とすることを厳しく拒まなければならなかったのである。他人との遠近法的対立を含む共同存在を、私は倫理の場所と定めた。それだからこそ、倫理学的探求でない『存在と時間』で人称の議論はあまり必要がなかったのだと私は考えている。この場所でもちろん自己自立性は問われる。顧慮のひとつの可能性として、自己本来的二人称と一人称複数（われわれ）もわずかに姿をみせた。しかしこれらは存在の明るみ、現存在であるが、存在の明るみであることを問い確かめるという問題意識とはなお別個でありうる。むろん実存の真理は後者のために必要ではあるが。では端的に存在の明るみとして経験される現存在には人称は、「私・ここ」を除いては存在しないというのであろうか。人代名詞で指されるようなものではなく（それは日常性に属する）、

かぎらず、人代名詞の場合は特に危険が大きいように思われる。しかしできるだけ教養を広くし、感覚を目覚めさせておく以外にどんな方策があろうか。

自己本来的顧慮のところで見出された二人称でさえも通り抜けて（したがって人称と呼ぶのも不適切なのかもしれないが），或る近さにおける「私」と「私と共にあるもの」は見出されると思う。しかし今はそれを語るときではない。

あ と が き

　私は長く主としてハイデガー研究に携わってきたが，大学の定年も間近になって，私のうちでずっと宿題になっていたニーチェ論を片付けなければいけないという想いが強まった。2004年『ニーチェ私論——道化，詩人と自称した哲学者』（法政大学出版局）を公刊。しかし宿題はまだ済まず，哲学から足を洗って趣味に生きるという心境にはなれなかった。ハイデガー研究としては『ハイデガーの真理論』（法政大学出版局，1999年）がまとまった仕事なのであるが，それは二点において制限を含む。第一に『存在と時間』中心なので，それ以後のハイデガーの思想にはわずかしか踏み込んでいないことである。第二に真理論の本質的形式性がある。哲学は根本において真理論であると私は信じる。哲学という営みは，自らが最終的に拠って立つものへの反省を欠くことはできない（そのようなものの洞察がどのようなものになるかは別として）。それゆえ真理を主題にしない場合にも，そしてどんな事柄を探究するとしても，その意識を鮮明に保持することが哲学的であることの資格となる。真理論は事柄の解明にまっすぐ向かうというより，どこでそれが真理（ほんとう）であるといえるのかを思考するものである。具体性を大切にする実存の哲学ならば事柄を捨象することは決してないけれども，それでもやはり真理論として，〔何かが〕ある，そうであると考え・言うことの真理性という契機に集中する偏向を免れないのである。

　ところで私たちは存在すること（生きること）において多様な具体的問題に直面せざるをえない。倫理学はそのような諸問題と取り組む。人間の生きることにかかわる事柄は何事も無関係と一蹴するわけにはいかない。それゆえ「純哲」という言葉があるが，倫理〔学〕的研究は不純であることを恥じるべきでないのだと思う。本書『ハイデガーと倫理学』はハイデガーの倫理的思考がどこに，どのようなものとして見出されるのかを探究することを狙いとする。本書の主要部分はそこにある。しかしさらにそれを土台にしながらも，私は現代に生きる者としてそのよう

な具体的諸問題に向き合わずにはいられなかった。私のこの姿勢があまり得意分野ではない，政治・経済などにも触れざるをえなくし，少しばかりハイデガーからはみだす原因にもなった。本書は『ハイデガーの真理論』が二重の意味で遣り残した部分を充填する試みである。本書の考察は『存在と時間』中心のところから倫理的な中身がより濃い『存在と時間』以後へという構成で進められる。ハイデガーのテクストを考察するところではできるだけテクストに即すように努め，それ以外では素人談義にしかならないのを承知の上で，もっぱら私自身の感受性を頼りに自由なエッセイ風の書き方をしている。

　三つの付論は広義の倫理的主題を扱っており，私としてはかなり気に入っているので最後に収録した。わずかの訂正の他は書き改めてはいない。(以下に初出を記す)

　　付論1　原題　「人間はいずこへ―哲学的考察―」東京都立大学公開講座，
　　　　　　　　環境と人間，1990年
　　付論2　「人文学報」No.305, 東京都立大学人文学部，2000年
　　付論3　「人文学報」No.314, 東京都立大学人文学部，2001年

　最後に知泉書館の小山光夫氏に厚くお礼を申しあげる。
　心よく出版をお引き受けいただいたばかりでなく，迅速かつ丁寧に仕事を進めていただいた。今回は少々時事的問題に嘴を容れた部分があるので，あまりぐずぐずするのは望ましくなく，その点でも心から感謝したい。

　2007年6月

　　　　　　　　　　　　　　　　　　　　　　　　　岡　田　紀　子

索　引

ア　行

愛　　119, 122, 124, 265
　　感性的――　244
アイスキュロス　　83
間柄　　177, 178
悪　　237, 238, 240, 247
あそこ　　258, 262
遊び，遊ぶこと　　144, 250
　　鏡――　155
圧倒的なもの　　93
アナクシマンドロス　　108
網野善彦　　199
アメリカ〔型〕　　194, 196, 197, 206, 207, 285
荒川修作　　212, 213
アリエス　　41, 42
アリストテレス　　85, 90, 93, 95
アレント　　71-73, 75, 76, 80, 151, 206, 207
遺産　　58
石　　221, 224, 230
意志　　82, 83, 124, 281
居所のなさ，居所なきもの（das Unheimliche）　　38, 133, 134
井上達夫　　79, 85, 200
井上ひさし　　205
居場所（der Aufenthalt）　　4, 5, 6, 90. 111
今時間　　53, 54, 57, 63, 65
因果〔性〕　　26
隠蔽〔性〕　　20, 34, 69, 127
上野千鶴子　　188-190, 193
内田樹　　211, 212
内山英明　　100, 101
美しい　　→美
運命　　58, 62, 130, 135
　　共同――　19, 59, 62, 133
エゴイズム　　12, 280
エコロジー，エコロジカル　　171-173, 175
　　エコロジカルな倫理〔学〕　　174, 176
エディプス　　146
エートス　　4, 163
エルアイクニス　　98, 101, 103, 105, 107, 110, 136

遠近法〔的〕　　251-254, 258, 259, 263, 280-282
老い　　12, 190
大庭健　　192, 193
奥田純一郎　　201
贈り〔もの〕　　145, 146, 154, 227
おしゃべり　　35, 42, 119, 120
恐れ　　37, 38, 77
襲われる　　93, 139, 147
思惑　　69, 70
親子　　181
オルガニズム　　222, 223

カ　行

介護　　189, 190
開始　　114, 115, 132, 136, 142, 143
開示性　　34, 35, 37, 39, 44, 164
　　自己本来的――　46, 164
快適（快楽）　　153, 211, 214, 231-235
吉里吉里人　　205
各自性　　18, 19, 29, 260, 285
格差　　56, 158, 190, 193, 203, 264
革命　　140
科学　　→学問
隔離性　　33, 34, 203, 266
学問（科学）　　82-84, 103, 154, 234, 235
家事〔労働〕　　189, 190, 191, 202
家族　　181, 182, 188-191, 195, 232
価値　　168, 200, 237-240, 246, 247, 249, 282
　　――の高低　　239, 240
　　――の種類　　239, 240
　　反――　239, 240
価値語　　237, 238
価値判断〔評価〕　　237, 246
価値盲　　246, 247
加藤楸邨　　248
加藤尚武　　99
可能性　〔諸可能性〕　　24, 26, 28, 29, 40, 41, 58, 270
悲しみ　　122, 123
荷風　　192
家父長制　　187-190

索　引

画餅　167
神，神々　4, 5, 80, 93, 97, 98, 106, 107, 118, 124-128, 133, 140, 145, 147, 152, 156, 162, 163, 165, 166, 176, 220, 234, 251
　──性，──的なもの　107, 151
　　最後の──　105-107, 128
河　115, 119, 122-124, 131, 135, 138, 141, 142, 165
川原栄峰　109
環境破壊　172, 173, 175, 219, 230, 235
環境世界〔的〕　23, 31, 33, 54, 94, 221, 223-225, 255, 260
環境倫理学　171, 172
看護　30, 263
関心〔構造〕　21, 25, 31, 39, 44, 47, 50, 264
カント　60, 90, 239, 244, 281
黄色〔い〕　238, 241, 246
聞く〔こと〕　45, 120, 131, 132, 145
既在〔性〕　51, 62, 125, 126, 137, 142, 164, 165
犠牲　78, 79, 97, 121
技術〔的〕　99, 102, 103, 109, 110, 153, 158, 169, 172, 235
　　現代──　90, 99
期待〔する〕　104
気分　25, 35, 37, 105, 122
　　根本──　122, 125, 127
窮境　164
究極目的性　22, 26, 28, 29, 263, 280
兄弟　181
共同存在　3, 6, 14, 19, 30, 31, 33, 40, 58, 59, 64, 76, 77, 111, 116, 121, 123, 143, 163, 164, 178, 180, 186, 193, 196, 206, 214, 251, 252, 260, 262, 270, 283
共同体〔性〕　66, 77, 120, 121, 143, 283
許可　196-198
漁業　173
距離　255, 257, 258, 264, 272
　　──取り〔を取ること〕　55, 254, 157, 258
ギリシャ哲学　82, 83, 103
　　初期──者　90, 142, 143
ギリシャ〔人〕　102, 108, 127, 130, 132-135, 138, 139, 142, 143, 214
キリスト教〔的〕　128, 132, 220
キルケゴール　202
禁止　196-198
近代〔的〕　60, 91, 99, 110, 186, 187, 202

近代化　186, 187, 209-211
空開（Räumen）　148-150
空間〔性〕　13, 14, 55, 148-150, 177, 254-256, 259, 262
空虚　154
偶然　46, 58, 61, 66
九鬼周造　109
久保元彦　269
苦悩　130
倉塚平　14
黒田亘　25-27
グローバリゼイション（グローバル化，グローバリズム）　36, 78, 158, 183, 205, 207
訓育　137, 138
経済，経済的，経済的なもの　171, 183, 193, 204
計算〔する〕　52, 255
　　──的思考　100, 110
形而上学　93, 96, 97, 111, 142
　　──の歴史　90, 91, 101
芸術　101, 148, 149, 249
系譜学　100
ゲシュテル　99, 100, 143, 153, 158, 162, 215
決意〔性〕　46, 47, 57, 62, 164
　　先駆的──性　37, 47, 48, 50, 58, 69, 71, 164
決定論　104
ゲートマン=ジーフェルト　113, 114
原因　26, 27, 97
　　自己──　97, 98, 102
現象　10
　　範例的──　22
　　──的土台　10, 99
献身　202
現前化　51, 61, 254
　　予期的-保持的──　53, 254
　　将来的-既在的──　126
現前性（Anwesenheit）　102, 126
現存在　10-15, 18, 20, 21, 24, 28-30, 35-37, 41, 51, 52, 54, 57, 62, 66, 79, 81, 89, 92, 96, 107, 251-263, 285
現－存在　104-106, 118, 227
権力　66, 232
　　──意志　84, 281-283
公〔的〕　73, 184
行為〔する〕　21-29, 46, 60, 71, 75, 156, 222, 228, 229, 246

功業　117, 118, 146, 157, 158, 194
公共性，公共的なもの　184, 200
公正　56, 200, 203, 210
光線　137, 138
合理的　56
故郷　123, 125, 133, 141-143, 195
ここ　258, 259, 262, 272
こそあど　259-262, 283
個人　12, 66, 121, 125, 178-180, 195, 201, 202, 204, 205
国家　66, 77-79, 81, 86, 99, 113, 184-186, 196-198, 204, 206, 210, 232
国家論　205
言葉　81, 82, 109, 119, 120, 145, 196, 214, 226
子供　12, 107, 176, 189, 191, 192, 249
小林秀雄　67
個別性　178
顧慮　30-32, 75, 121, 253, 263-265
　跳び入って，〈関心〉を取り去る──　31, 264
　模範を示す，解放する──　31, 32, 264
困窮　104, 122, 137, 138, 153
根拠　6, 10, 28, 97
婚姻　180
根源　90, 97, 114-116, 131, 132, 135, 138, 141, 142, 165, 170
コンスタンティーン　139-141

　　　　　サ　行

財　145, 183, 193
作成　154
佐久間鼎　251-254, 259, 267-280
佐藤達全　73
佐野真一　174
讃歌　112, 113, 115
生，生命　12, 41, 80, 107, 157, 176, 223, 281
　生物　41, 176, 223
性〔的〕　12, 14, 107, 189
正義　200
製作機関（Machenschaft）　99, 100, 102, 103, 109, 143, 153, 158, 167-170
ザウパー　174
佐伯啓思　77-78
死　39-43, 55, 76-79, 99, 121, 155, 201, 223
　──への存在　40, 42, 77
　──への先駆　46, 47, 58

死者　40, 48, 77, 78, 223
死すべき者　131, 150-152
詩　108, 111-113, 127, 158, 161, 162, 249
　詩人〔的〕　110, 113, 115-117, 119, 122, 128-136, 145, 146, 157, 166, 194, 250
　詩作　111, 116-119, 126-128, 132, 136, 138, 144, 146, 147, 156, 157, 160, 164
シェラー　239-241
シェリー夫人　242-243
時間　52, 54, 76, 95, 126, 134, 145, 149, 164, 165, 166
　──の有限性　76
　通俗的──概念〔解釈〕，〔把握〕　54, 57, 165, 170
　通俗的──了解　114
時間性　10, 50, 51, 55, 76, 95, 114, 126, 164-166, 254, 270
　内──　52, 54
　脱自的──　170
自己，自分　11, 12, 18, 29, 34, 44, 47, 121, 200, 222, 226, 228, 246, 251, 260, 267, 280
　自己実現〔文脈〕　6, 7, 37, 60, 80, 157, 204
　自己の自立性　47, 57, 260
　自己の非自立性　48, 260, 267, 280
自己本来性〔的〕　10, 12, 16, 18-20, 29, 32, 47, 50, 253, 264, 285
　非──　16, 18, 20, 29, 35, 50, 252
四者連（Geviert）　134, 147, 151-153, 155, 163, 176
自然　52, 53, 92-94, 102, 105, 229
　──人　232
事実，事実性〔的〕　10, 12, 28, 47, 58, 168, 172, 215, 237-239, 246, 253
　事実判断　237
市場　77, 188, 189, 192
自尊心　204
実存〔する〕　3, 6, 15, 18, 30, 39, 47, 50, 57, 62, 89, 90, 92, 94, 260, 261
　──者　10, 12, 15, 23, 90, 270
嫉妬　204
支配　116, 198, 227, 235, 264
自由　15, 32, 56-58, 65, 199, 203, 204
宗教，宗教的　108, 168
終末論　164
主観性　282
　主観主義　95, 98, 102
瞬視〔的〕　51, 58, 63

主人公を選ぶこと　　59, 60, 66
生涯　　13, 59, 64, 65, 170
情況　　47, 51, 85
消費　　72, 74, 211, 212, 214, 250
将来（将－来）〔する〕　　50, 58, 126, 137, 165, 166
　　既在的－現前化的将来　　50, 164, 270
　　将来的な者〔たち〕　　104, 165
　　最も将来的な者　　104, 115, 165
植物　　94, 119, 172
女性　　189-191, 202
所有　　192, 204
　　自己——　　192
ショル，ゾフィ　　48-49, 51
シラー　　140
白バラ　　48
人格　　19, 25
神学　　93, 96, 220, 249
身体〔性〕　　12, 13, 107, 213, 254, 256, 258, 261
伸長　　13, 57
シンクレーア　　129, 140
親密性　　127, 138
真理　　69, 70, 76, 95, 99, 103, 240, 241
人倫的組織　　183-185
過ぎ去ったもの　　83, 125, 126
住む〔こと〕　　5, 6, 90, 109, 111, 134, 142, 143, 146-148, 150-153, 157-159, 164, 169-171, 175, 210, 215
　　住居　　150, 213
する—ため　　22-24, 281
正義　　200
政治〔性〕　　70-72, 76, 77, 113, 133, 134, 159, 162, 191, 193, 215, 250
制度　　70, 157, 158, 178, 214, 215
世界　　29, 106, 110, 145, 155, 164, 220, 221, 226, 230, 252, 261
世界内存在　　10, 12, 23, 29, 40, 47, 95, 177, 251, 252
責任，責めある　　25, 27, 28, 43, 44, 78, 267
世代　　59, 107
善（よさ）　　237, 238, 240, 247
禅　　73, 74, 80
先駆　　42, 43, 47, 51
戦争　　77, 141, 175, 186, 207
全体〔性〕　　178-180, 223
選択　　43, 45, 204, 246
ゼンクハース　　209-210

相続された　　58
ソクラテス　　143
　　——以前の哲学者　　90
そこ　　262
祖国　　116, 124, 128, 139, 141
ソフォクレス　　133, 134
存在〔する〕　　5, 6, 10, 20, 24, 30, 54, 61, 80, 91, 92, 94, 95, 97, 98, 101, 103, 104, 118, 119, 130, 133, 136, 138, 139, 145, 158, 166-168, 227, 249, 253
　　——の明るみ　　20, 79, 263, 285
　　——の開示　　115
　　——の真理　　5, 96, 103-106, 110
　　——の思考　　156
　　——の暴力　　139
　　——〔の〕了解　　3, 92
　　——の歴史　　90, 100, 102, 104, 105, 108-110, 124, 132, 141, 158, 165, 166
存在可能　　23, 24, 39
存在—神学　　96, 97
存在者　　106, 110, 226, 230
　　——のもとにあること　　30, 38, 251
　　——論　　91, 93, 98, 111
存在的基礎　　89-92, 96, 98
『存在と時間』　　3-6, 10, 11, 19, 21, 52, 70, 79, 81, 89, 91, 93, 95, 98, 116, 149, 152, 164, 165, 178, 194, 254, 283
存在論　　3, 4, 19, 21, 30, 89-91, 93, 94, 96
　　基礎的——　　5, 11, 91, 92, 93

　　　　　　タ　行

脱—存　　5-7
大学　　82-84
待遇表現　　269, 275-280, 282, 283
体験　　57, 102, 112
対象化〔的〕　　3, 94, 235, 284
　　対象性　　102
大地　　106, 107, 110, 119, 125, 144, 151, 157
　　——に住む　　114, 117, 146, 151, 194
代理不可能性　　41
頽落　　20, 30, 35, 36, 39, 51, 252
対話　　119, 120, 145, 214
ダーウィニズム　　223
高橋治　　161
高橋哲哉　　78
他者　　224, 245, 251
他人　　21, 23, 30, 33, 34, 46, 164, 204, 229,

251-253, 259-262, 265, 266, 269, 284
橘木俊詔　　193-194
建てる〔こと〕　　150, 152, 153, 171, 210
谷口功一　　85
谷崎潤一郎　　280, 281
食べること　　21, 74
たら　　65
男性（男）　　189, 190, 202
誕生（出生）　　12, 55-57, 137, 138, 176
　――と死の間　　10, 55, 57, 59, 60
断念　　122
地域　　173, 174, 184, 195
　　地縁共同体　　182
近さ〔い〕　　154, 155, 255, 257, 265, 267, 286
中立性　　11-16, 254
超越　　95
超越論的　　52, 94, 96, 98, 257
チリーダ　　110, 147-149
筒井康隆　　80, 81
慎ましさ　　104
ディオゲネス　　204, 234
ディオティーマ　　140
デカルト　　90, 192
適所性　　22, 254
哲学　　80, 83, 85, 89, 92-94, 96, 168, 228
哲学者　　80, 81, 85, 86, 228
寺田透　　167
天　　151, 160
転化　　92, 95, 96
伝承〔する〕　　58, 59
ドイツ　　124, 128, 132
　――語　　49, 109
　――人　　109, 124, 138, 139
　――民族　　82, 83
投企〔性〕, 〔する〕　　24, 25, 28, 65, 94, 98
道元　　75, 167
道具（用在者）　　21, 22, 23, 54, 156, 253, 254, 259, 260
動物　　119, 172, 176, 221-225, 230, 246
到来　　104, 165
として　　226, 229, 230
富岡多恵子　　191
富永健一　　186-188
遠い　　267

ナ　行

嘆き　　122, 123

ナショナリズム　　78, 82
　ナショナルなもの　　139
ナチズム　　83, 84
何かのため　　228, 229
ニーチェ　　63-64, 75-76, 79, 84, 100, 102, 108, 125, 127, 200, 202, 245, 281-283
日常　　247, 249
日常性〔的〕　　20, 21, 30, 31, 37, 42, 54, 57, 116, 118, 156, 158, 252, 253, 260, 263, 267
　平均的日常性　　10, 16, 20, 21, 29, 69, 157, 252
ニート　　193, 211, 212
ニヒリズム　　84, 167
日本　　166, 195, 208, 215, 283, 284
　――人　　109, 163, 205, 280, 284
　――的　　159, 162
日本語　　195, 262, 268, 273, 280, 282, 283
人間　　3-5, 11, 12, 18, 56, 71, 72, 75, 90-93, 98, 101, 105, 106, 110, 118, 119, 127, 131, 133, 144, 157, 158, 163, 170, 172, 176, 200, 204, 214, 219, 223, 227, 230, 231
　人間中心的，人間中心主義　　211, 225, 226
人称〔性〕　　18, 19, 260, 264, 285
人〔称〕代名詞　　18, 270-279, 284
ノイズ　　14
農業　　172, 173
ノージック　　203-205

ハ　行

配慮　　22, 30, 42, 51, 253, 263, 265
配慮の時間〔性〕　　53, 54
橋　　152
始まり　　82, 108, 114, 115, 132, 142, 143
　第一の――　　101-105, 108, 109, 114, 142
　別の――　　103-105, 108, 109, 114, 141, 158, 163
場所　　133, 148-150, 255
芭蕉　　161, 248-249
発現　　90, 131, 132, 135, 136, 138, 141, 165
バーナスコーニ　　96
パルメニデス　　6, 69, 70
半藤一利　　66-67, 192
半神〔たち〕　　129, 130, 135, 137, 138
反復　　59, 62, 92
ハンチントン　　207-209
美〔しい〕　　237, 238, 241, 242, 246-248

索　引

ヒットラー　48
人〔ダス・マン〕　30, 33, 34, 42, 46, 56, 252, 266
必要　71, 72, 74, 229, 235
被投〔性〕　24, 25, 37, 44, 56, 58, 81, 93, 94, 96, 98, 130
非武装　139, 141
秘密　127, 135, 136
ヒューマニズム　→人間中心主義
ビューラー　268
ヒュペリオーン　113, 140
平等〔主義〕　200, 201-204, 232
　不──　56, 57, 193, 232
不安　38-39, 42
フェイン　196-198
フェミニズム　12, 188-191
フォルツ　171-172
復讐　75
蕪村　159, 161, 162
物在〔性〕, 物在者　12, 18, 40, 54, 261
不服従　206, 207
プラトン　86, 102,1 43
プロメテウス　83, 242
ブラナー　242
文化　125, 183, 207, 209, 211, 212
フランケンシュタイン博士　243-244
　　フランケンシュタインの怪物　243-244
フンボルト　262, 273
文明　207, 211, 212, 233, 234
平和主義者　139, 141
ヘラクレイトス　4, 125, 127
ヘルダーリン　94, 104, 105, 107, 108, 本書Ⅱ第2章1-5, 第3章1-2全体, 214, 235
　──論　6, 90, 98, 106, 111, 112, 166
弁証術　85
便利　211, 214
　不便　212, 213
法, 法的権力　49, 196, 197, 206
暴力　49, 113, 139
ボーフレ　4, 5
ホッブズ　206
ポリス　133, 134

マ　行

待ち焦がれ〔る〕　127, 165
待つ　165
祭り, 祭る　41, 223, 247-249

マルクス　190, 192
民主主義　214
民族　59, 66, 81, 83, 107, 110, 116, 125-128, 134, 159, 183, 184
無〔無さ〕　146, 152, 154, 155, 180
ムーア　238
無為　39, 204
無縁　199, 200
無神論　5, 97
無力　58, 83, 122
村井吉敬　137-174
目　222, 256
メタ存在論　91-96
目的　25, 26, 60, 99, 228, 231
物　18, 21, 24, 149, 152, 170, 229, 270
森田良行　256

ヤ　行

約束　75, 76, 198, 206
靖国問題　77, 78
唯一性　203
有意義性　23, 39, 54, 93, 164
有限性　99, 163, 176, 212
有用〔性〕　79, 80, 176, 214, 282
ユクスキュル　223-225
許し　75, 76
用　156
ヨーロッパ, ヨーロッパ人　49, 102, 108, 109, 210, 215
用在者　→道具
予感　142
予期　51
　忘却的─現前化的予期　51
欲望　73, 74, 85, 86, 101, 211, 230, 233, 234, 249
呼び声　44

ラ　行

利口　85, 281, 282
利己的　56
リバータリアニズム　203, 205
リベラリズム　78
了解　3, 23, 24, 29, 69, 254
良心　43-45
　無良心的　28
倫理, 倫理学　3-5, 11-21, 30, 69-71, 89, 92,

　　　　　　96, 98, 107, 171, 177, 178, 193, 247, 251, 252
　根源的倫理学　　5, 6, 21, 69, 89, 90, 91, 98, 106, 110, 118, 120, 133, 157, 171, 215
　前根源的倫理学　　6, 69
　非根源的倫理学　　6, 7, 21, 69, 70, 79, 118, 157, 203
　生命倫理〔的〕　　40, 243
倫理〔学〕的　　3, 15, 139, 158, 240, 251
ルソー　　86, 211, 132-233
歴史　　61, 63, 66, 166, 169
　世界——　　61
　世界——的なもの　　61
　超——的　　64
　非——的　　64
歴史学　　62, 63
歴史性　　10, 52, 55-59, 63, 64, 126, 128, 270
　自己本来的——　　58, 59, 61

歴史的世界　　55-69, 168-170
老人　　12, 80, 191
　——介護　　189
ローテムント　　48
労働　　71-74, 157, 174, 182, 190, 194, 232
ロールズ　　56-57, 193, 203

　　　　　　　ワ　　行

私（われ）　　34, 44, 48, 64, 119, 123, 184, 251, 252, 260-262, 267, 286
私たち（われら）　　19, 40, 116, 119, 120, 123, 265
私のもの　　17, 18
　私固有のもの　　160
渡邉次郎　　5
和辻哲郎　　13, 14, 177-186, 188, 191

岡田 紀子（おかだ・のりこ）
1939年生まれ。東京都立大学（現首都大学東京）人文科学研究科博士課程修了。1964-2002年東京都立大学人文学部哲学科勤務。東京都立大学名誉教授。
〔著書〕『ハイデガー研究』（以文社），『ハイデガーの真理論』（法政大学出版局），『ニーチェ私論―道化，詩人と自称した哲学者』（法政大学出版局）。

〔ハイデガーと倫理学〕　　　　　　　　　　ISBN978-4-86285-016-4
2007年8月25日　第1刷印刷
2007年8月30日　第1刷発行

　　　　　　　　　　　　　　著　者　岡田紀子
　　　　　　　　　　　　　　発行者　小山光夫
　　　　　　　　　　　　　　製　版　野口ビリケン堂

発行所　〒113-0033　東京都文京区本郷1-13-2　　株式会社　知泉書館
　　　　電話 03(3814)6161　振替00120-6-117170
　　　　http://www.chisen.co.jp

Printed in Japan　　　　　　　　　　　　　　印刷・製本／藤原印刷